本书得到国家社会科学基金重大项目（18ZDA005）和国家自然科学基金面上项目（71673033）的资助。

# 中国精准脱贫
# 战略及效果

姚树洁　王洁菲／著

THE STRATEGY AND
EFFECT OF CHINA'S TARGETED
POVERTY ALLEVIATION

社会科学文献出版社
SOCIAL SCIENCES ACADEMIC PRESS (CHINA)

# 目　录

# 第一章

## 绪　论

## 第一节　选题背景与研究意义

### 一　选题背景

自新中国成立以来，经过半个多世纪的艰苦奋斗，中国已经从满目疮痍、一穷二白的农业大国，蜕变成为一个欣欣向荣、富有经济增长活力和科技创新能力的全球第二大经济体，创造了世界近代史上最伟大的经济发展和减贫奇迹。1952 年我国国内生产总值仅为 679 亿元，人均国内生产总值 119 元，仅为当时撒哈拉以南非洲人均国内生产总值的 1/3。2018 年国内生产总值比 1952 年增长 175 倍，年均实际增长 8.1%，其中 1979~2018年，年均实际增长 9.4%，远高于同时期 2.9% 的世界经济年均增速。2018年全国居民人均可支配收入达到 28228 元，全国居民人均消费支出 19853元，较 1978 年分别增长了 24.3 倍和 19.2 倍（按可比价格计算）。

在经济快速发展的 70 多年里，中国三大产业逐渐呈现农业基础作用日益夯实、工业主导逐渐稳固、服务业对经济社会的贡献迅速增加，三大产业共同发展的态势。并且，三大产业的结构也日益优化。

首先，农业快速发展，农产品结构更加多元化。粮食总产量由 1949 年的 11318 万吨提高到 2018 年的 65789 万吨，棉花产量由 1958 年的 197 万吨增加到 2018 年的 610 万吨。改革开放以前，肉类、禽蛋、牛奶、蔬菜、水果和水产品等高蛋白和高营养的农产品严重缺乏。1978 年以后，这些农产品产量飞速增长，40 余年间，肉类产量增长 9 倍，牛奶产量增长 33 倍，水果产量增长 39 倍，水产品产量增长近 13 倍，大大改善了全国人民的食物结构及生活质量。

其次，工业化不断推进，高附加值产业蓬勃发展。工业增加值从 1952 年的 120 亿元增加到 2018 年的 305160 亿元，增长了 970 倍（按不变价格计算）。2018 年，煤炭产量高达 36.8 亿吨，较 1949 年增长近 114 倍；钢材产量 11.1 亿吨，水泥产量 22.1 亿吨，较 1949 年分别增长 8503 倍和 3344 倍。2018 年我国手机、计算机和彩电产量分别达 18 亿部、3.1 亿台和 1.9 亿台，占全球总产量比重稳定在 70%～90%，汽车产量 2781.9 万辆，连续多年位居世界第一。

再次，第三产业发展顺应时势进入快车道，交通运输业、房地产业、金融服务业增加值不断攀升。以交通运输业为例，2018 年末，我国铁路营业里程达 13.1 万千米，其中高速铁路达 2.9 万千米，总量居世界第一，"四纵四横"的高铁网络已然成为我国亮丽的名片，"八纵八横"的高铁网络正在迅速形成，中国高铁总里程占全球的 2/3，客运量占全国铁路总客运量的 65%。

最后，三大产业结构不断优化，1952 年三大产业占国内生产总值的比重分别为 50.5%、20.8% 和 28.7%。改革开放以来，随着工业化、城镇化、现代化的不断推进，第二和第三产业发展水平不断提高，尤其是服务业迸发出前所未有的活力，逐渐成为国民经济第一大产业，并且生产性、生活性服务业发展齐头并进。2018 年，我国三大产业占国民经济比重分别为 7.2%、40.7% 和 52.2%。①

新中国成立以来，特别是改革开放之后的 40 多年，中国经济的发展取得了举世瞩目的成就，人民生活水平得到前所未有的改善。回顾社会发展的历程，不难发现经济增长是经济政策实施的主要目标，而人民收入水平和主观幸福感的提升则是经济增长的最终归宿。然而，由于地区间经济协调发展的政策体系不健全、生产要素配置的倾斜和开放程度区域差异化，以及公平的收入分配机制有待进一步建立等因素，我国区域间、城乡间经济发展水平差距较大。世界银行研究显示，中国基尼系数由 20 世纪 80 年

---

① 以上数据均来源于国家统计局。

代初的 0.20 左右上升至 2010 年的 0.44，① 并长时间处于 0.40 水平之上。收入分配差距不仅影响社会总福利水平，更会损害居民主观幸福感。1990 ~ 2005 年，中国居民幸福感在经济高速发展的背景下呈现下降趋势，中国居民一度陷入"幸福停滞"的增长困境，逐渐扩大的收入差距和"Easterlin 悖论"现象并存（李树、陈刚，2015）。换言之，人们的主观幸福感并没有随着人均收入水平的提高而提高。2019 年的《世界幸福报告》显示，从 2005 年到 2018 年中国居民的主观幸福感上升了 0.426，达到 5.191，在 156 个国家中排名第 93 位。②

贫困治理是人类社会发展过程中难以回避的问题，更是一个事关人心向背、国家政权稳固的政治问题。贫富差距对居民主观幸福感的削减及对社会福利水平均等化的破坏是贫困治理不断深化、细化的主要原因。在世界经济发展过程中，消除贫困不仅是经济发展的重要目标，更是人类文明及全球安全的重要内涵。中国共产党和中国政府历来高度重视国家扶贫开发工作，改革开放 40 多年来，我国贫困治理取得了举世瞩目的伟大成就，谱写了人类与贫困作斗争的辉煌篇章。随着农业、农村改革的不断深化，国家贫困治理能力的不断提高，我国农村人口的贫困发生率不断下降，绝对贫困人口数量不断缩减，中低收入人群的生活质量不断提升。1978 年末我国有农村贫困人口 7.7 亿人（按照 2010 年标准），农村贫困发生率高达 97.5%。通过农村家庭联产承包责任制的改革，广大农民群众的劳动热情被激发，农村土地产出率和劳动生产率迅速提高，我国农村贫困发生率急速下降。党的十八大以来，我国扶贫开发工作进入了"最后一公里"的攻坚阶段，国家将精准扶贫、精准脱贫作为基本方略，把扶贫开发摆在更加突出的位置，2013 ~ 2018 年的 6 年里，我国贫困人口共减少 8239 万人，农村贫困发生率下降 8.5 个百分点。2018 年末我国农村贫困人口减少至 1660 万人，农村贫困发生率下降至 1.7%，远远低于全球中低收入国家的贫困发生率。2013 年习近平总书记提出的共建"一带一路"重大国际合作倡议不但促进了相关国家总体经济吸引力的提升，更促进了全球减贫提速，中国贫困治理为其他发展中国家提供了范例和借鉴。

---

① 资料来源：世界银行数据库。
② 《世界幸福报告》是联合国的年度网络出版物，数据来自盖洛普咨询公司的世界民意调查。

习近平总书记关于精准扶贫、精准脱贫的重要论述，是新时期中国扶贫工作的精髓和亮点，是新时代中国特色社会主义行动指南的重要组成部分，更是世界扶贫理论及实践在中国新时代社会主义建设中的具体体现、发展和创新。2013 年 11 月习近平总书记在湖南湘西考察时，首次提出精准扶贫的重要理念。党的十九大报告指出，我国社会主要矛盾已经转化为人民日益增长的美好生活需要和不平衡不充分的发展之间的矛盾。绝对贫困的存在是发展不平衡的结果，也是发展不充分的体现。因此，党中央和国务院把精准脱贫确定为 2020 年之前决胜全面建成小康社会的核心内容，也是中国在 2017 年和未来三年社会经济发展的三大攻坚战略任务之一。不仅如此，习近平总书记还提出到 2020 年要通过多种精准脱贫措施，动员全党全社会的力量消灭现行标准下的绝对贫困。习近平总书记所强调的"真扶贫、扶真贫、脱真贫"（习近平，2021）、"小康路上一个都不能掉队"（习近平，2018a）、"扶贫必先扶志"（《十八大以来重要文献选编》下，2018）等一系列精准脱贫重要论述构成了新时代中国特色社会主义扶贫开发理论体系。中国不但把精准脱贫当作一项建设特色社会主义现代化强国的重大政治经济任务来抓，还把人类社会消灭贫困工作提高到了一个崭新的理论及实践高度，具有非常深远的现实意义和国际意义。

随着精准扶贫体制机制的不断健全和完善，中国贫困治理事业稳步有序推进，农村贫困人口和贫困发生率不断下降。然而，从精准扶贫各项政策在微观个体层面的实施效果来看，我们也不难发现无论是在精准识别中，还是在扶贫措施落实过程中，"扶志"困境导致的精准扶贫效果偏离问题仍然存在。具体来说就是，部分贫困户长期以来一直受政府的帮扶资助，但是仍然难于脱贫，甚至有部分贫困户为了能够继续获得政府帮扶，存在不想脱贫、不愿脱贫的心理，而自我脱贫意愿的缺乏会进一步诱发贫困户的机会主义行为，造成精准扶贫的低效率。进一步分析现象背后的原因发现，中国传统文化中贫困观念与农耕文明有着密切的关系，很多低收入人群的主观幸福感会因温饱得以解决而提高，这种幸福感的提升会使低收入人群更加安于现状。"安贫乐道"导致贫困人群缺乏穷则思变的内生动力和人穷志不穷的奋斗精神。并且，贫困个体的"精神贫困"会导致个体行为失灵，进而影响个人福利最大化的实现。如果说"物质贫困"是看得见的绝对贫困，那么"精神贫困"就是看不见的、复杂的、最难以根治的贫困。由于"安贫乐道"的观念在农村地区尤其根深蒂固，中国精准扶贫才不可避免地出现"扶志"困境。因此，在精准扶贫"后2020时代"，"精神贫困"将成为"物质贫困"的重要原因之一，并且极大可能会使贫困户再次落入"贫困陷阱"的恶性循环中。

习近平总书记在十九大报告中指出，要动员全党全国全社会力量，坚持精准扶贫、精准脱贫，……注重扶贫同扶志、扶智相结合，……做到脱真贫、真脱贫。2018年中央经济工作会议强调，打好精准脱贫攻坚战，要保证现行标准下的脱贫质量，瞄准特定贫困群众精准帮扶，向深度贫困地区聚焦发力，激发贫困人口内生动力。[①] 中共中央政治局会议在研究2018年经济工作时明确指出"精准脱贫要瞄准特殊贫困人口精准帮扶，进一步向深度贫困地区聚焦发力，把扶贫和扶志、扶智结合起来，激发贫困人口内生脱贫动力，巩固扶贫成果，提高脱贫质量"[②]。《中国农村扶贫开发纲要（2011—2020年）》强调连片特困地区扶贫开发"更加注重转变经济发展方式，更加注重增强扶贫对象自我发展能力"。由此可见，充分激发贫困家庭劳动热情，持续提高他们自我教育和自我脱贫的意识，断绝贫困代际传递是14个连片特困地区脱贫攻坚工作的重要内涵，具有很强的时效性、政策性和政治性。为了如期实现全面建成小康社会，中国凭借制度优势、政治优势，在较短时间内集聚人力、物力和财力推动脱贫攻坚。多数地方的精准扶贫具有"强投入"特征，贫困识别精度不高，存在资源投入偏差或浪费现象。政府这种拉动和推动的外源动力机制，必然会造成一些贫困村、贫困户内生动力机制的弱化、退化。贫困户的"精神贫困"，还会进一步影响就业扶贫成果的巩固。

中国传统文化中极为强调志向、抱负对一个人生存和发展的重要性，古语有云"人穷志不穷"，然而在中国精准扶贫攻坚实践中，却屡屡出现"人穷志短""安贫乐道"的现象。这种志向的缺乏直接影响贫困者的自我发展意愿和努力水平。虽然，社会贫富差距过大会使贫困人群认为自我努力及劳动带来的收获微乎其微，降低其主观幸福感，但是长久以来的贫困

---

① 《学习践行习近平新时代中国特色社会主义经济思想》，中国共产党新闻网，2018年3月5日，http://theory.people.com.cn/n1/2018/0305/c40531-29847434.html。

② 《习近平主持中共中央政治局会议 分析研究2018年经济工作》，新华网，2017年12月8日，http://www.xinhuanet.com/politics/leaders/2017-12/08/c_1122082017.htm。

状态是造成贫困者故步自封、缺少脱贫动力的主要原因，他们安于现状，不愿意做出改变，厌恶风险，无法有效参与社会经济建设，从而导致无法有效脱贫。当下是中国特色社会主义新时代，国家倡导勤劳致富。劳动既创造了财富和价值，又能给人带来获得感、幸福感和成就感。习近平总书记的"奋斗幸福观"继承和发扬了马克思主义劳动价值论。习近平总书记认为，"幸福都是奋斗出来的"（习近平，2018b），劳动是财富的源泉，也是幸福的源泉，人世间的美好梦想，只有通过诚实劳动才能实现（习近平，1992；《马克思恩格斯选集》第 1 卷，2012）。习近平总书记的"奋斗幸福观"对于缓解农村"精神贫富"现象极为重要。

## 二 研究意义

2020 年是具有里程碑意义的一年，是中国全面建成小康社会，实现农村贫困人口全部脱贫的伟大目标的决胜之年。然而，从精准扶贫各项政策在微观个体层面的实施效果来看，不难发现无论是在精准识别中，还是在扶贫措施落实过程中，精准扶贫效果偏离问题仍然存在。尤其是信息不对称问题的客观存在，诱发了精神贫困群体为获得政府扶贫救济而产生的机会主义行为，导致精准扶贫过程中存在严重的"扶志"困境。这不但会降低中国精准扶贫、精准脱贫成果的质量，更会造成国家贫困治理各项资源投入使用的低效率。不仅如此，随着中国减贫目标的逐步实现，统计数据上的农村绝对贫困人口的消失并不意味着农村贫困问题从此终结，而是农村贫困问题将进入以相对贫困为主，"返贫"问题并存的贫困治理新阶段。因此，精准扶贫"后 2020 时代"的贫困治理工作将更具挑战、内容更加宽泛，不但要关注个体间的不平等，还要关注城乡不均衡、区域不均衡；不但涉及经济发展的物质层面，还涉及价值取向的精神层面；不但要注重短期跨越贫困线的能力，更要谋取未来长期可持续自我发展的能力。

不仅如此，社会收入差距的不断扩大会削减社会总福利水平，影响居民的主观幸福感。由于中国共产党以人为本的执政理念，居民幸福感的提升已然成为当下衡量社会总福利水平的重要指标。所以，如何改善收入差距对居民，尤其是农村低收入群体、贫困群体主观幸福感的消极影响，不但是 21 世纪全面建成小康社会的独特命题，更是中国特色社会主义发展新生活样态的迫切要求。而如何通过劳动就业参与社会经济建设、共享发展成果、提高主观幸福感不但是破解精准扶贫"扶志"困境的价值指引，更已成为新时代应当赋有的价值底色。

## 第二节　研究目标和研究内容

### 一　研究目标

（1）理论研究目标。

在详细梳理改革开放以来中国在贫困治理过程中的理论制度创新和实践成果经验基础之上，结合新时代脱贫攻坚新理论、新目标、新战略，构建连片特困地区主观、客观致贫因素对扶贫攻坚影响的理论机制，解析贫困户主观贫困认知能力欠缺、内生发展动力不足对精准脱贫负效应的作用路径，进一步研究扶贫开发扶志及扶智的重要性，为实现高质量、可持续脱贫，连片特困地区益贫式扶贫发展策略制定提供科学的理论依据。构建社会收入差距影响居民主观幸福感的作用机制，以主观幸福感与个人效用水平的关系作为桥梁，以习近平总书记的"奋斗幸福观"作为指引，搭建个人主观幸福感提升与精准扶贫"扶志"困境的内在联系。

（2）实证研究目标。

以新疆南疆四地州连片特困地区贫困县贫困户为研究对象，构建脱贫影响因素实证研究模型，分析主观、客观因素对扶贫成效影响，揭示"内生发展动力"对精准扶贫的关键作用；深入分析村干部、贫困户在贫困户识别、退出机制中进行的不对称信息动态博弈，揭示自身发展动力不足贫困户如何通过"信号传递博弈"产生机会主义行为，实现"不劳而获"。基于上述研究，强调"扶志"对连片特困地区精准扶贫的突出作用。构建社会贫富差距、就业偏好影响居民主观幸福感的实证模型，进一步验证低收入人群"安贫乐道"保守思想存在的根源及影响。基于579个国家级贫困县2013年至2017年面板数据，描述精准扶贫阶段东部、中部和西部区域贫困县社会经济发展的区域差异性。

（3）政策研究目标。

基于理论分析和实证研究的结果，针对我国连片特困地区扶贫开发"扶志"困境，提出能够帮助激发贫困户内生发展动力，提高劳动技能，实现区域益贫式发展，贫困户持续增收的可借鉴的政策建议。基于围绕贫富差距、就业偏好对微观个体主观幸福感影响的理论与实证分析，提出缩小社会收入差距，促进农村低收入人群的就业偏好提高的相关对策。

## 二　研究内容

本研究主要分为十二个章节：

第一章，绪论。主要围绕选题背景与研究意义，研究目标和研究内容，相关理论概述，研究方法、技术路线及创新说明进行阐述。

第二章，国内外相关研究综述。分别从贫困内涵演变与中国贫困治理机制变迁，经济增长与贫困缩减，教育、医疗与贫困代际传递，农业、农村发展与贫困缩减，以及收入差距、就业偏好与个人主观幸福感五个方面进行阐述，既突出每一部分的研究侧重点，又层层递进，全面地梳理了国内外的研究现状。

第三章，新中国成立以来中国经济发展及贫困治理历程。基于统计数据分析，梳理新中国成立以来的经济发展历程，总结我国经济实现跨越式发展的理论及实践经验，在此基础上以区域发展非均衡和城乡发展不平等为切入点，进一步探讨我国非均衡经济发展存在的根源及现状，并基于这一视角回顾新中国成立以来各阶段扶贫开发政策及制度安排，勾勒出我国贫困治理的历史轮廓，阐述我国各个阶段贫困治理的路径及特征。

第四章，改革开放后前30年中国经济发展与收入不平等。梳理已有针对中国改革开放后前30年社会经济发展与收入不平等的研究，分析不同学者研究视角、方法及研究结果的差异性。基于此，通过文献梳理和数据分析提出城市、农村内部，东、中、西部区域内部不平等，可能对全国总不平等程度的贡献和影响更大。

第五章，收入不平等与贫困的测算。改革开放后前20年中国经济实现了快速发展，人们的收入也不断增长，但不同人群之间的收入增长幅度不同，中国的收入不平等现象加剧。本章考察了中国收入不平等的不同方面，分析了收入不平等的原因，总结了收入不平等与贫困之间的关系。

第六章，新时代习近平关于扶贫工作重要论述学理机制及贫困治理成效。以新时代习近平总书记关于扶贫工作的重要论述为研究对象，通过归纳总结习近平总书记重要讲话、论述，梳理了习近平总书记关于精准扶贫、精准脱贫工作的深刻思想内涵。结合贫困研究的相关文献，分析得出中国坚持实施精准扶贫、精准脱贫战略的客观必然性及其学理机制。而后，分析了新冠肺炎疫情对精准扶贫"最后一公里"的影响。

第七章，非政府组织的社会扶贫对精准扶贫作用的理论与实证分析。社会扶贫已然成为推动国家精准扶贫不断深化、细化的中坚力量。本章以渭南师范学院定点扶贫的大荔县龙门村48户建档立卡贫困户为研究对象，深入研究国有大专院校在精准扶贫事业中的经验、贡献，以及帮扶机制的利与弊。

第八章，贫富差距、就业偏好对居民主观幸福感的影响。将幸福感视为个人效用水平的主观评价，受到物质条件和身心健康两个层面的影响。提出假设：社会贫富差距削弱居民主观幸福感的作用机制主要来自"相对剥夺效应"和"负向预期效应"。就业偏好对居民主观幸福感的影响不仅属于幸福经济学、行为经济学的研究范畴，更是解释中国精准扶贫"扶志"困境的一种研究视角。研究得出农村最低收入人群的就业偏好与主观幸福感呈现负相关，即劳动参与区域经济建设会缩减其主观幸福感。

第九章，主观幸福感视角"扶志"困境的理论分析。阐述习近平总书记的"奋斗幸福观"与精准扶贫的"扶志"理念存在一定的内在联系，指出习近平总书记的"奋斗幸福观"是破解"扶志"困境的价值取向层面指引。进一步，聚焦就业偏好、区域益贫式发展对微观个体效用水平的影响。首先，以劳动就业为研究切入点，运用边际效用理论分析内生发展动力程度不同、劳动技能不同的贫困户在劳动和休闲上配置时间的差异性，及由此产生的不同水平幸福感。其次，探讨了区域益贫式发展程度的差异性对具有内生发展动力的贫困户的主观幸福感的影响，分析得出，贫困户具有内生发展动力是自我脱贫的基础，但是区域精准扶贫保留效用的不断提高是贫困人群自我脱贫的持续推动力。

第十章，"扶志"困境影响精准扶贫成效的实证分析。利用不对称信息动态博弈模型（Dynamic Game of Incomplete Information）分析"扶志"困境产生的原因，运用经济学原理解释微观个体行为，定点追踪样本贫困村，采取动态过程的分析方法来揭示村干部与村民在贫困识别中的策略选择和相互作用，及其结果对贫困户内生发展动力的影响。本章聚焦连片特困地区之一的南疆四地州，通过实地调研数据，将"精神贫困—主观致贫因素—差异化扶贫开发机制—扶智与扶志重要性—高质量、可持续脱贫"有机结合起来。并揭示了"扶志"困境在贫困程度不同的县中的差异性。

第十一章，国家级贫困县（又称"国家扶贫工作重点县"）社会经济发展区域差异性研究。选取 579 个国家级贫困县作为样本，分析 2013～2017 年东、中、西部地区国家级贫困县在社会经济发展、产业发展、医疗教育发展等方面的差异性。

第十二章，主要结论、政策建议与研究展望。

# 第三节　相关理论概述

## 一　物质贫困与精神贫困

长期以来，人们对于贫困最直观的认识便是饥饿或者基本生活难以得到保障。世界银行作为国际社会研究贫困问题的主要机构，在《1990 年世界发展报告》中将贫困界定为"缺少达到最低生活水准的能力"。随着经济社会的不断发展，世界银行在《2000～2001 年世界发展报告》中，把贫困重新定义为"除了物质上的匮乏、低水平的教育和健康外，还包括风险和面临风险时的脆弱性，以及不能表达自身的需求和缺乏影响力"。联合国开发计划署在《2010 年人类发展报告》中引入了多维贫困指数，指出贫困不只是收入的不足，更应该延伸至健康、教育和生活标准等方面遭受的剥夺。我国农村贫困标准被定义为在一定的时间、空间和社会发展阶段的条件下，维持人们基本生活所必须消费的食物、非食物的基本费用（国家统计局住户调查办公室，2016）。

中国传统文化中贫困的概念与农耕文明有着密切的关系。农村是农耕文明传扬的主要场所，所以"安贫乐道"的观念在农村尤其根深蒂固。杭承政、胡鞍钢（2017）将"精神贫困"定义为贫困人口志向缺乏、信念消极和行为决策非理性的行为表现。并且，贫困个体的"精神贫困"会导致个体行为失灵，即人们不按照理性原则进行决策和行动，进而影响个人福利最大化的实现。行为失灵不是贫困人群的独特标签，它是人类进化过程中普遍存在的行为特点，但是"富裕的人"会有"缓冲"的能力，而"穷人"则可能陷入更深的贫困。如果说"物质贫困"是看得见的贫困，那么"精神贫困"就是看不见的、复杂的、最难以根治的贫困。

## 二 贫富差距与收入差距

社会贫富差距是世界上各个国家普遍关注的问题，主要反映一个国家和地区的财富分配状态。在国际上贫富差距多使用一个可以衡量的指标，即基尼系数来表示，系数取值范围在 0 到 1 之间，数值越低，说明财富在社会各个成员之间的分配越均衡，反之则说明财富在社会各个成员之间的分配越不均衡。联合国有关规定指出：若一个国家或地区基尼系数在 0.4 至 0.5 之间，则说明贫富差距较大，若高于 0.5，则说明收入悬殊，社会财富分配极为不公。中国对于贫富差距的衡量不仅使用基尼系数，还使用五等分法，但是无论哪种算法都印证了中国贫富差距和收入差距不断扩大的不争事实。朱光磊（2002）对贫富差距进行了严格的定义，他认为"贫富差距"是指在特定的区域和时段内，一部分较为富有的居民（家庭）和一部分与前者数量相同的较为贫穷的居民（家庭）之间，依照一定的规则，在对他们的家庭平均收入和财产进行比较的基础上，计算出来的特定比例关系、系数或差额等。吴忠民（2001）指出贫富差距扩大是一个含义比较宽泛的概念，它是指社会成员之间的收入差距明显扩大，这种扩大既可以表现为穷人更穷和富人更富，也可以表现为穷人小富和富人更富，抑或是穷人收入不变，而富人收入不断提高。

社会贫富差距包括收入差距和财富差距两个部分，分别体现经济和社会问题。朱光磊（2002）和张义凤（2011）提出收入差距是一个即期的概念，属于经济问题，后者则是各种社会关系的综合反映，属于社会问题。社会贫富差距是指一个社会中财富分配不均衡的表现，并且这种不均衡还体现在社会政治、经济、教育、医疗和文化等诸多方面。收入差距是指由于微观个体个人可支配生产要素差异、个人人力资本积累差异及国家所采取的收入分配政策不同，而形成的收入上的差别，更多表现为现金和物质财富等，它强调的是一定时期内个人劳动成果与社会经济利益的关系，与其参与经济活动及收益密切相关，故而属于经济问题。

## 三 主观幸福感

主观幸福感是涵盖诸多方面的复杂构念，一些研究将主观幸福感的概念划分为快乐论的幸福感和完善论的幸福感。将幸福感定义为快乐最早可以追溯至古希腊哲学家阿瑞斯提普斯，他认为生活的目标是获得最多的快乐，幸福是一个人快乐时刻的总和。霍布斯认为幸福是对人性欲望的成功追求。而边沁认为幸福是通过个人努力获得快乐和自我利益得以最大化的实现。所以快乐论的幸福感包含身心快乐、人性欲望和自我利益。而完善论的幸福感主要聚焦思想意识层面，如亚里士多德认为真正的幸福是做值得做的事情（高亚楠，2018）。当下学术界更多使用人们的生活满意度来衡量主观幸福感。一个人的主观幸福感不仅受外部因素的影响，内部因素，尤其是个人性格、主观意识和认知层面的因素也是影响主观幸福感的重要因素（王玉龙等，2014；Diener，1984；Headey and Wearing，1989）。

## 四 益贫式发展

益贫式发展（Pro-Poor Growth）也被译为"亲贫困增长"，由马丁·拉瓦雷（Martin Ravallion）于1994年正式提出，其具体含义是一个区域的贫困人口参与经济活动并从中得到更多益处的区域经济增长。亚洲开发银行将益贫式发展作为减少贫困的三项支柱战略之一，将其界定为能够使贫困群体收入的增长水平超过平均增长水平的经济增长（范从来、谢超峰，2018）。贫困人口能够从社会经济增长中分享多少成果取决于诸多条件，包括收入分配机制、区域资本禀赋、个人人力资本禀赋等。益贫式发展不同于经济增长的涓滴效应理论，它更加主张直接使贫困群体从经济增长中获得好处。精准扶贫、精准脱贫以及乡村振兴都是特意倾向农村低收入人群的发展战略，通过政府转移支付①，精准帮扶缩小贫富差距，使贫困群体获益。然而，益贫式发展是系统工程，需要社会有合理的收入分配机制，有提高贫困人口社会福利的保障政策，消除阻碍贫困人口参与区域经济建设的外部障碍，增加和提高贫困人口参与经济建设的机会、意愿和能力。

## 五 内生式发展

内生式发展是指以区域内的资源、技术、产业和文化为基本生产要

---

① 转移支付主要包括政府的低保金、计划生育金（仅南疆少数民族有，且不同民族、区域标准不一）、五保金、养老保险金、生态补偿金等，还包括非行政事业单位、社会团体对贫困户的社会救济和补助、救灾款、经常性捐赠和赔偿等。

素，实现区域内经济、社会的发展。张环宙等（2007）认为内生式发展的内涵是摆脱对于外界资本的依赖，以当地人作为地区开发主体，激发源自地方内部的生长能力。内生式发展是本地社会动员的过程，追求符合本地意愿的战略规划和资源分配机制，以求实现本地区在技能和资格方面的能力发展。最优的、最长效的农村贫困地区内生式发展，是以当地人作为扶贫开发主体，培养地区内家庭、个体自我发展的能力，使当地人成为扶贫开发的主要参与者甚至是主导者和主要受益者。农村贫困地区开发的最终目的是培养区域自我发展的能力，最终实现贫困地区、贫困人口全面可持续性发展，这是精准扶贫、精准脱贫的终极目标。

## 第四节　研究方法、技术路线及创新说明

### 一　研究方法

本研究使用的主要研究方法有以下四类。

一是历史文献综述法。通过对习近平总书记关于精准扶贫、精准脱贫重要论述的梳理，对优秀学者关于社会贫富差距对居民主观幸福感的影响、精准扶贫过程中"扶志"困境等内容的研究成果的归纳，以及对经济增长、社会公共服务、农业农村发展与贫困缩减关系进行的文献综述梳理与评述，提炼相关研究核心思想，借鉴方法以实现本研究的基础构建。

二是规范分析与实证分析相结合。经济学研究中的规范分析更多回答的是"应该是什么"，牵涉到理论分析框架和价值判断；实证分析主要围绕"是什么"进行解答，是对客观存在的事实和问题进行回答。本书涉及的规范分析如：社会贫富差距对居民主观幸福感的影响机制是什么？就业偏好如何影响低收入人群主观幸福感？贫困人口内生动力不足如何导致"扶志"困境？而贫富差距扩大会削弱大部分人群的主观幸福感、一些少数民族地区存在"扶志"困境等则是客观事实，我们采用实证分析。

三是定性分析与定量分析相结合。定性分析是对研究对象进行"质"的描述。具体通过归纳、概括等方法，是对各种资源进行整合加工的认知过程，最终目的是揭示其内在规律，比如对农村低收入人群就业偏好与其主观幸福感之间关系的分析。定量分析使认识进一步精确化，能够更好地

把握本质、厘清变量之间的关系及其发展趋势，如本研究对社会贫富差距的测算，贫富差距对居民主观幸福感的影响在城乡、不同收入群体中的差异性，精准扶贫期间不同区域、国家贫困县发展的差异性等。

四是案例分析法。非政府组织的社会扶贫因主体不同，其效果及扶贫策略也会有所不同。为了研究非政府组织在扶贫过程中的实施方式及其扶贫效果，本研究以渭南师范学院扶贫工作为案例，运用贫困户家庭调查数据进行分析。

## 二　研究思路和技术路线

本研究作为建立在理论和实证基础上的应用对策研究，主要由理论研究、实证研究和应用对策研究三大部分构成。研究的具体技术路线参见图1-1。其中，理论研究是本研究的逻辑起点与核心内容，实证研究是确保理论科学应用的关键性环节，应用对策研究则是本研究的归宿。

## 三　研究的创新说明

（1）研究视角的创新性。

本研究以新中国成立、改革开放和新时代为研究节点，以社会贫富差距、就业偏好对居民主观幸福感的影响为切入点，聚焦精准扶贫过程中"扶志"和"扶智"两个难题。通过分析收入差距对城乡、不同收入群体主观幸福感的影响，揭露农村低收入人群普遍存在"安贫乐道"的保守思想，通过分析就业偏好对主观幸福感的影响，阐明农村低收入人群存在"精神贫困"的现状。进一步通过建立不对称信息动态博弈模型，科学合理地演示贫困户识别、退出机制诱发贫困户机会主义行为的路径，以及"普惠制"扶贫机制对贫困户自身发展动力的影响。

（2）研究思路的创新性。

从具体的研究内容来看，本研究在详细梳理新中国成立以来，特别是改革开放40多年以来中国在社会经济发展、贫困治理方面的理论制度创新和实践成果经验的基础之上，结合新时代脱贫攻坚新理论、新目标、新战略，进一步研究社会贫富差距对居民主观幸福感的影响，以及扶贫开发扶智及扶志的重要性，对实现高质量、可持续脱贫以及全社会通过劳动参与经济建设、共享经济发展成果具有重要作用。从研究内容之间的关系来

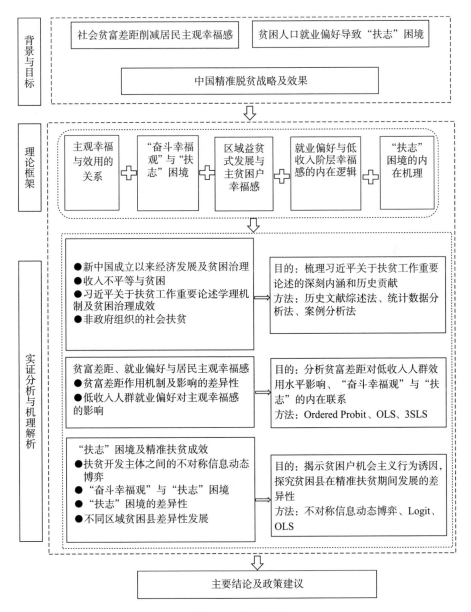

**图 1-1　技术路线**

看，采用由面到点、由普遍到具体，不断深入推进的动态视角进行理论研究，既指出社会贫富差距过大会损害居民主观幸福感，又分城乡、不同收入水平提出农村低收入人群主观幸福感更容易被社会贫富差距削弱，并以劳动偏好为视角提出农村低收入人群普遍存在的精神贫困。基于此结论，本研究聚焦连片特困地区之一的南疆四地州，通过实地调研，将"精神贫困—主观致贫因素—差异化扶贫开发机制—扶智与扶志重要性—高质量、可持续脱贫"有机结合起来，研究具有系统性、时效性。采用动态的层层推进的视角进行实证研究，从宏观与微观、整体与局部、历史与现实、主观与客观等多维统一角度，全面剖析和深刻揭示精准扶贫"后2020时代"扶贫开发扶智与扶志的重要性、紧迫性。

（3）研究方法的创新性。

研究使用北京大学中国社会科学调查中心实施的"中国家庭追踪调查"（CFPS）2018年数据测算社会收入差距，提出社会贫富差距会通过"相对剥夺效应"和"正向预期效应"两种作用机制影响居民主观幸福感，并首次将个人对社会贫富差距的主观评价作为关键解释变量，来考察个人对社会不公平的感知对其幸福感的影响。不仅如此，本研究还通过就业偏好对主观幸福感的影响研究，揭示了农村低收入人群"扶志"困境的普遍性。而后进一步基于大量实地调研、访谈，通过不对称信息动态博弈模型，分析扶贫开发机制中扶智与扶志缺位的主要原因。进一步将精准扶贫思路与益贫式发展思想结合起来，提出扶贫必须与扶智及扶志有效结合起来，才能提高精准扶贫效率，彻底破除"贫困陷阱"魔咒，截断贫困代际传递路径。

# 第二章

## 国内外相关研究综述

本研究主要涉及经济增长、贫富差距、精准扶贫、主观幸福感等方面的问题，故而将相关文献从以下几个领域分别进行评述。

### 第一节　贫困内涵演变与中国贫困治理机制变迁

贫困被广泛地定义为，一个人或一个家庭在特定社会中没有达到社会所设定的最低生活的物质水平（Townsend，1954；Ravallion，1992；Subramanian and Deaton，1996；叶普万，2006）。但是，随着人们思想观念的变化，贫困的内涵发生了范式革命，有关贫困的研究从物质匮乏不断转向基于社会经济环境的综合因素和比较。Townsend（1980）从相对剥夺角度定义贫困，认为贫困不仅仅是生活必需品的匮乏，还包括是否拥有享有常规社会生活平均水平的权利。阿马蒂亚·森（2001）认为贫困可视为基本可行能力被剥削，而不仅仅是收入低下，收入的不平等、失业、政府公共政策的取向、医疗保健和公共教育设施的匮乏等都会弱化甚至剥夺人的能力，使其陷入贫穷。胡鞍钢、李春波（2001）将贫困划分为收入贫困、人类贫困和知识贫困，认为贫困人口不仅收入低下，缺乏人类发展能力，而且缺乏知识资产和获得知识与信息的能力。随着贫困研究的不断深入，国外众多学者将研究视角转向主观贫困，认为家庭资源禀赋、公共基础设施、经济通货膨胀及社会失业率等因素会导致微观个体对当前生活贫困与否产生主观评价（Guagnano et al.，2015；Ravallion，2016）。可见，贫困由单一收入贫困向能力贫困、权利贫困、人文贫困扩展，并延伸至精神层面的主观贫困。

新中国建立之初，中国资源极度短缺，这一时期的贫困主要围绕平均主义的"所有制改革"，但平均主义的福利模式严重挫伤了农民的积极性，导致 20 世纪 60 年代农村生产力停滞。1978 年的改革开放和 1983 年农村家庭联产承包责任制的普遍推行，极大地释放了农村劳动力，农产品流通体制改革缩小了城乡居民收入差距，外商投资、出口贸易的急剧攀升，降低了生产非效率，促进了全社会整体技术进步，实现了经济增长，产生了普惠式的减贫效应（姚树洁、杨少华，2003；姚树洁等，2006；宋林、姚树洁，2011；李峰等，2012；向德平、黄承伟，2016；郑志龙等，2015）。Yao 和 Zhang（2001）指出 1986 年后由于城镇化、工业化和"先富带后富"的非均衡发展战略，各类资源在区域间产生不平等的倾向性分配，导致经济发展呈现东、中、西部地区间发散态势。工农产品"剪刀差"和城乡二元经济社会结构冲击了农村经济，农村发展失去其优先效应，制度改革红利和经济增长拉动的扶贫模式效应减弱（王忠海，1993；胡昌暖，1979；张琦、冯丹萌，2016）。贫困也由原来的整体性转变为区域性、多元性。1994 年出台的《国家八七扶贫攻坚计划》，标志着我国贫困治理进入城市反哺农村、工业反哺农业的新阶段。2001 年国家颁布《中国农村扶贫开发纲要（2001—2010 年）》，改变了以往单纯发展经济的战略，更加注重统筹城乡和区域的科学发展。在过去的几十年间，一般性的贫困问题已经随着不断加大的政策性投入得到了极大程度的缓解。随着经济进入"新常态"，城乡一体化进程缓慢，收入两极分化严重，经济增长逐步放缓。解决刘易斯发展模式造成的城乡分割二元体制和非均衡发展遗留的不平衡等问题（陈锡文、韩俊，2016；姚树洁，2015）是新时代精准扶贫、精准脱贫的首要任务，更需要科学、精准、动态和长效的扶贫机制和检测系统（Fujii，2017；蔡昉等，2001；李文、汪三贵，2004）。

## 第二节　经济增长与贫困缩减

华盛顿共识主张的涓滴经济学坚信经济增长所带来的经济利益能够在各阶层自由扩散，并自动消除贫困，但是国内外许多学者提出质疑，认为经济增长通常伴随更严峻的收入差距问题，所以均衡的经济增长和公平的收入分配对减贫具有同等重要的作用（Lorenz，1905；Danziger，

1987；Birdsall and Londoño，1997；Yao，1999a；Yao，2000；Sutherland and Yao，2011；Yao et al.，2004；陈飞、卢建词，2014；Deaton，2015；Nikoloski and Gveroski，2017；Wan et al.，2018）。早在 1955 年，库兹涅茨就推测出人均收入和收入不平等之间存在倒 U 形关系，即"库兹涅茨曲线"（Kuznets Curve）。Yao（1999a）通过测算基尼系数和收入对贫困的弹性，发现尽管经济增长对减贫很重要，但贫困发生率却对收入不平等非常敏感。姚树洁、杨少华（2003）在有关中国经济发展与贫困缩减的研究中指出，收入持续增长是减少贫困的一个必要条件，但不是充分条件，更高效的贫困缩减需要伴以更公平的分配机制。Sutherland 和 Yao（2011）进一步分析改革开放 30 年间中国的多维不平等，提出虽然改革开放以后经济持续快速增长，但是不同区域城乡居民人均收入差距却不断扩大，东部沿海地区得益于资本、劳动、技术的聚集，经济增长的溢出效应缩减了区域内的不平等，但是区域间收入不平等却愈演愈烈，并衍生出极为复杂的多维不平等特征。无独有偶，Wan 等（2018）在分析经济增长、减贫和不平等三角关系时，同样提出包容性经济增长在促进贫困减少的同时，也会带来不平等，而日益加剧的不平等又会抵消经济增长对贫困减少的作用。所以在减贫中经济增长质量比速度成效更重要，有效的贫困减少要求连续的收入增长和更公平的分配机制。

　　传统的基尼系数虽然是反映贫富差距和收入不平等最常用的指标，但是也存在诸多的局限性（Yao，1999b；苍玉权，2004；Sutherland and Yao，2011），主要表现在两方面，一是基尼系数对应的洛伦兹曲线具有非唯一性，二是基尼系数分解性的约束。苍玉权（2004）运用标准洛伦兹曲线斜率与实际洛伦兹曲线斜率所形成的三角形面积差来对基尼系数进行调整，实现基尼系数与洛伦兹曲线对应的唯一性。针对基尼系数分解，以往研究大多依赖复杂的矩阵运算和回归模型（Pyatt，1976；Silber，1989；Yitzhaki，1994），不易于实证分析和实践操作。Yao 和 Liu（1996）提出四步分解法，通过绘制电子数据表，将基尼系数按照人口类别（性别、职业、区域）和收入来源（工资性、非工资性）进行分解，克服了其他方法存在的缺点（唐莉等，2006）。Yao（1999b）以四川省 6624 户家庭的调查数据进一步验证了分解方法的科学性和可操作性。国内外学者关于贫困线的设定和贫困程度测算的研究日益丰富。

Ravallion（1992）强调个人福利效应在贫困测量中的重要性，主张将食品支出与非食品支出相结合测定贫困线，即根据食品消费价格水平，测算出维持人体正常水平营养需求的食品贫困线，并进一步测算非食品贫困线，二者相加即可得到"Ravallion贫困指数"。Allen（2017）运用线性规划法提出设定贫困线的新方法，基于贫困人口最低成本饮食计划的消费模式，验证了国际极端贫困线每人每天1.9美元的科学性，但是Deaton（2005）在分析印度贫困问题时，强调贫困线在城市、农村、不同区域间的更新、调整对贫困人口的测算至关重要，并对世界银行发布的全球贫困线有所质疑，主张使用以美元计价的国家自我报告的贫困线（Deaton，2010）。

更多的学者主张通过个人社会经济福利获得比较研究贫困线，以充分反映贫困状态。陈宗胜等（2013）根据农村绝对与相对贫困变动，建议设定"相对贫困线"作为度量贫困的补充标尺。Townsend（1979）基于相对剥夺理论核心，认为贫困的测量不仅要关注生存需求和收入水平，更要从福利需求多样性视角进行分析，所以他通过将60个生活形态指标赋予不同权重，简化为一套剥夺指标，再结合社会生活平均水平，以货币评估各指标价值，计算出剥夺指数。但是Sen（1976）对Townsend的理论有所质疑，他坚持认为绝对贫困是客观存在的，相对贫困只是对绝对贫困的补充，并推断出测量贫困的新方法，即"森指数"（Sen Index），不仅可以全面反映贫困状况，还可以通过对指数的分解观察经济增长和收入分配对贫困变动的影响。而后，由于异质性导致微观个体对当前生活的幸福指数、满意程度和自我贫困认知并非随人均GDP的增加而增加，国外许多学者通过评估社会经济福利损失程度来测量贫困，认为相较于客观贫困，主观贫困对政策制定者更具有参考价值和指导意义（Ravallion and Lokshin，2001；Ravallion and Himelein，2013；Deaton，2016）。

Ravallion和Himelein（2013）将贫困程度描述性地分为四类，调查者通过阅读对照自身生活水平，判断自己所处的类别，其结果作为潜变量用来衡量贫困程度。为了更好地理解贫困的程度及其在经济改革下的演变，一个连续、全面的贫困线设定方法和科学、动态的贫困程度测算体系与贫困户的生存和福祉息息相关（Townsend，1979；Sen，1976；Foster et al.，1984；Ravallion and Chen，2009；张晓妮等，2014）。

## 第三节 教育、医疗与贫困代际传递

教育所带来的人力资本积累是消灭贫困和避免返贫困的根本保障，其在阻断贫困代际传递方面的贡献得到了国内外众多学者的认可（简必希、宁光杰，2013；舒尔茨，1990；Birdsall and Londoño，1997；杨娟等，2015；张林秀等，2000；王春超、叶琴，2014）。舒尔茨（1990）认为"贫困国家的经济之所以落后，其根本原因不在于物质资本短缺，而在于人力资本的匮乏和国家对人力资本的过分轻视，所以改善穷人福利的生产决定性的要素不是空间、能源和耕地，而是人口质量的提高和知识的进步"。世界银行曾把中国贫困减少归功于经济增长和公共转移支付的扩张，政府通过转移支付进行财富的二次分配调整社会财富分布，以缓解初次分配的不均衡。Birdsall 和 Londoño（1997）指出公共社会支出在初等教育和基本医疗上的再分配不仅不会增加财政负担，还能够通过人力资本积累，实现经济增长，产生高效减贫效应。杨娟等（2015）发现义务教育是影响收入差距和代际流动性的主要原因，但是贫困家庭受预算的限制，对子女早期教育投入有限，高等教育参与率不足，收入差距扩大。张林秀等（2000）强调在经济繁荣时期，教育是决定非农就业状况的重要人力资本合成部分，而非农就业又可直接改善农村居民家庭福利。

王春超、叶琴（2014）在研究中国农民工多维贫困问题时，也强调教育维度的贫困对农民工多维贫困的贡献率较高，且呈上升趋势，教育投入不足会导致农民工回到多维贫困。但是现有教育资源分配机制导致人力资本不平等问题日益严峻，特别是在农村贫困地区，教育会强化代内和代际收入不平等（张林秀等，2014；杨娟等，2015）。随着城市化进程的不断加快、教育资源分布的愈加不平等，新的人口结构和社会变迁致使农村义务教育面对巨大挑战，即农村小学空心化，这对于生活在这样一个由地理空间布局所形成的教育梯队的"下层人群"来说，就丧失了与"优质人群"缩小距离的机会（姚树洁等，2018）。加大义务教育的公共支出比例，完善农村义务教育保障机制，提高教育资源配置效率，对切断贫困的代际传递作用巨大（张海清等，2009；杨斌、温涛，2009）。

医疗保障是主观福祉的一个重要衡量指标，不仅对个人的生活质量整体评价具有重要影响，其在减贫中的突出贡献亦不可忽视（颜媛媛等，2006；李静、王月金，2015；程名望等，2014）。改革开放以前，政府在农村大力推行合作医疗制度，极大地保障了农民身体健康，但是颜媛媛等（2006）发现改革开放以后，农村集体经济实力被削弱，合作医疗名存实亡，占主导地位的自费医疗制度不断催生出村民举债治病而返贫或致贫的现象。2002年《中共中央、国务院关于进一步加强农村卫生的工作的决定》提出要建立由政府组织、引导、支持，农民自愿参加，个人、集体和社会多方筹资的新型农村合作医疗制度。但是因瞄准效率不高、政策宣传推广力度不够、报销比例较低和制度设计存在缺陷等问题，其对贫困治理的精准性、有效性和持续性不容乐观（易红梅、张林秀，2011；颜媛媛等，2006）。姚树洁等（2018）认为，新时代应当将医疗改革与扶贫相结合，将贫困地区农村纳入新型农村合作医疗体系当中，提高补偿比率，切实构建一道防止因病致贫的屏障，真正实现农民从中受益。

## 第四节　农业、农村发展与贫困缩减

农业发展与农村经济增长对减贫的重要贡献也得到了国内外学者的普遍认可（张林秀等，1998；Ravallion and Jalan，1999；张林秀等，2000；Gibson and Datt，2017；Van den Broeck and Maertens，2017）。Gibson 和 Datt（2017）通过对印度的研究发现，中小城镇能够更便捷地吸纳农村剩余劳动力，提供农产品需求市场，进而促进农村经济发展，相较于大型城市，其减贫的贡献更大。张林秀等（2000）强调农业部门在中国改革开放经济增长中扮演了"稳定器"与"推进器"的角色，但是优先发展重工业的赶超战略，消耗了大量农业的原始积累，农产品"统购统销"流通体制和户籍制度形成的城乡分割二元体制，以及产业发展的不平衡加剧了贫富差距。陈有华（2012）研究发现，在工业化发展过程中，工业品价格波动通过价格传导机制会加剧农产品价格波动，工业化导致城乡收入差距不断扩大已成为不争的事实。劳动力的非农就业、农地产权稳定、城镇化水平对农村经济发展和农户收入及福利效应有重要影响（Moene，1992；张林秀等，1998；Ravallion and Jalan，1999；张林秀等，2000；宋林、姚树洁，2011；李峰等，2012；蔡昉、王美艳，2016；Gibson and Datt，2017；Van den Broeck and Maertens，2017）。

中国在改革开放以前，是典型的计划经济国家，为了实现重工业优先发展的赶超战略，国家实行了城市化、工业化偏向的经济政策，并且采用严格的户籍管理制度限制城乡劳动力流动，造成了城乡分割二元经济体制和严重的城乡差距（汪锋等，2007）。刘易斯在破除"二元经济结构"理论中提出通过解决农村大量剩余劳动力的就业问题，促进结构转换来推动反贫困进程，依靠工业化和城市化的演进，逐步消除二元结构的差异，进而实现减贫。伍山林（2016）在二元经济结构和增长源核算框架下研究得出，农业劳动力流动对经济增长贡献较小，但其波动特征与经济增长具有明显的相似性，具有指示作用。张林秀等（1998）验证了劳动力的非农就业对农村劳动力就业结构转变、农户福利状况改变、农村经济发展作用巨大，并且会进一步削弱农户对土地资源的依赖，促进农地流转，实现城乡融合。蔡昉、王美艳（2016）认为受制于土地规模经营，农业资本规模报酬递减现象愈加明显。宋林、姚树洁（2011）强调在农民城市化的过程中，政府既不能缺位，也不能越位，要通过职业培训和就业指导投入，降低农民在城市化过程中的支付成本，提升其竞争力，进而实现城乡融合。姚树洁、王洁菲（2019b）指出14个连片特困地区是长期非均衡发展的产物，贫困规模大、程度深，扶贫、扶智和扶志任务相互融合，是精准扶贫的难点、关键点，所以构建农业现代化生产方式，增强农业自立性和竞争性，发挥农业益贫式发展作用，迫切需要精准的扶贫机制和激发内生发展动力的可持续扶贫政策。

资本匮乏是制约农村经济发展的主要因素，而财政金融支农政策对改造传统农业、促进农村经济发展、农村减贫具有显著促进作用（Barro and Sala-i-martin，1992；Geda and Shimeles，2006；Imai et al.，2012；温涛、董文杰，2011；高远东等，2013；温涛等，2015）。金融服务对减贫产生作用的途径有两条：一是向贫困人口提供信贷服务，二是提供金融产品和储蓄服务。Imai等（2012）采用99个发展中国家面板数据的研究显示，金融的贷款总量与Foster的FGT贫困度量指数显著负相关，并且农村金融的发展可以显著降低贫困深度和贫困强度。Geda和Shimeles（2006）以埃塞俄比亚为研究对象，验证了农村金融发展能够显著地平滑消费，减少贫困。温涛等（2005）在梳理1952～2003年中国农村金融制度和金融结构变迁的基础上，运用时间序列方法研究发现，这一时期农村金融发展抑制了农民收入增长，强化了城乡"二元经济结构"。汪锋等（2007）也指出在市场经济改革进程中，财政和金融的城市化偏向是中国城乡收入差距扩大的主要原因。但是 2004~2014 年连续 11 个"中央一号文件"强调了农村金融发展的重要性和紧迫性，农村金融快速发展，形成商业性、合作性、政策性等各种金融结构并存的竞争新格局。所以高远东等（2013）在对 2000~2008 年农村金融发展的研究中发现，金融支农政策对本省农村贫困人口的减少具有巨大的直接效应。但是，在农村金融发展的过程中也显现了许多弊病。例如，不完善的农村金融体系导致金融支农政策效应存在明显的区域性差异，严重制约西部地区金融支农政策效应的发挥；农村信贷市场"精英俘获"机制导致农贷政策目标偏离、过程扭曲和实施错位，演变出"劣绅驱逐良绅"，加大了农村群体间的不平等；农业部门缺乏风险管控能力，政府主导的农业信贷体系不仅效率低，还存在农村金融风险（温涛、董文杰，2011；温涛等，2016；董筱丹、温铁军，2008；Townsend and Yaron，2001；Jensen，2000）。

中国保险业虽然起点低，但随着经济改革和开放程度的进一步加深，保险的社会效益愈加突出（姚树洁等，2005）。早在 2009 年姚树洁、戴颖杰（2009）便提出，国家出资筹集农村社会养老保险基金是责任政府和社会公平的内在要求，中央政府可以免除中西部欠发达地区和政府部门认定的低保户的缴费责任，以实现财富二次分配，缓解不平等，促进社会稳定。吕岩（2016）认为保险的长期兜底和互助共济功能与扶贫的需求和目标高度一致，保险扶贫与财政投入相结合，通过费率杠杆放大财政资金效率，能够切实增加贫困人群福利。但是，李倩（2016）发现贫困地区群众对保险认识欠缺、认同度低，不善于用保险工具管理生产生活风险，加上政府主导的保险扶贫项目普遍存在投入大、见效慢、利润薄的特点，许多保险公司积极性不高。

## 第五节 收入差距、就业偏好与个人主观幸福感

收入水平与个人主观幸福感之间的关系很难从理论上直接推断。Easterlin（1973）发现二战以后，美国、日本等国家经济快速发展、人均收入

水平不断提高，但是居民的幸福程度并未显著提高，这就是著名的"East-erlin 悖论"。Easterlin（2012）发现，尽管 1990～2010 年中国的人均产出实现了前所未有的增长，然而中国居民生活满意度却呈现"U"形波动。经济增长创造的财富会显著提高国民人均收入水平，但是若没有公平、合理的分配机制，便会导致收入差距的扩大。Vickery（1945）和 Harsanyi（1955）认为当前的收入不平等会增加未来预期收入的不确定性，进而影响个人主观幸福感。收入差距和机会不均是社会不平等的主要表现。Merton（1968）提出随着收入差距的不断扩大，社会财富会向富裕的阶层聚集，若以社会平均收入作为参照，低收入人群会存在明显的被剥夺感，这会导致社会平均幸福感下降。然而，Bardhan 等（2000）认为社会贫富差距的扩大不一定是糟糕的事情，收入差距会让人对自己的未来收入预期更乐观，从而激发积极向上的工作生活态度（Diener，1984）。这一观点得到Hirschman（1973）的部分赞同，但是 Hirschman 又补充指出，若一段时间后，周围人的收入都提高了，自己的收入还未达到预期水平，那么幸福感便会随之下降。Oshio 和 Kobayashi（2011）以日本居民主观幸福感为研究对象，用基尼系数来衡量地区收入差距，结果显示收入差距的扩大与居民的主观幸福感呈显著负相关。然而，Néstor 和 Rafael（2013）的研究发现，由于收入的边际效用递减，幸福不平等低于收入不平等，前者大约是后者的一半，换言之，收入差距与幸福感之间存在双向因果关系，幸福不平等会导致收入不平等。

　　针对中国收入差距与居民幸福感的关系，黄祖辉、朋文欢（2016）发现在农民工收入与其幸福感的关系中，虽然存在"Easterlin 悖论"现象，但是真正能够促进幸福感提升的是扣除生活必要开支后的剩余部分。徐淑一、陈平（2017）基于公平感知视角研究收入和社会地位对幸福感的影响发现，收入虽然在整体上对幸福感具有正向影响，但随着收入的不断提高，幸福感对收入的敏感度呈现下降趋势。万佳乐、李超伟（2019）的研究结果表明收入结构与居民幸福感之间也存在倒 U 形关系，并且提出转移性收入对幸福感的促进作用最显著。田国强、杨立岩（2006）通过构建规范经济学理论模型，一方面佐证了"幸福—收入之谜"现象的存在，另一方面指出收入差距过大，低收入人群会认为自己收入相对过少，致使个体幸福度下降，从而导致社会总福利水平下降。马万超等（2018）在研究收入差距对幸福感的影响机制时便假设幸福感与收入差距之间存在倒 U 形关系，这与"Easterlin 悖论"不谋而合。

劳动作为一种伦理价值，是社会教化价值观的基础，也是社会行为感召和改造的主要途径（刘平，2002）。劳动不仅创造了物质产品和精神产品，还创造了社会财富和精神文明，推动人类社会不断向前发展（李铁映，2003）。就业是微观个体以劳动的方式参与社会经济建设的体现，就业与幸福感之间的关系被国内外学者广泛关注。众所周知，失业是不快乐的，这种不幸感甚至超出失业造成的收入下降（Gielen and Van Ours，2014），所以失业不仅与货币成本有关，更与非金钱层面的精神成本有关（Clark and Oswald，1994；Kassenboehmer and Haisken-DeNew，2009）。

Kassenboehmer 和 Haisken-DeNew（2009）研究发现，1991 年英国失业人群的幸福感要普遍高于在业者，并且相当一部分人群是自愿失业，所以主观幸福感能够影响劳动力市场的就业概率。Krause（2013）通过研究幸福感对失业劳动者再就业和就业工资水平的影响发现，低幸福感和高幸福感的劳动者都会缺乏寻找工作的热情，影响轨迹呈倒 U 形。然而，李树、陈刚（2015）评估了主观幸福感对劳动力就业和隐形再就业概率的影响，认为幸福感上升促进了劳动者努力搜寻工作。另一部分学者的研究思路正好相反，他们探讨劳动者的就业状态对幸福感的影响。Gielen 和 Van Ours（2014）研究德国社会经济调查数据发现，约一半的劳动者在失业后幸福感没有明显下降。

以往学术研究成果对本研究具有重要的理论指导和方法借鉴作用。以往文献明确了贫困的内涵，梳理了中国贫困治理历程，厘清了经济增长、收入分配与贫困之间的关系，从教育、医疗资源配置视角解析了贫困代际传递的主要诱因，更剖析了收入差距、就业偏好与个人主观幸福感之间的内在作用机理。但尚未有研究剖析微观个体对社会收入差距主观评价影响主观幸福感的作用机制和作用效果。并且，农村低收入人群劳动就业偏好如何影响其主观幸福感？如何构建专项扶贫、行业扶贫和社会扶贫互促互进的战略体系，提高扶贫政策的益贫性，推动扶贫开发与区域发展？如何将精准扶贫与扶志、扶智相结合，促进贫困地区内生式发展？如何实现多元化扶贫目标，发挥教育、医疗、保险在阻断贫困代际传递过程中的作用？这都是精准扶贫"后 2020 时代"需要展开研究的系统性问题。

# 第三章

# 新中国成立以来中国经济发展
# 及贫困治理历程

## 第一节　新中国成立以来的社会经济发展

### 一　新中国成立后前 30 年的社会经济发展

（1）经济恢复期（1949～1952 年）。

中国共产党经历了反对北洋军阀统治的国民大革命，反对国民党蒋介石集团反动统治、废除封建土地制度的土地革命，抵抗外强侵略的抗日战争和推翻国民党统治、解放全中国的解放战争后成功赶走了列强，推翻了旧政府，从枪杆子里夺得了政权，建立了新民主主义社会。但是，经历过列强欺凌、频繁战乱的新中国极度贫穷落后，国民经济千疮百孔、百废待兴。直到 1949 年中华人民共和国成立，才开启了中华民族伟大复兴的历史征程。为了恢复长期战乱对经济社会的破坏，国家首先没收了全部官僚资本企业，将其改造为社会主义国营企业。其次建立了社会主义民主管理制度，结束了长久以来的压迫和剥削，工人阶级的生产积极性得以调动，工业生产能力得到了迅速恢复和提高，人民政府开始掌握国民经济命脉。再次通过平衡财政收支，实现了国家收入主要部分集中到中央，这一举措有效抑制了恶性通货膨胀。而回笼货币统一由国家银行管理，又为工农业生产的恢复和发展提供了政治及制度保障。最后开展土地改革，废除了地主阶级封建剥削的土地所有制，使农业经济发展摆脱了封建土地制度的束缚，农业生产力得到了极大解放（任保平、张倩，2019）。

（2）第一个五年计划（以下简称"一五"）时期（1953～1957年）。

"一五"期间，以苏联为首的社会主义制度和以美国为首的资本主义制度矛盾不断激化，中国身处社会主义阵营只能利用苏联与东欧的经济援助，"一边倒"的外交策略使中国周边战争局势更为紧张，这一时期加快工业化进程、完善工业化体系不但是经济建设的前提，更是巩固政权独立的基础。"一五"期间，国家社会主义公有制改造基本实现，五年新增固定资产投资460亿元，是1952年底固定资产原值的1.9倍。1957年工农业总产值达1241亿元，较1952年增长67.8%，原定五年计划工业总产值年均增长14.7%，实际增长18%。农业也获得了较大发展，例如，粮食、棉花产量年均增速分别为3.7%和4.7%，超额完成规定任务的第一个五年计划，不但推动了国民经济的快速发展，也为我国工业化建设奠定了基础。

（3）"一五"后至改革开放前（1958～1978年）。

土地改革虽然调动了农民的生产积极性，但是当时的土地、耕畜和生产工具普遍被分散占有，远不能满足生产需要。于是国家开始探索通过"组织起来"发挥农民互助合作的积极性。1953年，《关于农业生产互助合作的决议》应运而生。紧接着，1958年5月，中共八大二次会议召开，通过了"鼓足干劲，力争上游，多快好省地建设社会主义"总路线，至此，盲目求快、急于求成的"大跃进"拉开了序幕。农业生产强调"以粮为纲"、工业生产强调"以钢为纲"的"大跃进"过分夸大了主观意志和努力的作用，片面追求工农业生产和建设的高速度，忽视了国民经济比例的均衡和经济发展的客观规律。而缺乏责任制的生产和过分平均主义的分配方式，严重挫伤了农民的生产积极性。历史证明，"大跃进"和人民公社化运动是我国探索建设社会主义道路中的一次严重失误，造成了国民经济比例严重失衡，是1959～1961年粮食供给严重短缺的主要原因。但是，人民公社化运动为当时工业的发展提供了巨大的劳动力和资金支持。工业的发展反过来又促进了农业生产条件的改善，尤其是农田水利设施的建设，在一定程度上提高了农业生产水平，工业对农业不再是单纯地攫取原始积累。

新中国成立后的前30年，在国际关系微妙紧张、国内生产资料和技术匮乏的背景下，中国取得了历史性的发展，但是急于求成和"左"的错误也使国家遭受了损失。中国在"一五"和"二五"期间所确立的资本密集型重工业优先发展战略，是以压低利率、汇率、工资、原材料价格和农产品价格为代价的。人为扭曲的资源配置方式导致宏观经济运行极为低效（伍山林，2016），尤其是忽视经济发展客观规律，导致市场机制的调节作用无法发挥。微观层面激励机制缺失、宏观层面资源配置效率低下，使国民经济雪上加霜。但是，这30年的成就与曲折，不但造就了改革开放，更为新时期的发展提供了宝贵的经验和教训。

## 二　改革开放以来的社会经济发展

1978年，中国共产党召开了十一届三中全会，果断结束"以阶级斗争为纲"，重新确立了解放思想、实事求是的思想路线，推动了计划经济向市场经济的转型，通过改善资源配置和激励机制实现了各部门生产效率的不断提升，改革开放和社会主义现代化建设的伟大征程也正式拉开序幕（姚树洁、韦开蕾，2007）。

首先，中国的改革开放发端于农村，开启于农民与土地关系的变革。1978年安徽凤阳小岗村率先发起的农村家庭联产承包责任制，是实践中最符合当时农村生产条件的一种制度安排，它极大地调动了农民生产积极性，推动了农业大发展，并且为其后各项改革奠定了基础。农村劳动力和其他资源的重新配置，极大提高了农业生产效率，这一时期近一亿农村剩余劳动力被吸纳到乡镇企业（李彩华，2019）。乡镇企业的蓬勃发展，以及大量的农村劳动力向城市转移，极大地推动了我国工业化和城市化发展（姚树洁，2015）。国有企业改革从易到难，逐步推进。国家鼓励、引导和支持私有经济发展，与时俱进协调计划与市场的关系，开创中国城市经济发展新道路，是中国特色社会主义经济理论及实践的伟大创举，也是维持长时期不间断快速经济增长的秘密所在。教育、科技的巨大进步，使我国能够在高铁、移动通信、核电、新能源、新材料、人工智能及隧桥建设等领域对西方发达经济体实现"弯道超车"。

其次，对外开放，走近世界舞台中央是市场经济发展不断深化的必然结果。改革开放以来，我国经济增长方式的一个重要特征就是出口导向。2018年我国对外货物贸易进出口总额达4.62万亿美元，贸易顺差3517.6亿美元，外贸依存度约为33.8%，是全球第一贸易大国和出口大国。我国已然由经济改革前的进口替代和自力更生转变为外向型经济，良好的营商环境也吸引了大量国外资本。外商直接投资（FDI）对经济发展的重要性不仅在于弥补国内投资不足，更重要的是为发展中经济体带来新技术和国际商业管理经验（林毅夫等，1998）。2018年我国实际使用外商直接投资金额达1349.7亿美元，是1983年的147倍。随着产业结构的不断升级，传统制造业仍然是外商投资的主要领域，但是近几年信息传输、计算机服务和软件业，科学研究、技术服务和地质勘查业实际利用外商直接投资金额呈明显上升趋势，FDI的投资领域不断拓宽。

最后，深化改革，开启新时代全面建设社会主义现代化国家的新征程。改革开放以来的40多年是中国"摸着石头过河"的40多年。经济连续不间断的快速增长，离不开体制机制的创新，更离不开经济理论及实践创新。坚持中国共产党的领导，坚持以经济建设为中心，坚持"实践是检验真理的唯一标准"，使我国成功实现经济转型，从容应对亚洲金融危机和全球经济危机，综合国力快速超越许多西方经济体。但是，随着时间的推移，以高污染、高能耗为代价的数量型经济增长模式弊端日益显现，传统粗放式经济增长方式已经难以为经济增长提供持续动力（林毅夫、刘培林，2003）。房地产泡沫、股市的不健康发展、环境污染日益严重、收入两极分化、城乡一体化进程缓慢、"刘易斯"拐点逐渐显现以及人口红利消失，使劳动力成本不断攀升，这些都是经济增长放慢的原因（Yao and Zhang，2001）。当前，中国特色社会主义进入了新时代，新时代经济发展的特点便是"新常态"，如何在"新常态"下谋求经济可持续发展，如何将增长动力由原来主要依靠资源和劳动力等要素投入转向创新驱动，如何避免掉入"中等收入陷阱"，这些都是我国未来发展必须直接面对的问题。充分激发经济内生增长动力，推进产业升级换代，推动科学技术创新，充分利用高质量人力资本提高各类生产要素的边际产量，已经成为我国全面深化改革的主旋律。

## 第二节　中国长期以来的非均衡经济发展

我国经济持续快速增长，社会总财富不断攀升，但是与之相伴的收入不平等、发展不均衡和贫困问题也日益突出。华盛顿共识主张的"涓滴经济学"坚信经济增长所带来的经济利益能够在各阶层自由扩散，并自动消除贫困。但是国内外许多学者提出质疑，认为经济增长、减贫和收入不平等是相互影响、相互制约的三角关系，经济增长在促进贫困减少的同时，也会带来收入不平等，而日益加剧的不平等又会抵消经济增长对减少贫困的作用，所以均衡的经济增长和公平的收入分配对减少贫困具有同等重要的作用。

## 一　区域非均衡经济发展

一个地区的人均收入水平是其经济发展水平的表现，而收入分配则是社会资源配置的财富表现。在社会总资源既定的情况下，若想实现社会福利最大化，则必须有科学合理的分配机制。不可否认的是，我国区域间经济发展水平仍存在较大差距，地区间经济协调发展的政策法律体系不健全，区域改革和协调发展的任务依然艰巨（王小鲁，2000）。

（1）生产要素配置的倾斜和开放程度的差异导致东、中、西部地区发展非均衡。

新中国成立初期我国推行重工业优先发展战略形成的生产要素存量配置结构，与许多省份由资源禀赋结构决定的比较优势相违背，所以中、西部地区产生了大量缺乏自主创新能力的企业，而政府的扶持措施又影响了市场机制的正常运转，从而进一步制约技术进步和资本积累（林毅夫等，1998）。改革开放以后，中国从一个以政府为主导的计划性封闭式农业经济体转变为一个市场化的开放型城市经济体。东部地区5个经济特区、14个沿海港口城市建立的经济技术开发区和长江三角洲、珠江三角洲、闽南三角洲等沿海经济开放区使得东部地区实现率先发展。尤其是加入WTO以后，我国深入开展专业化分工，积极参与世界经济贸易，开放程度较高的东部沿海城市得益于地理位置优势发展迅猛，这就导致在全国经济发展中，东部地区长期处于领先地位。2018年东部地区国内生产总值达到48.1万亿元，成功占据全国"半壁江山"。与东部地区相比，中、西部地区则发展较为缓慢。

统计数据显示，我国农村贫困人口由1978年末的7.7亿人（按照现行国家农村贫困标准测算）减少到2019年末的551万人，农村贫困发生率由1978年末的97.5%下降到2019年末的0.6%（见表3-1）。尤其是党的十八大以来，中国打响了全面脱贫攻坚战，2012年末至2019年末，平均每年减贫人数多达 1335 万人。但是，按照现行国家农村贫困标准测算，一半以上的农村贫困人口仍然集中在西部地区。2019 年末东部地区农村贫困人口仅剩 47 万人，贫困发生率为 0.1%，而西部地区农村贫困人口有 323 万人，占全国农村贫困人口的 58.6%，贫困发生率为 1.1%，所以西部地区仍然是脱贫攻坚主战场。

表 3-1  2012 年、2019 年农村贫困人口区域分布

单位：万人，%

| 区域 | 农村贫困人口 | | 贫困发生率 | |
|---|---|---|---|---|
| | 2012 年末 | 2019 年末 | 2012 年末 | 2019 年末 |
| 东部 | 1367 | 47 | 3.9 | 0.1 |
| 中部 | 3446 | 181 | 10.6 | 0.6 |
| 西部 | 5086 | 323 | 17.5 | 1.1 |
| 全国 | 9899 | 551 | 10.7 | 0.6 |

资料来源：根据国家统计局的资料整理。

林毅夫等（1998）研究指出，中国东、中、西部地区人均收入的情形是：发达地区的领先程度越来越高，而落后的西部地区与全国平均水平差距越来越大。另外，经济发展水平较高的区域和城市又会产生明显的"虹吸效应"，导致越来越多的生产资料不断涌入。Yao 和 Zhang（2001）研究得出，由于我国改革开放期间生产要素在不同区域间配置的差异性，东、中、西部同一区域内人均收入水平差距在不断缩小，但是区域间的差距却在不断扩大，呈现区域内收敛、区域间发散的态势，存在明显的地区发展不均衡。Yao 等（2004）利用全国 2003 年城市家庭调查资料，进一步将基尼系数进行分解发现，全国城市居民收入分配不平等的 40% 来自省间收入差距，而省间收入不平等又有近 2/3 来自东、中、西部之间的不平等（唐莉等，2006）。

（2）区域经济发展不均衡，全国区域之间人民生活水平差距巨大。

近几年，随着经济的不断发展，人民生活水平不断提高，全国城镇和农村居民人均可支配收入由 2015 年的 31195 元和 11422 元分别增长到 2018 年的 39251 元和 14617 元。分区域看，2015 年东部地区城镇和农村居民人均可支配收入分别是西部地区的 1.39 倍和 1.57 倍。2018 年东部地区城镇

居民的人均可支配收入已经达到 46433 元，是西部地区的 1.39 倍，农村居民的人均可支配收入是西部地区的 1.55 倍（见表 3 - 2）。由此可见，我国区域发展不均衡依然存在，针对人均可支配收入这一项指标，区域间差距并没有明显缩小。区域经济发展和人均收入的增长还受到资源禀赋、产业结构以及地区间要素流动等因素的影响（魏后凯，1997）。要缩小我国东、中、西部地区发展的不均衡，不但需要政府财政支持，更需要当地政府结合自身要素禀赋特征，充分尊重市场机制，明确具有比较优势的产业，进而给予一定扶持。

表 3 - 2　2015 ~ 2018 年各区域城镇和农村居民人均可支配收入

单位：元

| 区域 | 2015 年 | | 2016 年 | | 2017 年 | | 2018 年 | |
|---|---|---|---|---|---|---|---|---|
| | 城镇 | 农村 | 城镇 | 农村 | 城镇 | 农村 | 城镇 | 农村 |
| 东部 | 36691 | 14297 | 39651 | 15498 | 42990 | 16822 | 46433 | 18286 |
| 中部 | 26810 | 10919 | 28879 | 11794 | 31294 | 12806 | 33803 | 13954 |
| 西部 | 26473 | 9093 | 28610 | 9918 | 30987 | 10829 | 33389 | 11831 |
| 东北 | 27400 | 11490 | 29045 | 12275 | 30960 | 13116 | 32994 | 14080 |
| 全国 | 31195 | 11422 | 33616 | 12363 | 36396 | 13432 | 39251 | 14617 |

资料来源：中国住户调查主要数据。

## 二　城乡非均衡经济发展

虽然我国经济快速发展，改革不断深化，然而维持社会公平的分配机制尚未成熟，经济发展、教育普及、医疗卫生条件改善、人民生活质量提高等社会的全面发展，都受制于"短板"农村的发展。从发展的角度来看，中国城乡居民之间的收入构成存在巨大差异。人民公社化时期，农民的收入几乎全部来自生产队的统一分配。家庭联产承包责任制和粮食购销体制的调整，虽然促进了农产品市场化改革，但是农业生产仍然是农村经济发展的主要部分，农村居民收入中的绝大部分仍然是自产自用的实物性收入，无法用货币计量（李实、罗楚亮，2011）。改革开放以前，国有经济和集体经济是城镇经济的主要部分，城镇居民稳定就业于国有或集体经济部门，劳动工资制度是集体资源计划配置体制的一个组成部分（林毅夫等，1998），工资是城镇居民货币收入的主要来源。改革开放以后，劳动力、资金和技术迅速向城市集聚，股份制经济、联营经济、外资经济等持续不断涌入城市，尤其是财政、金融等领域的城市化偏向（汪锋等，2007），导致城市经济快速发展，城市产业结构不断优化。城镇居民收入快速增长的同时也更加多元化，各种实物性的补贴和公共福利项目，诸如住房公积金、公费医疗、养老保险、失业保险等在城镇居民收入中占有相当高的比重。

回顾历史，值得肯定的是我国城镇经济和农村经济都从经济体制改革中获得了发展。但是，严格的户籍制度形成了城乡分割的二元经济体系，导致城乡差距巨大，尤其是城市人口享有的医疗、养老、教育、交通等领域的优势更加剧了这种不平等。1992年，邓小平南方谈话推动改革进入新阶段，大批农村剩余劳动力加速向城市第二、第三产业转移，城市化与工业化建设的不断推进，导致城乡发展愈加不平衡，城乡居民人均可支配收入的差距也在1992年后逐渐扩大（见图3-1）。Yao等（2005）研究发现，中国城乡不平等解释了中国各省之间支出和收入不平等的70%。但是经济的快速增长不可否认地提高了全国人民的生活水平，改革开放初期无论是城镇还是农村居民家庭恩格尔系数都高于50%，1978年农村恩格尔系数高达67.7%。然而，2018年我国全体居民家庭恩格尔系数下降至28.4%，城镇和农村居民家庭恩格尔系数分别降至27.7%和30.1%，且差距逐渐缩小。

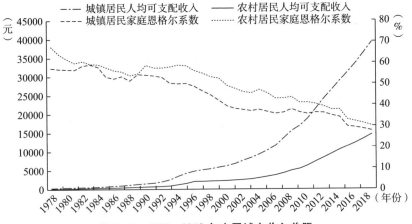

图3-1　1978~2018年中国城乡收入差距

　　进一步分析比较贫困地区农村、全国农村和城镇居民人均可支配收入发现，虽然贫困地区居民人均可支配收入增速在 2015～2019 年均高于全国农村的增速，但不可否认的是二者之间的绝对差距依然在不断扩大。2015年贫困地区农村居民人均可支配收入比全国农村居民少 3769 元，比城镇居民人均可支配收入少 23542 元，而 2019 年，差距分别拉大至 4453 元和30792 元。不仅如此，全国农村居民和城镇居民之间的收入绝对差距也在不断扩大。2015 年全国农村居民人均可支配收入比城镇居民少 19773 元，2019 年这一差距扩大至 26339 元（见表 3 - 3）。因此相对贫困问题是未来贫困问题治理的关键。

表 3 - 3　贫困地区农村、全国农村和城镇居民人均可支配收入差距

单位：元

| 年份 | 贫困地区农村居民人均可支配收入 | | | 全国农村居民人均可支配收入 | |
|---|---|---|---|---|---|
| | 绝对值 | 比全国农村居民少 | 比城镇居民少 | 绝对值 | 比城镇居民少 |
| 2015 | 7653 | 3769 | 23542 | 11422 | 19773 |
| 2016 | 8452 | 3911 | 25164 | 12363 | 21253 |
| 2017 | 9377 | 4055 | 27019 | 13432 | 22964 |
| 2018 | 10371 | 4246 | 28880 | 14617 | 24634 |
| 2019 | 11567 | 4453 | 30792 | 16020 | 26339 |

资料来源：国家统计局《中国农村贫困监测报告》。

　　除了城乡之间人均收入存在差距，城镇和农村内部收入差距对总不平等也存在极大影响。林毅夫等（1998）研究 1978～1995 年的人均收入差距贡献率后发现，城乡间差距对总体差距的影响最大，始终保持在 50% 左右，农村和城镇内部差距的作用也占到 50%，其中农村内部差距对总体影响更大。通过对 2015～2018 年按五等分法分组的城镇和农村居民人均可支配收入进行分析，我们发现：首先，农村内部居民收入差距较城镇更大，2018 年城镇居民高收入组人均可支配收入是低收入组的 5.90 倍，而农村居民高收入组人均可支配收入是低收入组的 9.29 倍。其次，不同收入组人均可支配收入增长幅度差距较大。2018 年城镇和农村低收入组人均可支配收入较 2015 年分别增长 17.6% 和 18.8%，同一时间段，城镇和农村高收入组人均可支配收入的增长率分别高达 30.5% 和 30.9%

（见表 3 - 4）。所以，无论是城镇，还是农村，都出现了"富者更富、穷者更穷"的现象。

表 3 - 4 2015 ~ 2018 年按五等分法分组的城镇和农村居民人均可支配收入

单位：元

| 组别 | 2015 年 | | 2016 年 | | 2017 年 | | 2018 年 | |
|---|---|---|---|---|---|---|---|---|
| | 城镇 | 农村 | 城镇 | 农村 | 城镇 | 农村 | 城镇 | 农村 |
| 人均可支配收入 | 31195 | 11422 | 33616 | 12363 | 36396 | 13432 | 39251 | 14617 |
| 低收入组（20%） | 12231 | 3086 | 13004 | 3006 | 13723 | 3302 | 14387 | 3666 |
| 中间偏下收入组（20%） | 21446 | 7221 | 23055 | 7828 | 24550 | 8349 | 24857 | 8508 |
| 中间收入组（20%） | 29105 | 10311 | 31522 | 11159 | 33781 | 11978 | 35196 | 12530 |
| 中间偏上收入组（20%） | 38572 | 14537 | 41806 | 15727 | 45163 | 16944 | 49174 | 18051 |
| 高收入组（20%） | 65082 | 26014 | 70348 | 28448 | 77097 | 31299 | 84907 | 34043 |
| 高收入组/低收入组 | 5.32 | 8.43 | 5.41 | 9.46 | 5.62 | 9.48 | 5.90 | 9.29 |

资料来源：中国住户调查主要数据。

区域发展不平衡、城乡收入差距扩大直接导致社会财富分配不均，进而加剧贫困问题。然而，贫困问题又始终与经济、政治、文化等一系列社会问题相生相伴，是社会发展所要面临的严峻挑战。改革开放 40 多年的时间里，中国经济经历了连续不间断的快速增长，人民生活水平大幅提高，贫困治理也卓有成效。

# 第三节　新中国成立以来贫困治理历程与路径创新

扶贫开发是一项长期的历史任务，回溯我国贫困治理历程，可以发现其本身是一个制度变迁和政策创新的过程。无论是从贫困治理目标、治理对象还是制度安排等层面来看，中国减贫的每个阶段都有历史特殊的烙印。

## 一　平均主义福利模式的贫困救助（1949 ~ 1977 年）

新中国成立初期，按照世界银行每人每天 1.9 美元（2011 年购买力平价）的绝对贫困线测算，我国极端贫困人口占比远高于非洲水平，处于全面贫困状态，国民经济恢复任务在积贫积弱的条件下变得更为棘手。连年战争和生产资料所有制无疑是贫困的主要原因，所以 1949～1977 年的贫困治理主要围绕"所有制改造"展开。首先是 1950～1953 年的土地改革，轰轰烈烈的"打土豪、分田地"革命使农民获得了赖以生存的土地，生产有了动力。随后开展的人民公社化运动主张按照平均主义原则分配生产资料，政府针对老、弱、孤、寡和残疾人员建立了集中供养的五保制度。这一时期的贫困治理带有强制性制度变迁的特点，通过平均主义福利模式，在强调集体与群众帮扶的基础上，国家再提供必要救助（郭佩霞、邓晓丽，2014）。但是过度的平均主义催生出大量"搭便车"行为，严重挫伤了农民的生产积极性，这在一定程度上又酿成贫困。

## 二　制度变革激励生产的贫困救助（1978～1985 年）

由于平均主义引发了严重的生产力停滞，政府开始探索激励生产的制度变革：第一，农村家庭联产承包责任制的试点与推行。历史证明，1978 年的家庭联产承包责任制无疑是当时最为有效的农村改革，为农业和农村的高效发展提供了不竭的强大动力和坚实的制度保障，实现了"普惠式"减贫效应的集中释放（姚树洁等，2019a）。第二，农产品价格制度和流通体制改革。国家大幅度提高农产品收储价格，直接增加了农民的收入，改善了长期存在的工农产品价格"剪刀差"现象。与此同时，国家启动了农产品流通体制改革，逐步废除了统购统销制度，进一步促进农产品市场调节机制的建立，粮、棉、油等重要农产品的价格不断提高，产生了显著的减贫效应。

## 三　全面改革背景下的瞄准到县的扶贫模式（1986～1994 年）

1978～1985 年的减贫是农村先行，极大地缓解了农村地区的贫困。但是，随着市场化改革的不断深化，制度改革红利和经济增长拉动的农村扶贫模式效应减弱。一方面，随着城市化、工业化进程的不断推进，城市经济迅速增长，工业企业迅速增多，这与农村发展形成了鲜明对比。另一方面，工业品价格上涨，导致原有的工农产品价格"剪刀差"依然存在，加上城乡分割的二元经济社会结构仍然没有被打破，农村和城市之间的差距越来越大。针对这一系列问题和挑战，1986 年国务院贫困地区经济开发领导小组正式成立，贫困问题严峻的地区也先后成立了扶贫开发领导机构，并首次将重点扶持贫困对象瞄准到县，同时提出提高贫困人口的内生发展能力（姚树洁等，2019a），贫困治理日益常规化。1994 年出台的《国家八七扶贫攻坚计划》，标志着我国贫困治理进入城市反哺农村、工业反哺农业的新阶段，中国的减贫治理不断制度化。

## 四 非均衡发展格局下区域专项扶贫（1995～2010 年）

随着国家采取的一系列减贫和社会投资发展政策的实施，大规模贫困现象得到了一定缓解，但是由于地理位置差异、资源配置非均衡，区域连片顽固贫困问题成为贫困治理新焦点。2000 年的"西部大开发"战略提出建立东部地区与西部地区协作扶贫模式，便是政府开始着手协调区域均衡发展的体现。与此同时，国家还酝酿出台了新的扶贫纲要，即《中国农村扶贫开发纲要（2001—2010 年）》，继续实施大规模的扶贫开发，将贫困治理转向综合治理。2002 年提出的新型农村合作医疗有效防止了农民因病致贫和因病返贫，医疗救助融入了贫困治理体系。为巩固和发展农村税费改革成果，2005 年底颁布了《国务院关于深化农村义务教育经费保障机制改革的通知》，实施了国家贫困地区义务教育工程、农村贫困家庭中小学生"两免一补"政策等，贫困治理转向农村人力资本发展与积累，将干预环节前置。2006 年国家全面废除农业税，进一步减轻了农民家庭负担。

## 五 实现全面建成小康社会的精准扶贫（2013～2020 年）

2013 年 11 月 3 日，习近平总书记考察湘西十八洞村时首次提出了"精准扶贫"的重要理念，作出了"实事求是、因地制宜、分类指导、精准扶贫"的重要指示，[①] 此后又郑重提出"小康路上一个都不能掉队"（习近平，2018a）。2018 年 5 月 31 日，习近平总书记主持中共中央政治局会议，审议通过了《中共中央、国务院关于打赢脱贫攻坚战三年行动的指导意见》，充分展现了党中央和国务院决胜全面建成小康社会的坚定信心，

---

① 《探寻精准扶贫看湖南》，人民网，2020 年 6 月 25 日，http://culture.people.com.cn/n1/2020/0625/c432889-31759505.html。

明确了精准扶贫和精准脱贫的实施方案。精准扶贫阶段我国建立的脱贫体制机制及所采取的脱贫方案，包括五级行政负责制、多维贫困界定、分层次分地区靶向、"七个一批"多层扶贫举措、政府和社会力量融合、管理智能化、政策执行及效果评估等具体安排，已经打破了现有世界脱贫的理论边界，也打破了世界扶贫措施的实践边界，充分体现了我国在脱贫工作中的政治和体制优势（《光明日报》，2018）。

当前，我国经济发展处于增速放缓、结构优化与驱动转变的特色社会主义新时代，社会的主要矛盾已经转化为人民日益增长的美好生活需要和不平衡不充分的发展之间的矛盾，这就要求我国经济今后的发展必须更加注重质量及可持续性。

## 第四节　本章小结

本章梳理回顾了新中国成立以来，特别是改革开放40多年来国家所取得的经济发展成就，探究了中国在经济快速发展的同时，长期存在多维度、非均衡发展背后的原因，以及中央及地方政府所采取的各种改善措施，指出经济结构转变、产业升级、对外开放与对内深化改革是我国经济长期不间断快速增长的体制机制保障，并进一步勾勒了新中国成立以来中国贫困治理历程演变的总体框架。基于文献分析的历史回顾，不难发现中国共产党自成立以来，就在为中国人民摆脱贫困、实现温饱而不懈努力。新中国成立初期，人民群众由战火纷飞的抗战时期进入国民经济积贫积弱的恢复期，大部分人民在生存线边缘艰难挣扎，国家通过救济式扶贫的贫困治理方式，帮助大多数人生存了下来。率先在农村拉开帷幕的改革开放，不但促进了经济发展，更提高了农业生产效率，产生了益贫式的经济发展效果。然而，以区域经济非均衡发展、城乡经济非均衡发展为突破口，把经济增长、非均衡发展与贫困三个重要的社会经济问题联系起来，分析得出经济长期快速发展虽然是减贫的重要基础，但是，区域发展不平衡、城乡收入差距的不断扩大会导致社会财富分配有失均衡，进而加剧贫困问题。因此，非均衡发展和收入分配差距扩大是少部分人长期难以脱贫的主要症结。

通过对新中国成立以来中国贫困治理历程和扶贫政策制度变迁的探

讨，指出贫困内涵和维度的不断演变是我国贫困治理路径转变、机制调整与创新的重要推动力。从平均主义福利模式和制度变革激励生产的贫困救助，到瞄准到县和区域专项的扶贫模式，再到精准脱贫、精准扶贫的贫困治理体系，中国的贫困治理路径与贫困治理需求表现出高度的契合性。党的十八大以来，中国特色社会主义把扶贫开发工作提高到社会和政治的高度，精准扶贫战略的实施转变了以往的扶贫模式，聚焦解决现行标准下农村贫困人口全部脱贫、所有贫困县"摘帽"以及连片特困地区脱贫发展的问题，以求在实现经济发展的同时，贫困人口全部达到"两不愁""三保障"的新时期脱贫标准，提高精准扶贫保留效用，促进连片特困地区实现益贫式发展。

# 第四章

# 改革开放后前 30 年中国经济发展与收入不平等

　　持续的高速经济增长在短短 30 年间将中国从计划经济的低收入国家转变为市场经济的中等收入国家。同时，与高速经济发展相伴的社会收入不平等也在愈演愈烈。然而，到目前为止，研究这一问题的学者并没有就收入不平等变化的程度和性质完全达成共识。西蒙·库兹涅茨在其著作中推测人均收入与收入不平等之间可能存在倒 U 形关系（Kuznets，1955）。尽管由于缺乏可靠的国家数据，他对这种关系无法开展进一步的实证论证，但毋庸置疑的是，"库兹涅茨曲线"理论对此后关于收入与经济增长关系的规范分析与实证分析研究都产生了极大的影响。根据库兹涅茨的论断，一个国家或区域的社会经济进入高速发展的早期阶段，社会的不平等现象也会随着经济发展速度的不断加快而愈加剧烈。随后库兹涅茨又思考了另一个至关重要的问题：如何通过修改不发达国家的制度和政治框架或改变经济增长和工业化进程，实现经济的高速、持续增长，而不是简单地依靠人口总量不断增长所产生的劳动力贡献。（Kuznets，1955）

　　库兹涅茨提出的问题对今天的中国来说似乎尤为重要。自 1978 年中国实施改革开放以来，中国的实际 GDP 每年便以 9.7% 的速度增长，实际人均 GDP 到 2007 年增长了 9 倍（Yao and Wei，2007）。当然，国际上也会存在不同的统计方式，但即便存在一定的差异，根据部分与国际水平接轨的估计方式测算，中国 GDP 年均增长率也在 6% 左右（Maddison，2007）。然而，随着经济的持续高速增长，社会收入不平等也在迅速增加。Benjamin 等（2008）的研究成果中提出中国的基尼系数一直在显著上升，并且可能已经超过 0.5，与南美的水平相近。亚洲开发银行估计结果显示，2006 年中国的基尼系数是亚洲所有国家中相对较高的，仅次于尼泊尔（Asian Development Bank，2007）。相比之下，其他学者或者研究机构对中国 2004～2006 年基尼系数的估计值则维持在 0.45 左右，并且认为，自 1995 年以来中国的基尼系数就是这一水平值（Gustafsson et al.，2008b；NBS，2008）。同时，由于户籍制度的限制，中国农村和城市呈现二元分割的结构，优质的医疗、教育资源，先进的工业生产体系均集中分布在城市地区。因此，在经济高速发展的过程中农村人口成了相对被剥夺的群体。

本章详细分析了 1978～2006 年部分学者在收入不平等领域的研究成果以及国家统计局公布的相关数据。以往针对收入不平等的研究大多基于各个国家层面可以获得的统计数据和一些全国性普查、调查数据（Benjamin et al.，2008；Gustafsson et al.，2008a；Khan and Riskin，2008；Sicular et al.，2007）。随着中国经济高速发展不断被世界所关注，国外诸多研究者都在试图以自己的研究、测算方法来探究中国的不平等程度。但是，不同的测算方法和主张势必会得出不同的结果，毋庸置疑，这些差异性的研究结果为我们提供了更多值得借鉴的研究视角，我们可以以此来分析中国收入不平等的演变。

## 第一节　城乡收入不平等

按照国际测算标准，中国 2000～2007 年的城乡收入差距普遍被认为是巨大的。例如，Maddison（2007）指出，中国在这一时间区域内农村和城市平均收入之间的差距在 1.3/1 至 2.2/1 之间，远远高于其他亚洲国家。国家统计局官方数据显示，1978 年中国城镇、农村居民人均可支配收入比约为 2.5（见图 4-1），随着家庭联产承包责任制的实施，农村生产效率得到了极大提升，城镇、农村居民人均可支配收入比也逐步下降至 1.8。然而，随着改革的重心从农业转移到工业，从农村转移到城市，城市和农村收入之间的差距再次扩大，城镇、农村居民人均可支配收入比不断高启，在 1994 年达到 2.8。虽然，统计数据测算结果显示，1994～1997 年这一比值有所下降，但在随后的 10 年中依然持续上升，2006 年甚至高达 3.3。

从另一个角度看，根据官方统计，中国城乡之间的绝对收入差距从 1978 年的人均不足 200 元增加到 2006 年的人均 7000 多元（见图 4-2）。

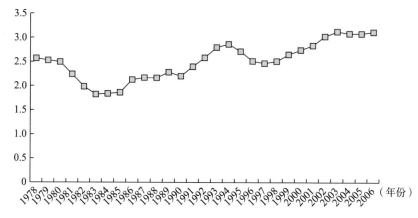

图 4 - 1　1978 ~ 2006 年城镇、农村居民人均可支配收入比

中国城乡差距的不断扩大引起了国内外学者的极大关注。

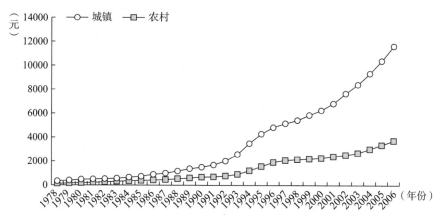

图 4 - 2　1978 ~ 2006 年城镇、农村居民人均可支配收入

在改革开放后的前 30 年中，中国带有刘易斯特点的工业化和城市化发展实现了经济高速发展和社会结构的重大变革。在改革开放前，农村人口占总人口的比重从 1952 年的 88% 下降到 1978 年的 82%，只表现出略微下降。然而，这一占比在 1978 年之后急剧下降，到 2006 年中国农村人口占总人口的比重下降至 56%。与此同时，农业就业人口在总就业人口中的比重也由 1952 年的 84% 下降到 1978 年的 71%，并持续迅速下降到 2006 年的 43%。农业占 GDP 比重从 1952 年的 50% 下降至 1978 年的 28%，到 2006 年仅占 12%。然而，2006 年中国仍然有 58% 的人口生活在农村地区，而农业在 GDP 中所占的比重却仅有 12%，这表明中国城乡之间的收入差

距存在进一步扩大的可能（见图4-3）。

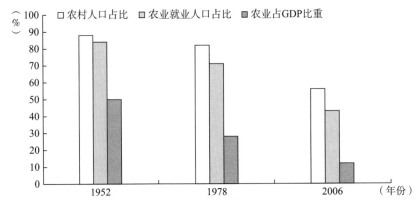

图4-3 1952年、1978年、2006年人口、就业与产业结构

仅仅从国家统计局官方公布的数据就可以看出，中国城乡之间发展存在巨大差距，以至于诸多学者就此展开研究。但是，在使用中国官方数据进行不平等程度估算时，需要慎重。有很多学者纷纷提出测算不平等程度的改进方法，以削弱数据层面的不足所造成的估算结果的偏差，进而得到更加精准的中国收入差距，以便更准确地衡量中国人的收入差距（Benjamin et al.，2008；Gustafsson et al.，2008a；Sicular et al.，2007）。即便有这一层面的思考，但前人的相关研究还是集中在分析中国收入不平等存在的根源、现状等方面，鲜有研究关注收入不平等的测算方法。

本章内容重点关注不平等程度的测算，原因在于以下几点。

首先，在分析、估算城乡收入不平等差距时，由于官方数据没有统计城市居民所享有的租房、福利住房和公共消费补贴（医疗、教育）等，而这些权利享有的机会不平等，会对城乡居民收入不平等的估算产生极大影响，也就是说城乡收入差距存在被低估的可能。很多学者都坚持认为，城市地区对公共福利住房的补贴通常更大。因此，若将所有因素都考虑在内，那么城乡收入差距将会存在严重的被低估问题。

其次，另一个更为重要且不能忽视的因素是，官方估算的城乡收入差距并未考虑不同区域之间生活成本的空间差异。一方面是因为不同区域、城乡之间的消费价格指数难以构建；另一方面是因为大部分农村居民会开展庭院经济，自己所种植的蔬菜、养殖的牲畜都可以减少日常生活消费支出。不仅如此，众所周知的是城市地区的物价水平普遍高于农村地区。因此，不考虑空间价格差异的研究将存在过高估计城乡收入差距的问题。Brandt 和 Holz（2006）是截至目前唯一将区域价格指数作为衡量城乡收入差距重要因素进行估计的研究者。他们发现，1995 年城市地区的商品价格平均比农村地区高 35%，并且 2002 年更是高达 40%。这种差异很可能会对城乡收入不平等的估计产生重大影响。Sicular 等（2007）发现，使用 Brandt 和 Holz 的空间价格估计值所计算的城乡人均收入比的估计值呈现明显下降的特点（1995 年的数值从 3.1 降至 2.2，2002 年的数值从 3.2 降至 2.3）。因此，空间价格差距的缩小可能会使对城乡收入不平等的估算更准确（这一观点虽然得到诸多学者认可，但是却没有得到广泛应用）。

再次，对中国城乡收入差距的估计大多数是基于不包括居住在城市地区的流动人口的数据，这些流动人口虽然不是城市人口的重要组成部分，但却是城市经济发展中不可或缺的参与者。并且，城市流动人口的收入普遍低于城市常住居民，但高于农村常住居民。因此，将这一群体排除在外往往会导致城乡收入差距被高估（Sicular et al.，2007）。Gustafsson 等（2008a）针对这些流动人口，通过收集、使用更多样本数据来解决此问题，这是较少解决此问题的研究之一。但是，也有研究指出，将这种流动人口包括在内的测算并不会在很大程度上改变整个中国收入分配不平等的测算结果（Khan and Riskin，2008）。笔者整理了以往的研究文献，归纳、总结了三种分解中国收入不平等的方法，比较了三种方法所使用的具体测算方法和数据以及主要发现、政策含义（见表 4-1）。

表 4-1　三种分解中国收入不平等的方法

| 研究者 | 使用的具体测算方法和数据 | 主要发现 | 政策含义 |
|---|---|---|---|
| Sicular 等 | 纳入未登记的城市流动人口，通过估算住房和空间价格差异来改善 NBS 数据的缺陷<br><br>数据：使用 1995 年和 2002 年的 CASS 家庭收入调查数据 | 1995～2002 年，中国城乡相对收入差距几乎没有增长（仅 1%）。此外，如果考虑指出的所有数据问题，城乡收入不平等在中国总不平等中所占的比例为 25%，低于许多其他研究的结果。但是研究者指出城市、农村内部的不平等程度更为严重 | 中国目前更关注东部、中部城市或农村地区的收入差异。但是，在中国西部，城乡收入差距问题也同样不容小觑 |

续表

| 研究者 | 使用的具体测算方法和数据 | 主要发现 | 政策含义 |
|---|---|---|---|
| Benjamin 等 | 解决了国家统计局的城乡重新分类问题和空间价格差异。但是没有包括来自租金等的估算收入<br><br>数据：国家统计局各省的城市家庭调查数据、RCRE 数据，以及 1987～2002 年农村和城市 CHNS 数据 | 城乡收入差距并不是国内总体收入差距不断扩大的主要驱动因素。中国的大多数不平等现象源自农村和城市内部。1987 年，不同省份城市间的不平等在总不平等中的占比约为 25%，1995 年时这一占比有所上升，但是随后又下降至 1987 年的水平之下。就农村部门而言，其数据表明地理位置产生的收入不平等在总不平等中的作用正在稳步下降。研究者发现居住于不同省份的农村居民解释了约 10% 的农村不平等 | 研究将更多的注意力集中在区域资源禀赋方面，包括人力资本，即生产资料，更强调生产资料的分配和要素回报 |
| Gustafsson 等 | 使用二次抽样方法来计算未注册的流动人口，并估算收入。但是，没有考虑空间价格差异<br><br>数据：国家统计局和中国家庭收入调查（1987～2002 年）数据 | 1995～2002 年，中国总体收入不平等状况保持不变。但是登记的城乡人均收入不平等在总不平等中的占比由 1988 年的 37% 上升到 2002 年的 46%，即中国城乡收入差距在不断扩大，并且是导致整体不平等的主要因素。区域间不平等占总收入不平等的百分比在 1988 年为 10.5%，在 1995 年为 14.2%，到 2002 年为 13.9% | 户籍制度和农村人口向城市流动的限制因素仍然是收入不平等的根本原因。要解决城乡发展不均衡，破除这些制度约束是关键 |

资料来源：Sicular 等（2007）；Benjamin 等（2008）；Gustafsson 等（2008a）；中国社会科学院社科院（CASS）；农村经济研究中心（RCRE）；中国健康与营养调查（CHNS）。

最后，中国官方统计口径中对城市和农村的划分导致我们很难将城市和农村进行比较，因此在解释"城乡收入差距"时必须格外小心，特别是使用国家统计局的官方数据时。尤其是随着城市的发展，许多城市周边的农村地区被重新划分为城市区域（Benjamin et al.，2008）。这些被新定义为城市的区域或多或少会导致以往的研究结果与现实存在偏差。但是，也有部分学者认为它们相对无关紧要，并且在不平等的计算中可能没有对结果产生很大的影响。例如，Sicular 等（2007）认为大约 1/4 的城市人口增长是由地点的重新分类引起的，因此，这一因素是否无关紧要，还尚待进一步研究与讨论。Benjamin 等（2008）也是为数不多的聚焦快速发展的农村地区被重新归类为城市，而导致城乡不平等问题需要被重新研究的学者之一。

综上所述，在确定清晰、准确的城乡差距及其对中国总体收入不平等的影响之前，我们需要解决许多与官方家庭调查数据有关的重要问题。除此之外，在解释不同的不平等指数（例如基尼系数、阿金森系数、泰尔指数等）时，必须谨慎行事。如 Benjamin 等（2008）指出，任何需要将大量信息汇总成一个数字的过程都需要谨慎，并且用任何一个数字来概括十多亿人口的经济成果都是有局限性的，更不用说解释这一数字的变化趋势。本研究所聚焦的相关文献成果针对收入不平等的测算都使用了略有不同的方法，有时还会引入不平等程度的不同衡量指标，以进一步探索未来趋势。有趣的是，运用这些研究方法所得出的研究结果之间存在显著差异性。如表 4 - 1 所示，这些关于城乡不平等的重要的研究，虽然都使用了经修正的调查数据来解决一个或多个上述问题，但是，却没有一项研究能够弥补上述所有数据弱点。

鉴于上述问题，我们需要再思考、探讨城乡收入不平等是否是中国收入不平等的主要驱动因素？随着时间的流逝，不同地区间的演变如何？关于此问题的研究发现了什么？Sicular 等（2007）在重新计算收入的过程中，考虑了住房和空间价格差异所带来的差异性结果，并将城市中未登记的流动人口的影响纳入不平等程度的计算，但是，他们没有采取措施解决农村地区被重新分类为城市的问题。然而，通过做出这些修正，他们发现城乡差距从解释中国总不平等的 40% 下降到了 25%。他们指出，相比之下，大多数其他未做此调整的研究则发现，城乡差距占中国总不平等的 50% 或更多。此外，他们发现随着时间的流逝（特别是在 1995 年至 2002 年期间），相对的城乡差距并没有扩大，1995～2002 年，经调整数据后测算的城乡差距较 1995 年仅增加了 1%，这与国家统计局的家庭调查结果是相吻合的。但是，绝对差额是不断增加的，从 1995 年的 2360 元增加到 3867 元，增长了 64%。此外，他们的研究还指出中国城乡不平等问题存在显著的区域差异性，中国西部地区的城乡收入差异要远远大于东部或中部地区，换言之中国东部和中部地区的城市、农村收入差距对区域总不平等的贡献较小。

Benjamin 等（2008）使用不同的数据，构建了面板数据集，以求在时间维度上能够更好地进行比较分析，该研究还解决了城乡重新分类问题和空间价格差异。有趣的是，他们发现尽管城市收入平均比农村收入高 2/3

至 3/4，但这些差异只是中国总不平等的一小部分。如前所述，城乡之间在生活成本支出上的巨大差异其实缓解了纯收入差距过大的影响。他们认为，城乡差距仅解释了中国总不平等的 1/6，不仅如此，中国大多数的收入不平等都是由农村内部不平等和城市内部不平等共同作用的结果。这一发现与迄今为止有关中国收入不平等的大量工作形成了鲜明的对比，因为更多的研究主要还是强调城乡差距和区域之间差距对中国总不平等的影响，忽略了城市、农村内部的不平等。

但是也有学者得出不同的研究结论。与 Sicular 和 Benjamin 等人的结论相反，Gustafsson 等（2008b）发现城乡之间的不平等对中国总不平等的贡献更大，并且这一贡献率还在不断增长。Gustafsson 等使用了国家统计局和中国家庭收入调查数据，并结合了其他调查，这些调查考虑了住房对收入测算的影响，这是现有文献都疏忽的关键点。但是，与 Sicular 和 Benjamin 等的研究不同的是 Gustafsson 等没有考虑空间价格差异（见表 4-1）。Gustafsson 等（2008a）发现，中国城市、农村收入差距巨大，而且还在加剧，这是导致社会整体不平等的主要因素。此外，据估计，中国整体不平等程度是由登记的城乡人均收入差异造成的，其在中国总不平等中的占比由 1988 年的 37% 增加到 1995 年的 41%，并且 2002 年增加至 46%，一直在以相当快的速度增长。由于从农村到城市的流动人口相对较多，在其他条件相同的情况下，这些流动人口可以视为能够降低城市平均工资水平，并增加农村平均工资水平（城市地区向农村地区汇款增加）。充分思考城乡之间收入不平等在中国总不平等中的占比，Gustafsson 等得出的结论是，尽管存在相当规模的农村流动人口向城市转移，但是中国的户籍制度和相关政策仍然限制了农村富余劳动力向城市转移。显然，Gustafsson 等的发现与 Benjamin 等的发现有很大不同，与 Sicular 等的研究结果也有一定的差异。

城乡收入差距通常被认为是中国总体收入不平等的最重要因素之一（Yao et al.，2004）。正如部分研究所强调的那样，官方的家庭调查数据存在许多不足之处，但是，在探索其他数据以求弥补官方统计数据所造成的估算偏误的过程中，研究者们又发现会产生新的矛盾。Gustafsson 等（2008b）发现虽然城乡接合部分呈上升趋势，但是中国的整体基尼系数并没有增加。相比之下，Benjamin 等（2008）发现，中国总体上的不平等现象加剧，其主要原因是城市、农村区域内的不平等逐渐加剧，而不是城乡之间的不平等。

## 第二节 省际收入不平等

在讨论了城乡收入差距之后，我们还需要关注省际收入差距，因为很多学者认为这是中国收入不平等的重要影响因素。众所周知，中国经济的发展速度、增长模式在各省之间是具有差异性的，这也导致不同省份的居民收入水平截然不同，因此，省际收入不平等在多大程度上加剧了中国的总体收入不平等也是我们需要研究、探讨的问题。

从表面上看，不同的发展路径和政策倾斜，导致中国各省经济总量相差巨大，中国最富裕的省份都集中分布在东部沿海地区，而最贫穷的省份都集中分布在西部地区。为了进一步说明各省之间的差异，我们可以假设中国的每个省都是一个国家。在这种情况下，就人类发展指数（衡量健康、教育和收入的综合发展指标）而言，中国最发达的地区，如北京和上海，将跻身世界前 30 国家之列。这些城市的人类发展指数约为 0.8，类似于葡萄牙、捷克共和国。相比之下，最不发达的省份，如贵州和西藏，在世界上排名第 125 位，与塔吉克斯坦、柬埔寨或老挝相近，人类发展指数约为 0.6（UNDP，2010；UNDP，2008）。我们可以发现，中国各地区在收入和人类发展方面存在明显的差异。

区域发展不平衡的原因有很多，包括国家层面给予的优惠政策、外商直接投资水平、进出口贸易发展以及区域内工业化发展水平。其中，外商直接投资水平和外向型经济又是影响区域发展的最重要因素之一。因为有研究指出，外商投资和进出口贸易与快速的经济增长总是齐头并进。由图 4-4 可以看出，中国不同区域使用外商直接投资的总额和出口规模是有巨大差异的，东部地区 2006 年的总人口占全国的 43%，但其实际使用外商直接投资总额占全国的 87%，出口总额更是高达 93%，这也导致东部地区的地区生产总值占 GDP 的 62%。

在研究区域收入不平等的过程中，更多的学者是对中国东、中、西部区域人均收入的差异进行分析（Yao and Zhang，2001）。因此，为了粗略地说明各地区之间的收入差异，本研究利用国家统计局的官方数据绘制了

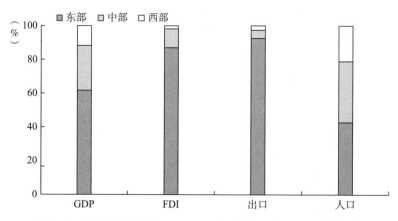

**图4-4　2006年中国GDP、FDI、出口和人口在不同区域的分布**

1996年和2006年各省份人均收入差异图（见图4-5）（按当前价格计算）。结果显示，1996年中国不同省份之间人均收入均处于较低水平，并且各省份之间的差异不大，但是到了2006年，各省份之间的人均收入差异变得愈加明显。东部地区，特别是北京、上海和天津这三个大城市的居民人均收入要远远高于全国其他省份。

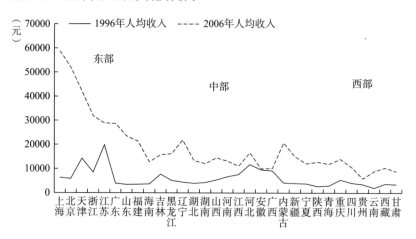

**图4-5　1996年、2006年各省份人均收入差异**

但是，区域之间的收入差异在多大程度上解释了中国的总体收入不平等仍然是需要深入探究的问题。通过对以往研究文献的梳理，可以发现，更多的学者认为区域不平等绝不是解释中国收入不平等的最重要组成部分，并且这一影响因地区而异。例如，Gustafsson等（2008a，2008b）发现，1995～2002 年（2002 年是其研究当时可获得家庭收入数据的最近年份），某些省份的收入趋于一致，由此他们认为，这可能减少了中国总体收入的不平等。Gustafsson 等（2008b）还指出由于 1995 年以前中国各省份之间的差距不断扩大，东部地区的收入不平等迅速增加，但 1995 年之后该趋势开始逆转。1995～2002 年，各省份的平均收入趋同，并且整个中国的总体收入不平等程度相对稳定。更具体地说，中国东部省份之间的不平等程度在区域总不平等程度中所占的比例从 1988 年的 35% 下降到 2002 年的 13%。此外，1988 年地区间不平等解释了 10.5% 的总体收入不平等，在 1995 年解释了 14.2%，然而到了 2002 年地区间不平等的解释力又呈现较小幅度的下降，为 13.9%。换言之，自 1995 年之后，省级差异对总不平等的贡献实际上是下降了的，并且中国东部较发达的沿海城市尤其如此。

无论是在城乡差距还是在省际差距方面，Benjamin 等（2008）都对地理的作用持怀疑态度。他们认为，基于人为地理划分的省份之间、城乡之间的不平等对总不平等的作用并不大，因为至少有 1/2，甚至是 2/3 的不平等测算是基于"邻居"之间的收入差距，而不是基于地理区位（城市或农村）划分所测算的不平等，尤其是省际差异的作用甚至更小。Benjamin 等估计，对于城市不平等现象，1987 年收入变化的大约 25% 可以由省份单独解释。直到 1995 年，省际的差距对城市地区不平等的贡献才有所增加，但此后又再次下降，跌至 1987 年的水平以下。就农村部门而言，其数据表明，居住省份不同，即省际的农村不平等仅仅解释了农村整体不平等的大约 10%。由此，他们认为，省际差异仅占中国总收入不平等的很小一部分（Benjamin et al.，2008）。

与省际收入差异对中国总不平等的贡献相比，更值得我们关注的是不同省份和地区之间收入不平等的动态变化。例如，我们所列举的研究都发现，沿海地区和内陆地区之间的收入不平等格局存在显著差异，随着经济的不断发展，西部地区内部的收入不平等随着时间的推移变得愈加严峻。Benjamin 等（2008）认为，这种增长是农村收入不平等加剧和城乡收入差距不断扩大的产物。他们还指出，西部地区内部收入水平未能跟上沿海地区发展的步伐，这在很大程度上是农村现象。Sicular 等（2007）发现，尽管西部省份的总不平等现象明显更高，但它更多的是由城乡差距而不是农村内部的不平等所驱动的，通过测算他们发现城乡差距大约占西部总不平等的 1/2，而在东部地区却不到 1/4。Sicular 等还发现，东部和中部地区的群体间绝对收入水平差距相对较低。因此，在东部地区，他们认为努力的重点应该放在城市或农村地区内部的收入差异上。Gustafsson 等（2008a）发现，西部地区的不平等现象相较其他区域更为严重，而城乡收入不平等在其中起了主要作用。

总的来说，这些发现倾向于说明省际、区域之间的不平等对中国总不平等的贡献要小得多。如果 Gustafsson 等（2008b）的研究结果是正确的，东部沿海地区区域不平等的减少，以及山东和浙江等城市地区的平均收入赶上北京和广东，实际上可能在稳定整个中国的不平等中发挥了重要作用。毋庸置疑，中国不同地区收入不平等的发展仍然存在巨大的差异。

## 第三节　区域内收入不平等

除了城乡不平等和省际不平等之外，中国的收入不平等也源于城市和农村内部人口收入差距的扩大。有关中国收入不平等的研究中最有趣，也是最重要的方面是邻近群体的不平等在多大程度上推动了总体收入不平等的加剧。从之前对相关研究的分析可以看出，针对城乡之间和省份之间不平等的讨论，不同的学者存在相反的观点。并且，我们没有办法简单地判断谁的研究更贴近现实。因为所有研究都有其独特的优点和缺点，包括使用的特定调查数据和测算的方法。

无论对中国总不平等的实际贡献究竟如何，官方数据都显示城市、农村内部的不平等程度正在加剧。基于国家统计局数据计算的基尼系数显示，从 1978 年到 2006 年城市和农村内部的基尼系数都表现出了明显的上升趋势，农村基尼系数从 0.21 上升到 0.37，增幅约为 76%，城市基尼系数由 0.16 上升至 0.34，增幅约为 113%〔见表 4-2，另请参见 Yao 和 Wei（2007）〕。相比之下，Benjamin 等（2008）考虑不同地理空间物价水平差异的影响，估计得出在 1987~2001 年，城市内部的不平等程度从 0.20 上升至 0.33，农村内部的不平等由 0.29 上升至 0.34。因此，他们认为，有关城市和农村内部不平等的官方估计可能太低了，实际上城市、农村内部不平等都可能在 0.4 至 0.5 的范围内。通过表 4-2 可以发现，2006 年中国全国的基尼系数达到 0.45。

表 4 - 2  1978 ~ 2006 年农村、城市、全国的基尼系数

| 年份 | 农村 | 城市 | 全国 |
|------|------|------|------|
| 1978 | 0.21 | 0.16 | 0.31 |
| 1985 | 0.23 | 0.19 | 0.29 |
| 1990 | 0.31 | 0.23 | 0.33 |
| 1995 | 0.34 | 0.28 | 0.39 |
| 2000 | 0.35 | 0.31 | 0.41 |
| 2005 | 0.38 | 0.32 | 0.44 |
| 2006 | 0.37 | 0.34 | 0.45 |

资料来源：基于国家统计局农村和城市家庭调查小组的数据计算而得。

区域内部不平等作为中国总不平等的重要组成部分，主要存在以下意见分歧。Benjamin 等（2008）指出在中国总不平等的估计结果中，多达 2/3 是由城市内部和农村内部的收入差异造成的，换言之，不平等主要是源于相邻居民之间的收入差异，而不是基于地理位置的空间收入差异。农村不平等的增加大部分发生在 20 世纪 80 年代末和 90 年代初，并在 90 年代末有所下降。Benjamin 等认为，农产品价格在决定农村收入不平等方面发挥了重要作用。与农村地区相比，城市地区内部的不平等已经愈演愈烈。1985 年，中国城市家庭富有程度前 10% 的与最后 10% 的家庭人均收入之比为 2.9，2005 年比值增至 9.3，虽然 2007 年略微下降至 8.7，但仍然较大。城市地区的不平等虽然在经济高速发展的同时不断加剧，但是，从另外一个视角看，经济总体的扩大必然会导致每一个成员或多或少地实现福利改善，即 2001 年几乎所有城市居民的生活状况都比改革开始时要好。

针对城市、农村内部不平等的研究，有学者得出了相反的结论。Gustafsson 等（2008a）认为，城市、农村内部收入不平等在解释中国总不平等方面的贡献在 1988 ~ 2002 年有所下降。更具体地说，他们认为农村内部不平等对总不平等的贡献由 1988 年的 53.8% 下降至 1995 年的 43.7%，并在 2002 年下降至 36.1%。相比之下，城市不平等却在上升，但不如农村不平等下降幅度那般大，即由 1988 年的 9.7% 上升至 2002 年的 17.8%。另外，城乡之间的不平等从 36.5% 增加到了 46.1%，在解释中国总不平等方面起着更重要的作用。

Khan 和 Riskin（2008）支持 Gustafsson 等的发现，他们认为，1995 ~ 2002 年，国民总收入分配几乎没有变化，而城市内部和农村内部不平等程度的减少是总体状况稳定的原因之一。当然，这与官方对不平等加剧的估计（见表 4 - 2）以及 Benjamin 等的估计形成鲜明对比。他们指出，从 1995 年到 2002 年，按照基尼系数衡量，农村收入分配的不平等由 0.416 下降到 0.375，几乎下降了 10%。这否定了整个改革期间直至 1995 年的农村内部不平等现象加剧的判断。他们认为，这种减少是省际和省内农村不平等现象减少，以及农业生产基础设施改善、农产品价格提高等所致。此外，城市收入分配也变得更加平等，城市基尼系数由 1995 年的 0.332 下降至 2002 年的 0.318，下降了 4%。这主要是由于省际不平等的减少，特别是在东部地区，减少了向富裕家庭提供的住房补贴，并且在其他非住房补贴的分配上更多地向贫困家庭倾斜。实际上，他们认为，大多数官方数据并未反映出导致城市收入不平等减少的重要因素，如租房、购房补贴和其他生活补贴。Khan 和 Riskin 还认为，城乡收入不平等的急剧扩大解释了为什么尽管城市内部和农村内部收入不平等都在下降，但全国的基尼系数却基本保持不变。显然，他们的发现与 Benjamin 等的研究结论和官方数据形成了鲜明对比。

## 第四节　本章小结

中国持续的快速经济增长所产生的效果表现在，人民生活水平得到大幅度的改善、贫困人口不断减少、农产品及工业产品的生产量不断增加、对国际经济的开放程度日益提高、技术进步日新月异等。这种经济发展的成功可以归因于改革开放。通过改革开放，一方面中国的产品可以更多地进入国外市场，另一方面国际经济更加开放势必会吸纳更多人力资本和新技术。然而，随着这种持续快速的经济增长，中国的收入不平等问题也愈加严峻。这引起了广大相关研究人员的关注，人们开始思考不平等程度不断加深的原因、不平等程度的构成等。正如 Benjamin 等（2008）所指出的那样，确定中国收入分配如何变化的关键在于测量方法和数据的选取。使用不同的数据、方法和补救措施来解决现有数据中存在的问题会得出完全不同的结论。例如，文中所提到的，一些研究认为总体收入不平等现象将不再加剧，并且有迹象表明某些地区可能已经达到结构性的"库兹涅茨曲线"的转折点，甚至有可能进一步降低总不平等程度。Gustafsson 等（2008b）也认为，自 20 世纪 90 年代中期以来，中国总体收入不平等的发展进入了一个新阶段，即"库兹涅茨曲线"的转折点。相比之下，其他人则认为，中国的收入不平等自 1987 年以来一直在上升，基尼系数现在可能超过 0.5，这一水平与南美国家并列（Benjamin et al.，2008）。而且，尽管上文所讨论的研究中，不同学者针对城乡收入不平等、省际收入不平等和区域内收入不平等得出了相反的研究结论。但一些证据确实表明，区域内不平等，包括城市内部的不平等，可能比官方公布的统计数据以及研究者所测算的数据严重得多。

如果对城市不平等程度呈长期上升趋势的看法是正确的，并且城市内部的不平等相较于城乡之间的不平等，对社会总不平等的贡献越来越大，国家是否需要采取一定措施进行缓解？库兹涅茨指出，发展中国家不平等加剧的问题被认为非常重要，部分原因是较贫穷的国家在发展过程中可能会承受更为严峻的压力和限制。这是因为随着人口的增加，与经历了相似发展轨迹的发达国家相比，较贫穷的国家中很大一部分人的收入仍然处于较低水平。库兹涅茨还认为，政府实施的调控政策对解决这些问题具有积极的效果。

库兹涅茨之所以发表这些意见，是因为他认为国家治理体系、能力不断完善是收入分配更为公平的长期驱动力。首先，他指出，较高收入的人群倾向于储蓄更多，而穷人则倾向于消费他们所赚的所有钱。这意味着较富裕的群体将继续以更高的速度从所积累的财富中获得收益，从而增加他们在国民财富中所占的份额。其次，他认为，工业化进程的不断加快，以及随之而来的大量农村剩余劳动力向城市的工业部门转移，也会加剧不平等，这不仅是因为农业、工业两个部门之间收入差距过大，还因为农村人口城市就业往往会获得更高的劳动收入。此外，由于生产率的提高和城市部门收入的增长，预计城乡不平等将继续加剧。因此，他相信收入不平等的长期趋势应是随着经济增长而增加。

库兹涅茨进行了进一步的经济建模，并提出了一个重要的问题，即是什么力量导致了不平等最终减少？从模型得出的部分答案是，一个主要的因素是城市人口中收入较低群体的收入份额得到增加。因此，该群体被认为在推动重新分配方面具有至关重要的作用。他认为这样做是通过以下几种机制实现不平等的最终减少的。

在工业化和城市化的初期动荡阶段过去之后，城市人口中低收入群体的经济地位得到提升。一段时间后，这类人群将更有能力和机会享受城市所带来的各种公共资源，这意味着他们会比来城市务工的农村人口具有更多的机会，有较好的基础以求获得更高的收入（Kuznets，1955）。首先，库兹涅茨认为随着时间的流逝，已经定居的前移民群体拥有更多的机会获得更高的收入。这一点与中国的情况高度相似，因为我们知道，中国高度分割的二元经济体制及户籍制度仍然制约着来自农村的流动人口成为城市的本地居民。因此，许多在城市务工的农村居民仍然属于流动人口，在较差的工作环境中从事着更辛苦、更危险的工作，例如许多城市工地的劳动者都来自农村。与这类人群相比，城市本地最低收入人群确实能够更好地利用城市资源生活。其次，与第一点有关，库兹涅茨还认为，在西方发达国家的民主社会中，城市低收入群体日益增长的政治影响力也导致了各种保护性和支持性立法，促使低收入人群能够在快速工业化和城市化进程中，获得更多适当的份额（Kuznets，1955）。但是，中国城市低收入群体的呼声较小，其影响可忽略不计，在可预见的将来，这一主要群体在中国的影响可能仍然相当有限。此处讨论进一步支持，城市内部收入不平等是中国总体收入不平等的重要组成部分。

中国已然认识到收入不平等对社会、经济所造成的不利影响，因此国家大力实施西部大开发、振兴东北老工业基地、建设新农村等战略。在贫困治理层面也出台了《国家八七扶贫攻坚计划》，取消农业税、施行九年义务教育、给予城市低收入家庭社会保障福利、对城市低收入和农村家庭实施医疗保险补贴，旨在减少区域性整体贫困和帮助城乡弱势群体。党的十七大之后的新政策也强调了农村发展以及更加平衡的区域发展。但是，这些政策在很大程度上侧重于减少城乡差距，而城市内部的低收入群体也是需要给予更多帮扶的群体。

# 第五章

## 收入不平等与贫困的测算

在 1978 年到 1996 年的中国经济改革过程中，国内生产总值翻了两番多，城市的人均可支配收入增加了两倍多，农村地区的人均可支配收入几乎增加了四倍。然而，快速的经济增长造成了社会收入不平等，这极大地减缓了中国的减贫速度。1995 年，仍有 7000 万至 1.7 亿人生活在贫困之中。本研究旨在通过分析、使用二手和家庭调查数据，研究中国经济增长、收入不平等和贫困之间的关系。研究发现：其一，城乡不平等和区域不平等是导致整体收入不平等的两个主要因素；其二，非工资收入和非农收入的分配比工资收入和农业收入的分配更不平等；其三，贫困发生率对人均收入和贫富差距的变化非常敏感。

在 1978 年到 1996 年的经济改革期间，中国的国内生产总值增长了四倍多，城市居民实际人均可支配收入增长了两倍多，农村居民增长近四倍。这种经济上的成功引起了学术研究人员和政策制定者的极大兴趣。许多研究解释了为什么中国能够如此成功（McMillan and Naughton，1992；Lin，1995），但很少有研究关注经济快速发展所产生的社会和经济问题，特别是收入不平等和贫困问题。本研究旨在通过分析经济增长、收入分配和贫困之间的关系来填补这一空白。

由于历史原因，中国人口被分成两个具有显著差异的群体：农村人口和城市人口。城乡不平等一直是整体收入不平等的一个关键组成部分。两种人口的收入来源及其在总不平等中的相对重要性也有所不同。因此，要研究中国的收入不平等问题，就必须理解城乡不平等的本质和发展过程。

许多现有的关于不平等的研究仅仅只关注了人口的一个特定组成部分，例如，农村人口或城市人口（Hussain et al.，1994；Knight and Song，

1993；Yao，1997a）。因此，城乡不平等的程度没有得到充分的分析。城市人口收入不平等的来源、上交的所得税和转移支付的重要性没有得到充分认识。对于农村不平等来说，很少有人在家庭层面研究农业和非农业收入对不平等程度的影响。

本研究的目标如下：首先，考察城市、农村划分和空间不平等对总体人口不平等的贡献。其次，分析不同收入来源对城乡居民收入不平等的相对贡献。最后，量化收入不平等、人均收入和贫困之间的关系。

由于人口结构和收入来源较为复杂，在分析的过程中必须使用二手和家庭调查数据，以实现对不平等和贫穷做出更为准确和一致的描述。本研究所使用的主要方法是测算基尼系数，并按群体类别和收入来源进行分解。现有研究中有很多推导和分解基尼系数的方法，本研究采用 Yao（1998）的方法。本章在对中国经济发展和收入增长进行分析之后，详细地阐述了基尼系数分解的方法和步骤。其中，第三节首先介绍了全国不平等的总体情况，其次分析了城乡收入不平等，着重研究了农村不平等的空间差异性，分析了农业收入和非农收入对农村不平等的贡献，最后分析了收入不平等与贫困之间的关系。

## 第一节　改革开放后前 20 年中国经济发展与收入增长

从 19 世纪下半叶到 1949 年共产党取得全国政权，这期间中国不是处于与西方列强的战争中，就是处于被不同军阀蹂躏之中。这一时期的大多数中国人生活在极端贫困当中，并且平均寿命很低。1949 年后，毛泽东领导的共产党最重要的执政目标就是实现中国在政治上的团结、经济上的强大及消除贫困和根除流行疾病。

1949 ~ 1978 年，除了 1959 ~ 1961 年三年困难时期，中国的经济发展深受世界瞩目，人们的生活水平较 1949 年以前有显著提高。然而，由于1959 ~ 1961 年和 1966 ~ 1976 年的一些错误指导，中国生产激励一度受到抑制，经济未能充分发挥其增长潜力（Lardy，1983）。因此，尽管官方统计数据显示，从 1949 年到 1976 年，中国的粮食、肉类、蔬菜、钢铁、电力、煤炭、布料与其他农业和工业产品的产量有显著增加，但是到 20 世纪

70 年代末，中国仍然是一个非常贫穷的国家。1978 年农村人均可支配收入仅为 285 元（以 1990 年价格计算），明显低于 318 元的官方贫困线，也大大低于世界银行确定的 454 元的贫困线。这意味着，1978 年大多数农村人口仍然生活在绝对贫困之中。

中国共产党第二代核心领导人邓小平接过政权时，制定的经济发展首要目标是减少和消除中国的贫困。中国大多数贫困人群生活在农村地区，而中国的农业又是小而分散的家庭经营。因此，邓小平决定首先改革农业、农村，之后再试试城市和工业部分改革（Lin，1988；Johnson，1988）。这种制度允许农民在完成生产组规定的生产任务后，可以保留一定比例的产出，不仅如此，农产品价格在这一时期也有显著的提高，这些都极大地激发了农民的劳动积极性。1978 年到 1984 年，粮食产量从 3.05 亿吨增加到 4.07 亿吨（Yao，1994）。实际人均收入增长了一倍多，年均增长率高达 15.0%。

随着农村改革取得巨大成功，中国开始对国有企业进行改革。但是，国企改革不涉及重大国有资产私有化，主要的改革方法是提高企业的责任和自主权，采用灵活的工资制度，更直接地将工作努力与个别工人的奖励联系起来。许多研究学者都发现，引入企业利润保留和向员工发放奖金对国有企业绩效有积极的影响（Groves et al.，1994；Yao，1997b），但是国有企业效率低下和亏损等根本问题一直阻碍着经济发展。

尽管现有的国有企业没有私有化，它们继续受益于国家预算政策，但非国有企业（私人、集体和外国合资企业）受到了极大的生产激励。1987 年以前，私营企业雇用员工数量不得超过 8 人，但这一限制从 1988 年开始逐渐被取消。在农村，非农企业，特别是乡镇企业迅速发展成为一种新兴的、发展动力强劲的经济主体。从 20 世纪 70 年代末到 90 年代初，乡镇企业对经济的贡献逐渐超越农业。1992 年，乡镇企业雇用了超过 1/4 的农村劳动力，贡献了大约 40% 的农村人均收入（Yao，1997a）。

经济改革的成功体现在一系列宏观经济指标上。按 1990 年不变价格计算，1978 年到 1995 年，中国的人均国内生产总值由 657 元增加到 2970 元，增加了 3 倍多，年均增长率为 9.3%（见表 5-1）。

表5-1　1978~1995年各省份、区域人均GDP（以1990年不变价计算）

| 区域 | 人均GDP（元） | | | | 综合增长指数（%）（1978~1995年） | 年均增长率（%）（1978~1995年） |
|---|---|---|---|---|---|---|
| | 1978年 | 1984年 | 1990年 | 1995年 | | |
| 山西 | 686 | 1142 | 1481 | 2255 | 329 | 7.3 |
| 内蒙古 | 572 | 977 | 1477 | 3636 | 636 | 11.5 |
| 吉林 | 709 | 1169 | 1743 | 2814 | 397 | 8.4 |
| 黑龙江 | 1038 | 1476 | 2019 | 2828 | 272 | 6.1 |
| 安徽 | 481 | 841 | 1162 | 2117 | 440 | 9.1 |
| 江西 | 479 | 757 | 1125 | 2009 | 419 | 8.8 |
| 河南 | 421 | 739 | 1081 | 1888 | 449 | 9.2 |
| 湖北 | 610 | 1066 | 1516 | 2622 | 430 | 9.0 |
| 湖南 | 590 | 867 | 1218 | 1979 | 335 | 7.4 |
| 中部 | 587 | 952 | 1346 | 2299 | 392 | 8.4 |
| 北京 | 2034 | 3225 | 4612 | 6995 | 344 | 7.5 |
| 天津 | 1762 | 2741 | 3590 | 6075 | 345 | 7.6 |
| 河北 | 668 | 972 | 1455 | 2751 | 412 | 8.7 |
| 辽宁 | 1224 | 1786 | 2712 | 4287 | 350 | 7.7 |
| 上海 | 2909 | 4203 | 5894 | 10712 | 368 | 8.0 |
| 江苏 | 692 | 1215 | 2093 | 4392 | 635 | 11.5 |
| 浙江 | 633 | 1282 | 2120 | 4901 | 774 | 12.8 |
| 福建 | 577 | 1044 | 1744 | 3995 | 692 | 12.1 |
| 山东 | 676 | 1192 | 1779 | 3762 | 557 | 10.6 |
| 广东 | 726 | 1218 | 2319 | 5156 | 710 | 12.2 |
| 广西 | 574 | 790 | 1059 | 2138 | 372 | 8.0 |
| 海南 | 612 | 995 | 1563 | 3219 | 526 | 10.3 |
| 东部 | 823 | 1342 | 2104 | 4223 | 513 | 10.1 |
| 四川 | 454 | 748 | 1097 | 1811 | 399 | 8.5 |
| 贵州 | 336 | 593 | 804 | 1152 | 343 | 7.5 |
| 云南 | 479 | 759 | 1211 | 1837 | 384 | 8.2 |
| 西藏 | 633 | 1090 | 1271 | 1861 | 294 | 6.5 |
| 陕西 | 479 | 713 | 1128 | 1670 | 349 | 7.6 |

续表

| 区域 | 人均 GDP（元） | | | | 综合增长指数<br>（%）（1978～<br>1995年） | 年均增长率<br>（%）（1978～<br>1995年） |
|---|---|---|---|---|---|---|
| | 1978 年 | 1984 年 | 1990 年 | 1995 年 | | |
| 甘肃 | 504 | 652 | 1077 | 1579 | 313 | 6.9 |
| 青海 | 903 | 1217 | 1562 | 2093 | 232 | 5.1 |
| 宁夏 | 631 | 924 | 1391 | 1871 | 297 | 6.6 |
| 新疆 | 648 | 1101 | 1792 | 2879 | 445 | 9.2 |
| 西部 | 473 | 752 | 1135 | 1765 | 373 | 8.1 |
| 全国 | 657 | 1066 | 1611 | 2970 | 452 | 9.3 |

资料来源：东、中、西部区域数据通过国家统计局省级人口加权平均计算得出。

　　虽然各地区之间的发展存在显著差异，但各省份的经济状况在这一时期都取得了高速的增长。这种增长纪录在中国历史上是前所未有的，只有东南亚增长最快的经济体才能与之媲美。

　　经济的高速发展得益于对外开放政策的实施和邓小平提出的出口导向型发展战略。在毛泽东时期，国际贸易增长缓慢是由于中国实施内向型经济发展战略。自 1978 年以来，为了鼓励出口，政府出台并实施了各种促进改革的政策。出口企业可以保留一定比例的外汇，这些外汇在改革前完全由中央政府控制。外汇管理的政策灵活性鼓励了广大公司在国际贸易中积极参与竞争，中国的进出口贸易得到快速发展。1978～1996 年，中国进出口总额年均增加 15.81%，比改革前的 1952～1978 年高出 6.29 个百分点（见表 5-2）。

表 5-2　国际贸易和外商直接投资

单位：十亿美元，%

| 年份 | 出口 | 进口 | 进出口 | FDI |
|---|---|---|---|---|
| 1952 | 0.82 | 1.12 | 1.94 | — |
| 1965 | 2.23 | 2.02 | 4.25 | — |
| 1975 | 7.26 | 7.49 | 14.75 | — |
| 1978 | 9.75 | 10.89 | 20.64 | — |
| 1980 | 18.12 | 20.02 | 38.14 | 0.36 |
| 1985 | 27.35 | 42.25 | 69.60 | 1.26 |

续表

| 年份 | 出口 | 进口 | 进出口 | FDI |
|------|------|------|--------|-----|
| 1990 | 62.09 | 53.35 | 115.44 | 3.49 |
| 1996 | 151.06 | 138.84 | 289.90 | 41.73 |
| 年均增长率 | | | | |
| 1952～1978 | 9.99 | 9.14 | 9.52 | — |
| 1978～1996 | 16.44 | 15.19 | 15.81 | — |
| 1980～1996 | — | — | — | 34.59 |

注：进出口贸易额和 FDI 数据均以现价计算。

1996 年，中国成为世界第十大贸易国和第二大外商直接投资接受国（仅次于美国）。1980 年以前，中国使用的外商直接投资很少，但在随后的 20 年中，FDI 使用额以每年约 35% 的速度增长。1998 年，中国的外汇储备超过 1400 亿美元，仅仅低于日本。中国凭借庞大的海外市场、外汇储备和强劲的贸易地位，使其自身未曾遭受东南亚国家，诸如新加坡等所经历的经济发展危机。1998 年，虽然增长率比亚洲经济危机前要低得多，但是中国继续吸引大量 FDI 流入，并在出口和进口方面实现了正增长。

尽管经济增长与 FDI 和国际贸易之间的相关关系仍然存在诸多争议，但是有大量证据和研究表明 GDP 增长与出口增长和开放程度呈正相关（见图 5-1）。亚太经济合作组织（APEC）的经济体中，进出口总额占 GDP 的比重与 FDI 占 GDP 的比重也呈正相关关系（见图 5-2）。1990 年至 1995

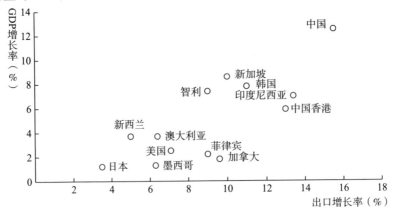

图 5-1 部分 APEC 国家及地区出口增长与 GDP 的关系

年，中国的 GDP 和出口增长是亚太经合组织成员中最快的。

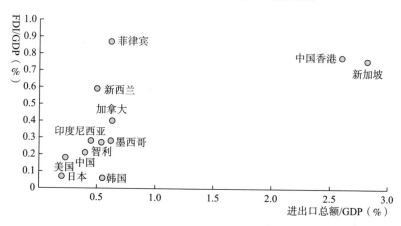

图 5 - 2　部分 APEC 国家及地区进出口总额、FDI 占 GDP 比重

中国经济的增长和对外开放使人民的生活水平有了大幅度的提高。
1978～1984 年，农村居民实际人均收入增加了一倍以上，年均增长率约
为 15.0%（见表 5 - 3）。但也正是这一时期，中国城乡不平等实现了大
幅度的下降。

表 5 - 3　1978～1996 年中国农村、城市收入增长及年均增长率

单位：元，%

| 年份 | 农村人均收入 | | 城市人均收入 | | 城市/农村 | |
|---|---|---|---|---|---|---|
| | 现价 | 1990 年价格 | 现价 | 1990 年价格 | 现价 | 1990 年价格 |
| 1978 | 134 | 285 | 316 | 702 | 2.36 | 2.46 |
| 1980 | 191 | 380 | 439 | 890 | 2.30 | 2.34 |
| 1984 | 355 | 658 | 660 | 1223 | 1.86 | 1.86 |
| 1985 | 398 | 657 | 685 | 1133 | 1.72 | 1.72 |
| 1986 | 424 | 660 | 828 | 1280 | 1.95 | 1.94 |
| 1987 | 463 | 678 | 916 | 1302 | 1.98 | 1.92 |
| 1988 | 545 | 680 | 1119 | 1318 | 2.05 | 1.94 |
| 1989 | 602 | 629 | 1261 | 1277 | 2.09 | 2.03 |
| 1990 | 686 | 686 | 1387 | 1387 | 2.02 | 2.02 |
| 1991 | 709 | 693 | 1544 | 1469 | 2.18 | 2.12 |

| 年份 | 农村人均收入 | | 城市人均收入 | | 城市/农村 | |
|---|---|---|---|---|---|---|
| | 现价 | 1990 年价格 | 现价 | 1990 年价格 | 现价 | 1990 年价格 |
| 1992 | 784 | 732 | 1826 | 1600 | 2.33 | 2.19 |
| 1993 | 922 | 757 | 2337 | 1763 | 2.53 | 2.33 |
| 1994 | 1221 | 813 | 3179 | 1919 | 2.60 | 2.36 |
| 1995 | 1578 | 982 | 3893 | 2176 | 2.47 | 2.22 |
| 1996 | 1926 | 1111 | 4377 | 2248 | 2.27 | 2.02 |
| 年均增长率 | | | | | | |
| 1978～1984 | — | 15.0 | — | 9.7 | -3.9 | -4.6 |
| 1984～1991 | — | 0.7 | — | 2.7 | 2.3 | 1.9 |
| 1991～1996 | — | 9.9 | — | 8.9 | 0.8 | -1.0 |
| 1978～1996 | — | 7.9 | — | 6.7 | -0.2 | -1.1 |

注：按 1990 年价格计算的收入分别按农村和城市生活价格指数折算。

资料来源：国家统计局 1980～1997 年各期《中国统计年鉴》。

# 第二节 基尼系数及其分解

## 一 基尼系数测算公式

基尼系数被广泛用于衡量个人（或家庭）之间的收入不平等。它可以从许多已有研究成果中的公式推导得出，例如，Bhattacharya 和 Mahalanobis（1967）、Rao（1969）、Gastwirth（1972）、Pyatt（1976）、Mookherjee 和 Shorrocks（1982）、Fei et al.（1978）、Pyatt et al.（1980）等学者的研究发现。大多数研究者通过计算单位正方形的对角线和洛伦兹曲线之间的面积得出了他们的公式。只有 Pyatt 引入了博弈论的概念，他将基尼系数定义为人群中随机选择的个人的预期收益与该人群平均收入的比值（Pyatt，1976）。Pyatt 公式的新颖之处在于，如果将总人口划分为不同类别，它可以精确地分解为三个组成部分。由于 Pyatt 的原始方法过于复杂，本书采用了一个较为简单的方法。

如果将样本总人口划分为 $n$ 个组群（一个组群可以仅仅是一个人、一个家庭，或者是许多人、许多家庭），令 $p_i$ 和 $w_i$ 分别表示家庭 $i$ 在总样本中人口和收入所占的比重，$m_i$ 表示人均收入，那么总人口的基尼系数可以表示为：

$$G = 1 - \sum_{i=1}^{n} B_i = 1 - \sum_{i=1}^{n} p_i(2Q_i - w_i) \tag{5.1}$$

其中，

$$Q_i = \sum_{k=1}^{i} w_k \tag{5.2}$$

表示从第 1 个家庭到第 $i$ 个家庭的累计收入比例。并且，

$$\sum_{i=1}^{n} p_i = 1; \quad \sum_{i=1}^{n} w_i = 1 \tag{5.3}$$

在使用式（5.1）之前，$p_i$ 和 $w_i$ 必须严格按照人均收入的递增顺序来排序。

式（5.1）有许多优点。首先，它可以很容易地在电子表格中列出。其次，它可以用来计算组间基尼系数。最后，它可以很容易地按人口类别和收入来源分解为其各自的组成部分。

## 二 按人口类别分解基尼系数

继续采用 Pyatt（1976）和 Yao（1999b）的方法，设 $G$ 表示总人口的基尼系数，它可以被分解为三个组成部分：组内、组间和重叠部分。如式（5.4）所示，

$$G = G_A + G_B + G_O \tag{5.4}$$

Yao（1999b）提出了以下按人口类别分解基尼系数的四步方法。

第一步，由式（5.4）可得全部人口的基尼系数 $G$。

第二步，组间收入不平等 $G_B$ 可以由式（5.5）得到。

$$G_B = 1 - \sum_{I=1}^{s} B_I = 1 - \sum_{I=1}^{s} p_I(2Q_I - w_I) \tag{5.5}$$

其中，

$$Q_I = \sum_{K=1}^{I} w_K \tag{5.6}$$

表示从第 1 组到第 $I$ 组的累计收入比例。

$p_I$ 和 $w_I$ 分别表示第 $I$ 组在总样本人口中人数占比和收入占比。$m_I(I = 1,2,\cdots,S)$ 表示第 $I$ 组的人均收入。$\sum_{I=1}^{S} p_I = 1$；$\sum_{I=1}^{S} w_I = 1$；$w_I = \dfrac{p_I m_I}{m}$（$m$ 为样本总体平均收入）。式（5.5）与式（5.1）的差别仅在于 $p_I$ 和 $w_I$ 的定义。为了推导出 $G_B$，式（5.5）中的所有元素必须按照人均收入 $m_I$ 的升序排列，即 $m_1 \leqslant m_2 \leqslant \cdots \leqslant m_s$。

第三步，组内收入不平等 $G_A$ 可由式（5.7）得出。

$$G_A = \sum_{I=1}^{S} p_I w_I G_I \tag{5.7}$$

正如上文所定义的，$p_I$ 和 $w_I$ 分别表示第 $I$ 组在总样本人口中人数占比和收入占比。$G_I$ 是第 $I$ 组的基尼系数。对应的 $S$ 组会有 $S$ 个基尼系数。$G_I$ 的计算方程看起来与式（5.1）相同，只是其计算是基于一个特定的分组。

第四步，重叠部分是

$$G_O = G - G_A - G_B \tag{5.8}$$

从第一步到第四步的计算不涉及任何矩阵代数，可以很容易地在电子表格上进行。因此，这种分解方法是对 Pyatt 方法的一个重要改进（Yao，1999b）。

需要强调的是 $G_O$、$G_A$ 和 $G_B$ 都是非负的。一个新的发现是如果式（5.1）当中的所有数据都是分组后各个小组的平均值，那么 $G_O$ 可以直接通过式（5.1）得出。

## 三　按收入来源分解基尼系数

如果第 $i$ 个家庭或组群的人均收入 $m_i(i = 1,2,\cdots,n)$，被划分为 $F$ 个收入来源，式（5.1）中的 $G$ 则可以精确分解为 $F$ 个分量。

继续使用 Yao（1999b）的分解方法，设 $G_f$ 为收入来源 $f$ 的基尼系数（$f = 1,2,\cdots,F$），$u_f$ 和 $u$ 分别为收入来源 $f$ 的平均值和总额，$w_f = u_f/u$，表示收入来源在总收入中的占比，那么不同排序的 $G_f$ 可由式（5.9）来定义：

$$G_f = 1 - \sum_{i=1}^{n} B_{fi} = 1 - \sum_{i=1}^{n} p_i(2Q_{fi} - w_{fi}) \tag{5.9}$$

其中，

$$Q_{fi} = \sum_{K=1}^{i} w_{fK} \qquad (5.10)$$

表示从第 $f$ 种收入来源到第 $i$ 种的累计收入比例。

令 $p_i$ 如式（5.1）中定义的，表示家庭 $i$ 在总样本中人口所占的比重。

$$w_{fi} = \frac{p_i\, m_{fi}}{u_f} \qquad (5.11)$$

表示第 $i$ 个家庭、第 $f$ 种收入来源在总收入来源中的占比。$w_{fi}$ 的总和可以视为 $n$ 个家庭或组群的效用。在式（5.9）中，为了推导得出 $G_f, p_i$ 和 $w_{fi}$ 必须按照人均收入 $m_i$ 单调递增排序，$m_i$ 按照单调递增排序。为了计算出每一种收入来源的基尼系数 $G_f$，需要将所有收入来源进行分类，得到不同的收入来源，定义为 $m_{fi}$。因此总基尼系数可以被分解为不同收入来源的组成部分，如式（5.12）所示：

$$G = \sum_{f=1}^{F} w_f G_f \qquad (5.12)$$

$F$ 表示收入来源划分的种类，$w_f$ 表示第 $f$ 种收入来源的收入在总收入中的比重。换言之，衡量总收入不平等的基尼系数是所有来源收入基尼系数的加权平均值。

如果 $G_f > G$，并且人均总收入保持不变，第 $f$ 种来源的收入增加将导致更大的收入不平等，反之，第 $f$ 种来源的收入增加将减少收入不平等。一般而言，如果一个收入来源的基尼系数大于总收入的基尼系数，则会对整体收入分配产生不均衡效应；如果一个收入来源的基尼系数比总收入的基尼系数小，则说明它具有均衡效应（Adams, 1994）。

# 第三节　收入不平等与贫困

收入的快速增长伴随着不平等的加剧。中国基尼系数由 1981 年的 0.288 上升到 1995 年的 0.388（World Bank, 1997）。改革开放以前，中国是世界上最平等的经济体之一，但是近 20 年后，中国的收入不平等程度与东亚和太平洋地区的邻国不相上下（见表 5-4）。

中国的收入不平等和经济改革下收入不平等的加剧主要是由两个因素

表 5 - 4　世界不同区域基尼系数

| 区域 | 1980 年 | 1990 年 |
| --- | --- | --- |
| 中国（1981 年和 1995 年） | 0.288 | 0.388 |
| 东欧 | 0.250 | 0.289 |
| 高收入国家 | 0.332 | 0.338 |
| 南亚 | 0.350 | 0.318 |
| 东亚和太平洋 | 0.387 | 0.381 |
| 中东和北非 | 0.405 | 0.380 |
| 撒哈拉以南的非洲 | 0.435 | 0.470 |
| 拉丁美洲和加勒比地区 | 0.498 | 0.493 |

资料来源：World Bank（1997）；Deininger 和 Squire（1996）；Ahuja 等（1997）。

造成的：城乡不平等和省际不平等。城乡不平等是所有省份的共同特征，无论是贫困省份还是富裕省份、内陆还是沿海都会存在城乡发展非均衡的问题。但省际不平等更多地体现在不同省份农村发展的非均衡。世界银行研究得出的结论是，1995 年城乡收入差距占中国总不平等的 1/3，较 1985 年增加了 1/2（World Bank，1997）。

改革开放早期（1978～1984 年），中国农村居民人均收入年均增长率是 15.0%，但是却在随后的 10 年里，落后于城市居民收入的增长速度，这一趋势直到 1995 年、1996 年才有所改善（见表 5 - 3）。按照国际标准，中国的城乡收入差距非常大。Yang 和 Zhou（1999）使用 36 个国家的数据研究得出，城市收入很少超过农村收入的两倍。在大多数国家，城乡收入比低于 1.5。中国官方收入数据显示，城乡收入比在 1978 年达到 2.36 的峰值。由于 1978～1984 年农业收入的快速增长，1985 年这一比率下降到 1.72，但到 1994 年又上升至 2.60，因为在 1985～1994 年的 10 年里，中国城市收入的增长速度远远快于农村收入的增长。即使消除通货膨胀的影响，城乡差距扩大的趋势仍然十分明显。

但是，官方统计数据中城乡人均收入差距也未能全面反映城乡不平等的所有内容。如果将城市住房补贴、养老金、卫生、教育和公共设施服务考虑在内，城市收入平均会高出 80%（世界银行估计的数字）。此外，官方统计数据中农村居民收入并不包括农村住房租金。然而，即使考虑这些因素，对农村居民收入进行最大幅度的上调，其结果也不会高出官方统计数据30%（世界银行给出的溢价为15%）。如果将1978~1980年官方统计的城市居民收入上调80%，将1981~1989年的数据上调70%，将1990年之后的数据上调60%（包括医疗、教育和住房等项目），同时，将农村居民收入下调30%，将城市郊区居民收入下调15%之后，1978年中国城乡之间的收入差距会高达3.4，1985年为2.26，1994年为2.91，1996年为2.49（见图5-3）。

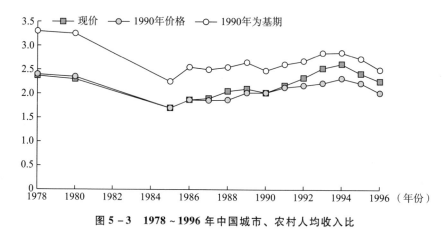

图5-3 1978~1996年中国城市、农村人均收入比

不平等的另一个重要方面是省际的。然而，世界银行估计，1995年不平等总额的近1/4和1985年总不平等增加的1/3源自省际的不平等。Yao（1997a）、Hussain等（1994）、Knight和Song（1993）的研究都证实了这一结论。

为了更详细地了解中国城乡之间差距的严重程度，本书使用辽宁和四川的家庭调查数据进行测算、分析。辽宁和四川都是人口大省，但代表两种不同类型的区域经济。辽宁是一个高城市化和高人均收入的省份，而四川是一个低城市化和低人均收入的省份。因此，这两个省份的结果将为全国提供一个良好的参考。数据的时间跨度是1988年到1990年，这一时期中国人均收入增长放缓，社会总不平等有所减少。

按以往方法计算，这两个省份的人均收入都在下降。当城乡样本合并时，我们可以推导出省际的基尼系数，并将其分解为城乡之间，城市、农村内部和重叠部分。我们的分解结果表明，城乡收入不平等占总不平等的46.6%~51.3%（见表5-5）。这些结果高于世界银行的估计。

表 5 – 5  1988 ~ 1990 年辽宁、四川按人口类别分解的基尼系数

单位：%，元

| 组成部分 | 辽宁 | | | 四川 | | |
|---|---|---|---|---|---|---|
| | 1988 年 | 1989 年 | 1990 年 | 1988 年 | 1989 年 | 1990 年 |
| $G$ | 0.281 | 0.298 | 0.274 | 0.311 | 0.313 | 0.308 |
| $G_A$ | 0.117 | 0.121 | 0.109 | 0.158 | 0.155 | 0.146 |
| $G_B$ | 0.131 | 0.145 | 0.139 | 0.146 | 0.152 | 0.158 |
| $G_O$ | 0.033 | 0.033 | 0.025 | 0.007 | 0.005 | 0.004 |
| 占 G 的比重 | | | | | | |
| $G$ | 100.0 | 100.0 | 100.0 | 100.0 | 100.0 | 100.0 |
| $G_A$ | 41.6 | 40.6 | 39.8 | 50.8 | 49.5 | 47.4 |
| $G_B$ | 46.6 | 48.7 | 50.7 | 46.9 | 48.6 | 51.3 |
| $G_O$ | 11.7 | 11.1 | 9.1 | 2.3 | 1.6 | 1.3 |
| 城市、农村人均收入 | | | | | | |
| 农村 | 984 | 895 | 836 | 635 | 589 | 559 |
| 城市 | 1669 | 1605 | 1466 | 1530 | 1458 | 1424 |
| 城市/农村 | 1.70 | 1.79 | 1.75 | 2.41 | 2.48 | 2.55 |

注：$G_A$、$G_B$ 和 $G_O$ 分别代表城市、农村内部，城乡之间和重叠部分的基尼系数。所有数据都按 1990 年价格水平计算。

如果农村中没有家庭比城市中最贫困家庭的境况更好，重叠部分的基尼系数则为 0，即 $G_O$ 等于 0。因此，$G_O$ 在 $G$ 中的占比是反映城乡不平等程度的另一个重要指标。在四川，$G_O$ 仅占全省总体贫富差距的 1.3% 至 2.3%，这意味着仅仅很少一部分农村居民的生活状况好于最贫困的城市居民，并且 1990 年四川的城乡收入比高达 2.55。辽宁城乡差别也十分严峻，但不平等的严重程度低于四川。比较这两个省份的基尼系数分解结果可以看到，城乡不平等程度在低收入和不发达省份（四川）比在高收入和工业化程度更高省份（辽宁）更严重。这表明，城市化和工业化对于减少城乡不平等非常重要。

巨大的城乡收入差距是由偏向城市的要素配置和发展政策所造成的。Knight 和 Song（1993）认为，限制人口在城乡之间迁移是阻碍贫困人口摆脱贫困的重要因素。在这里需要强调的是，农村、城市之间的人口流动在

改革时期有所放松，数百万的农民到城市工作。虽然，有人认为如果没有农村剩余劳动力向城市转移，城乡之间的收入差距可能会更大，但是过去的发展经验表明，允许大规模的城乡人口流动并不是减少城乡不平等的有效手段。农民工在城市寻找工作时面临许多限制：搬迁成本、缺乏就业信息、在城市获得社会服务的机会有限等。与此同时，国家继续致力于提高城市居民的生活水平，例如国有企业更为宽松的预算约束、正式就业的优先或专有权、低成本住房或住房补贴、低成本的医疗和教育。相比之下，在农村工作的农民却得不到这些福利。即使有一部分农村居民搬迁到城市工作，他们依然没有机会得到这样的福利，并且，大多数外来务工人员不得不从事城市居民不愿意从事的非常艰苦、报酬很低的工作（World Bank，1997）。

## 一　农村收入不平等与收入来源

中国改革开放之后的 20 年农村地区的收入分配有三个主要特点。首先，总不平等明显加剧。农村基尼系数由 1978 年的 0.212 提高到 1994 年的 0.320。其次，农村收入差距主要由省际差距解释，而省际差距又主要由区域之间差距解释。50% 以上的农村基尼系数可以用省际不平等来解释，70% 以上的省际不平等可以用区域不平等来解释（见表 5-6）。不仅省际不平等是整体农村不平等的重要组成部分，中国三个地理区域之间农村经济发展的差距也是农村整体不平等的重要组成部分。东部沿海地区发展优于中部地区，而中部地区经济发展又优于西部地区（见表 5-1）。例如，1992 年，东部地区人均收入 895 元，中部地区人均收入 606 元，而西部地区人均收入仅有 484 元。最后，非农收入快速增长。1978 年，非农收入在农村总收入中所占比例仅为 7%，到 1992 年，来自乡镇企业的非农收入在农村居民人均收入中的占比高达 40%。

中国经济改革最大的成就可能是乡镇企业的快速发展。1978 年至 1993 年，中国乡镇企业总数由 160 万家增加到 2450 万家，实际产出的年均增速高达 25.6%。所吸纳的农村劳动力占农村劳动力总人数的比例由 9.2% 上升至 28.0%，对国家税收的贡献从 2.2% 升至 23.1%。在发展的初期，大多数乡镇企业为国内市场生产技术密集度较低和附加值较低的产品。随着企业的不断发展，大量乡镇企业开始生产各种各样的产品，并开展国际贸易。到 1993 年，中国大约有 1/3 的出口来自乡镇企业，并且这一比例在未来很长一段时间仍然处于上升趋势（MOA，1987－1993）。在不到 20 年的时间里，乡镇企业逐步从一个微不足道的生产部门成长为一个可以与国有企业和农业相比较的部门。

表 5－6　农村基尼系数、省际和区域间不平等

单位：%

| 年份 | 农村基尼系数 | 省际不平等在农村总不平等中的比重 | 区域间不平等在省际不平等中的比重 |
|---|---|---|---|
| 1978 | 0.212 | — | — |
| 1980 | 0.237 | — | — |
| 1986 | 0.288 | 54.2 | 71.8 |
| 1987 | 0.292 | 54.1 | 75.3 |
| 1988 | 0.301 | 53.5 | 76.4 |
| 1989 | 0.310 | 50.6 | 77.1 |
| 1990 | 0.294 | 51.7 | 75.7 |
| 1991 | 0.303 | 55.1 | 73.7 |
| 1992 | 0.314 | 55.4 | 76.4 |

资料来源：1978～1992 年统计年鉴；Yao 和 Liu（1998）；表 5－7。

乡镇企业快速发展，促进了农民收入大幅提高。然而，由于全国发展不平衡，乡镇企业产出分布呈现明显的空间格局。东部地区比中部地区发达得多，中部地区又比西部地区发达得多。例如，1992 年，东部地区乡镇企业雇用了 30% 的农村劳动力，但中部和西部地区分别只雇用了 24% 和 15% 的农村劳动力。东部地区乡镇企业人均产出为 1798 元，而中部地区为 734 元，西部地区仅有 413 元（Yao and Liu，1998）。

乡镇企业发展的不平衡也反映在乡镇企业经济收入对农村总收入的贡献上。最富裕省份农村居民人均收入、农业收入、来自乡镇企业经济收入分别是最贫穷省份农村居民的 4.5、2.0 和 13.4 倍。根据 1990～1992 年各省人均收入计算总收入的基尼系数，以及农业收入的基尼系数和乡镇企业收入的基尼系数，发现乡镇企业收入不平等比农业收入不平等更加严峻。乡镇企业收入在农村总收入中的比重是 34%～39%，但是在全国水平上，乡镇企业收入的不平等占农村基尼系数的 55%～64%。

在省级层面上，我们使用 1988~1990 年四川、辽宁和江苏的农村住户调查数据，对三个省份的基尼系数进行分解分析，得到了农业收入和非农收入对农村总不平等的相对贡献（见表5-7）。非农收入在总收入中的相对重要性在三省之间存在显著差异。1988 年，江苏的非农收入（主要是乡镇企业发展带来的）占总收入的比例约为50.0%，辽宁约为22.0%，四川约为13.0%。三个省份中，非农收入的不平等在基尼系数中的份额基本都大于其在总收入中的份额。这同样表明非农收入比农业收入分配更不平等。例如，江苏省非农收入约占总收入的30.0%，但其所造成的不平等几乎占总不平等的1/2。在四川，非农业收入的不平等在基尼系数中的份额几乎是其在总收入中的份额的两倍。

表 5-7 1988~1990 年辽宁、四川和江苏农村基尼系数的分解

单位：元，%

| 指标 | 辽宁农村 | | | 四川农村 | | | 江苏农村 | | |
|---|---|---|---|---|---|---|---|---|---|
| | 总收入 | 农业收入 | 非农收入 | 总收入 | 农业收入 | 非农收入 | 总收入 | 农业收入 | 非农收入 |
| 1988 年 | | | | | | | | | |
| $G_f$ | 0.302 | 0.276 | 0.393 | 0.248 | 0.219 | 0.433 | 0.305 | 0.221 | 0.505 |
| $M_f$ | 984 | 765 | 219 | 635 | 549 | 86 | 1152 | 810 | 342 |
| $W_f$ | 100.0 | 77.7 | 22.3 | 100.0 | 86.5 | 13.5 | 100.0 | 50.8 | 49.2 |
| $S_f$ | 100.0 | 71.1 | 29.0 | 100.0 | 76.4 | 23.6 | 100.0 | 50.8 | 49.2 |
| 1989 年 | | | | | | | | | |
| $G_f$ | 0.319 | 0.294 | 0.400 | 0.245 | 0.212 | 0.453 | 0.312 | 0.226 | 0.515 |
| $M_f$ | 895 | 686 | 209 | 589 | 507 | 82 | 1024 | 719 | 305 |
| $W_f$ | 100.0 | 76.6 | 23.4 | 100.0 | 86.1 | 13.9 | 100.0 | 70.2 | 29.8 |
| $S_f$ | 100.0 | 70.7 | 29.3 | 100.0 | 74.4 | 25.7 | 100.0 | 50.9 | 49.2 |
| 1990 年 | | | | | | | | | |
| $G_f$ | 0.275 | 0.238 | 0.397 | 0.232 | 0.199 | 0.463 | 0.309 | 0.216 | 0.537 |
| $M_f$ | 836 | 646 | 190 | 560 | 489 | 71 | 955 | 676 | 279 |
| $W_f$ | 100.0 | 77.3 | 22.7 | 100.0 | 87.3 | 12.7 | 100.0 | 70.8 | 29.2 |
| $S_f$ | 100.0 | 67.1 | 32.9 | 100.0 | 74.7 | 25.3 | 100.0 | 49.3 | 50.7 |

注：总收入按 1990 年价格计算。$G_f$ 为农业和非农业收入的不平等程度，即来源 $f$ 的总收入基尼系数，$M_f$ 为来源 $f$ 的人均收入，$W_f$ 为来源 $f$ 在总收入中的份额，$S_f$ 为来源 $f$ 在基尼系数中的份额。

资料来源：1988~1990 年中国农村家庭调查数据。

## 二 城市收入不平等与收入来源

在经济改革之前，中国城市居民之间的收入不平等程度非常小。1981年，中国城市基尼系数仅为0.18。经济改革允许一些人获得更多的工资、奖金和其他收入来源，导致收入不平等开始加剧。然而，鉴于城市人口的庞大规模和地理多样性，城市人口内部的不平等程度仍然很低。1994年城市基尼系数达到0.28的峰值，但在1995年又下降到0.26（World Bank，1997）。因此，城市的不平等程度明显低于农村，尤其是再考虑到各种补贴。这不仅反映在城乡基尼系数之间的巨大差异上，也反映在最富裕省份和最贫穷省份之间的人均收入比上。例如，1996年，最富裕省份和最贫穷省份城市人口人均收入之比仅为2.5（上海7721元，内蒙古3102元），但最富裕省份和最贫穷省份农村人口人均收入之比为4.4（上海4846元，甘肃1101元）。此外，按省份来看农村人口人均收入的变化要比城市人口的变化明显得多。

利用1986～1993年四川和辽宁的住户调查数据，我们可以研究收入不平等的长期趋势和收入来源的相对重要性。按家庭计算的人均总收入可分为五部分：计时工资、非计时工资（或计件工资）、非工资收入（包括奖金和私营企业、集体企业非固定工资支付的所得）、税收和转移支付。国家统计局将税收和转移支付定义为家庭总收入减去家庭可支配收入的差额。由于本研究将可支配收入视为实际总收入、税收和转移支付均为负，因此，它们有助于减少收入不平等，或者它们对基尼系数的值有负面影响（见表5-8）。这期间，辽宁省的基尼系数由0.16上升至0.20，四川省的基尼系数由0.18上升至0.24。同期，全国基尼系数从0.21增加到0.25。

在这两个省份，计时工资和非工资收入是城市收入的两大主要来源。然而，计时工资的分配要比非工资收入公平得多。各省市非工资收入的不平等程度均明显高于工资收入。1993年，辽宁计时工资的基尼系数是0.14，四川计时工资的基尼系数为0.16，而两个省非工资收入基尼系数分别为0.23和0.27。可以发现，计时工资的重要性下降了，非工资收入的重要性上升了。由于前者的分配比后者更平均，所以总收入的基尼系数随着时间的推移而增加。由此可见，城市经济改革的深化，特别是工资制度改革和所有权多元化的引入，是可以用来解释收入不平等的加剧的。非计时工资对不平等的变化几乎没有影响。此外，税收和转移支付（主要是由于城市居民汇款给他们的农村亲属）帮助减少了城市不平等（见表5-8）。

**表5-8 1986~1993年辽宁、四川城市按收入来源分解的基尼系数**

单位：元，%

| 指标 | 辽宁省城市 | | | | | 四川省城市 | | | | |
|------|------|------|------|------|------|------|------|------|------|------|
| | 总收入 | 计时工资 | 非计时工资 | 非工资收入 | 税收和转移支付 | 总收入 | 计时工资 | 非计时工资 | 非工资收入 | 税收和转移支付 |
| **1986年** | | | | | | | | | | |
| $G_f$ | 0.157 | 0.113 | 0.229 | 0.210 | 0.138 | 0.177 | 0.143 | -0.173 | 0.213 | 0.112 |
| $M_f$ | 1337 | 824 | 8 | 629 | -124 | 1372 | 792 | 23 | 705 | -149 |
| $W_f$ | 100.0 | 61.6 | 0.6 | 47.0 | -9.3 | 100.0 | 57.7 | 1.7 | 51.4 | -10.9 |
| $S_f$ | 100.0 | 44.3 | 0.9 | 62.9 | -8.1 | 100.0 | 46.7 | -1.6 | 61.8 | -6.9 |
| **1987年** | | | | | | | | | | |
| $G_f$ | 0.156 | 0.102 | 0.177 | 0.197 | 0.87 | 0.181 | 0.152 | -0.111 | 0.204 | 0.124 |
| $M_f$ | 1492 | 844 | 13 | 804 | -169 | 1403 | 795 | 15 | 766 | -173 |
| $W_f$ | 100.0 | 56.6 | 0.9 | 53.9 | -11.3 | 100.0 | 56.7 | 1.1 | 54.6 | -12.3 |
| $S_f$ | 100.0 | 37.1 | 1.0 | 68.2 | -6.3 | 100.0 | 47.5 | -0.7 | 61.5 | -8.4 |
| **1988年** | | | | | | | | | | |
| $G_f$ | 0.163 | 0.89 | 0.178 | 0.201 | 0.27 | 0.201 | 0.155 | 0.18 | 0.233 | 0.172 |
| $M_f$ | 1669 | 822 | 25 | 989 | -167 | 1530 | 715 | 12 | 962 | -159 |
| $W_f$ | 100.0 | 49.3 | 1.5 | 59.3 | -10.0 | 100.0 | 46.7 | 0.8 | 62.9 | -10.4 |
| $S_f$ | 100.0 | 27.0 | 1.6 | 73.1 | -1.6 | 100.0 | 36.0 | 0.1 | 72.7 | -8.9 |
| **1989年** | | | | | | | | | | |
| $G_f$ | 0.169 | 0.117 | 0.264 | 0.188 | 0.73 | 0.199 | 0.147 | -0.74 | 0.230 | 0.162 |
| $M_f$ | 1605 | 750 | 46 | 981 | -171 | 1458 | 627 | 10 | 969 | -148 |
| $W_f$ | 100.0 | 46.7 | 2.9 | 61.1 | -10.7 | 100.0 | 43.0 | 0.7 | 66.5 | -10.2 |
| $S_f$ | 100.0 | 32.4 | 4.5 | 67.8 | -4.6 | 100.0 | 31.8 | -0.3 | 76.7 | -8.2 |
| **1990年** | | | | | | | | | | |
| $G_f$ | 0.163 | 0.107 | 0.313 | 0.186 | 0.68 | 0.196 | 0.166 | -0.250 | 0.213 | 0.144 |

续表

| 指标 | 辽宁省城市 | | | | | 四川省城市 | | | | |
|---|---|---|---|---|---|---|---|---|---|---|
| | 总收入 | 计时工资 | 非计时工资 | 非工资收入 | 税收和转移支付 | 总收入 | 计时工资 | 非计时工资 | 非工资收入 | 税收和转移支付 |
| 1990 年 | | | | | | | | | | |
| $M_f$ | 1466 | 730 | 44 | 853 | -162 | 1424 | 641 | 10 | 918 | -145 |
| $W_f$ | 100.0 | 49.8 | 3.0 | 58.2 | -11.1 | 100.0 | 45.0 | 0.7 | 64.5 | -10.2 |
| $S_f$ | 100.0 | 32.6 | 5.8 | 66.2 | -4.6 | 100.0 | 38.2 | -0.9 | 70.2 | -7.5 |
| 1991 年 | | | | | | | | | | |
| $G_f$ | 0.174 | 0.101 | 0.238 | 0.218 | 0.125 | 0.204 | 0.150 | 0.47 | 0.231 | 0.129 |
| $M_f$ | 1543 | 707 | 44 | 945 | -153 | 1517 | 702 | 7 | 978 | -170 |
| $W_f$ | 100.0 | 45.8 | 2.9 | 61.2 | -9.9 | 100.0 | 46.3 | 0.5 | 64.5 | -11.2 |
| $S_f$ | 100.0 | 26.5 | 3.9 | 76.7 | -7.1 | 100.0 | 34.0 | 0.1 | 73.0 | -7.1 |
| 1992 年 | | | | | | | | | | |
| $G_f$ | 0.176 | 0.106 | 0.28 | 0.214 | 0.77 | 0.210 | 0.151 | -0.213 | 0.244 | 0.139 |
| $M_f$ | 1621 | 744 | 19 | 1021 | -163 | 1648 | 697 | 20 | 1104 | -174 |
| $W_f$ | 100.0 | 45.9 | 1.2 | 63.0 | -10.1 | 100.0 | 42.3 | 1.2 | 67.0 | -10.6 |
| $S_f$ | 100.0 | 27.7 | 0.2 | 76.5 | -4.4 | 100.0 | 30.5 | -1.2 | 77.7 | -7.0 |
| 1993 年 | | | | | | | | | | |
| $G_f$ | 0.198 | 0.139 | -0.95 | 0.230 | 0.97 | 0.237 | 0.158 | 0.001 | 0.273 | 0.153 |
| $M_f$ | 1684 | 702 | 41 | 1116 | -175 | 1771 | 642 | 38 | 1272 | -181 |
| $W_f$ | 100.0 | 41.7 | 2.4 | 66.3 | -10.4 | 100.0 | 36.3 | 2.1 | 71.8 | -10.2 |
| $S_f$ | 100.0 | 29.3 | -1.2 | 76.9 | -5.1 | 100.0 | 24.1 | 0.0 | 82.5 | -6.6 |

注：总收入按 1990 年价格计算。$G_f$ 为来源 $f$ 的总收入基尼系数，$M_f$ 为来源 $f$ 的人均收入，$W_f$ 为来源 $f$ 在总收入中的份额，$S_f$ 为来源 $f$ 在基尼系数中的份额。

资料来源：1986~1993 年辽宁、四川城市家庭调查数据。

## 三 收入不平等与贫困

1995 年，中国绝对贫困人口数量约 7000 万。在官方统计中，绝对贫困线是人均收入 318 元（1985 年绝对贫困线，1990 年价格水平），较高的贫困线是 454 元。从物质上讲，中国的绝对贫困是指一个家庭没有足够的食物，没有足够的衣服，不能让所有的孩子接受小学教育。这些贫困家庭的居住条件通常很差。根据官方统计数字，1981 年只有 0.3% 的城市人口生活在较低的贫困线以下，到 1995 年城市人口中没有人生活在较低的贫困线以下。即使我们采用较高的贫困线，也很少有城市人生活在贫困中。根据对辽宁和四川省城市的调查数据，在 1986～1993 年，城市贫困发生率很低（见表 5－9）。

表 5－9　1986～1993 年辽宁、四川城市贫困发生率（人均收入＜454 元）

| 省份 | 1986 年 | 1987 年 | 1988 年 | 1989 年 | 1990 年 | 1991 年 | 1992 年 | 1993 年 |
|------|---------|---------|---------|---------|---------|---------|---------|---------|
| 辽宁 | 0.00 | 0.00 | 0.25 | 0.33 | 0.26 | 0.00 | 0.10 | 0.25 |
| 四川 | 0.80 | 0.66 | 0.67 | 0.71 | 0.77 | 0.71 | 0.52 | 0.43 |

资料来源：1988～1993 年辽宁、四川城市家庭调查数据。

官方的城市调查数据有一定的局限性，因为它没有包括在城市工作的农村人口。如果把这些人包括在内，城市贫困发生率可能会更高。此外，国有企业的改革使得成千上万的工厂工人下岗，他们中的一部分人能够很快再就业，但大部分人成为无业群体，以致陷入贫困。然而，即使城市贫困发生率翻了一番，与农村贫困发生率相比仍然是微不足道的。

因此，中国的贫困问题几乎完全是集中于农村地区，不像许多其他发展中国家，城市贫困是普遍存在的。如果中国所有城市的贫困发生率与辽宁和四川城市相似，那么 1993 年全国高贫困线以下的城镇人口不到 100 万，而低贫困线以下的人口几乎为零。与 1995 年生活在较低贫困线以下的 7000 万农村人和较高贫困线以下的 1.7 亿人相比，这个数字微不足道（见表 5－10）。

在表 5－10 中，中国农村贫困发生率是用江苏、辽宁和四川的人口加权平均值来估算的。三个省份农村贫困人口的百分比是利用中国农村家庭调查数据估算得出。收入是按 1990 年的物价水平计算的。

如果我们使用较低的贫困线，农村贫困发生率从江苏的 1.92% 到四川的 11.72% 不等。1989 年和 1990 年的经济衰退和高通货膨胀导致整个国家的贫困率大大增加。绝对贫穷人口总数估计从 1988 年的 5270 万人增加到 1990 年的 7734 万人。这意味着贫困发生率对收入的变化非常敏感。到 1995 年，绝对贫困人口总数减少到 7000 万人，比 1978 年的 2.7 亿人要少很多。

表 5 - 10  1988～1995 年农村贫困发生率

单位：% ，万人

| 区域 | 年份 | 人口占比 | | 人口数量 | |
|---|---|---|---|---|---|
| | | 人均收入 <318 元 | 人均收入 <454 元 | 人均收入 <318 元 | 人均收入 <454 元 |
| 江苏 | 1988 | 1.92 | 7.7 | 99 | 397 |
| | 1989 | 3.20 | 11.79 | 165 | 609 |
| | 1990 | 4.83 | 14.72 | 255 | 776 |
| 辽宁 | 1988 | 5.01 | 12.80 | 112 | 286 |
| | 1989 | 8.70 | 18.41 | 196 | 414 |
| | 1990 | 5.07 | 15.13 | 115 | 344 |
| 四川 | 1988 | 8.75 | 29.57 | 791 | 2673 |
| | 1989 | 11.37 | 35.79 | 1037 | 3265 |
| | 1990 | 11.72 | 38.81 | 1081 | 3578 |
| 中国农村 | 1988 | 6.10 | 20.43 | 5270 | 17654 |
| | 1989 | 8.46 | 25.93 | 7383 | 22640 |
| | 1990 | 8.65 | 28.02 | 7734 | 25051 |
| | 1995 | 7.77 | 18.88 | 7000 | 17000 |

资料来源：中国农村家庭调查数据与世界银行数据库。

尽管中国在减少贫困方面取得了巨大的成功，但如果采用世界银行设定的绝对贫困线，1995 年中国仍然有大约 1.7 亿农村人口生活在贫穷之中。农村收入增长与不平等的变化对贫困产生相反的影响。对江苏省、辽宁省和四川省 1988～1990 年的贫困发生率与人均收入和省际基尼系数进行对数线性回归，可以估计贫困发生率相对于人均收入和基尼系数的弹性。估计结果和相关的统计检验见式（5.13）和式（5.14）。

$$\ln(Poverty1) = 13.16 + 5.77\ln(Gini) - 4.57\ln(Income)$$
$$(t\ 值) \qquad (6.50) \qquad (4.91) \qquad (-8.32)$$
$$R^2 = 0.96, n = 9 \tag{5.13}$$

$$\ln(Poverty2) = 15.64 + 2.41\ln(Gini) - 3.10\ln(Income)$$
$$(t\ 值) \qquad (10.50) \qquad (7.21) \qquad (-19.87)$$
$$R^2 = 0.96, n = 9 \tag{5.14}$$

"Poverty1"和"Poverty2"分别表示生活在较低和较高贫困线以下的农村人口的占比。较高贫困线衡量的贫困发生率在不平等和收入变化上比较低贫困线衡量的弹性要小。基尼系数和平均收入对较低贫困线衡量的贫困发生率的弹性分别为 5.77 和 -4.57。这意味着，在其他条件不变的情况下，人均收入减少 10% 会导致贫困发生率上升 45.7%，而基尼系数上升 10% 会导致贫困发生率提高 57.7%。当以一个更高水平的贫困线衡量贫穷时，人均收入减少 10% 只能引起贫困发生率提高 31.0%，但基尼系数增加 10%，贫困人口会增加 24.1%。式（5.13）和式（5.14）的结果表明，尽管收入增长对减少贫困很重要，但不平等加剧却对贫困产生消极影响。

## 第四节　本章小结

自 1978 年以来，中国的经济实现了快速增长，人民生活水平有了显著提高。但是收入的不断增加却在不同人群之间产生了不同的分配结果。中国逐步从一个高度平等的社会转变为一个不平等程度与美国和东亚经济体相似的社会。

本研究考察了中国收入不平等的不同方面。在国家一级，不平等及其增长可以用城乡差距和区域差距来解释。在农村人口中，不平等的加剧主要是由不同区域内农村发展不平等造成的，而区域之间的农村发展差距又主要是由乡镇企业发展的不平衡造成的。在城镇地区，所有制多元化和工资制度改革是收入分配公平程度恶化的原因。此外，与其他欠发达国家不同的是，在中国，尽管出现了大规模的城乡人口流动，但贫困却集中发生在农村。

社会不平等的加剧不仅是市场开放和价格改革造成的，也是政府政策造成的。改革初期（1978～1984 年）实施的家庭联产承包责任制和农产品流通体制改革大幅度激发了农民的生产积极性。然而，在接下来的 10 年（1985～1994 年），国家改革开始转向城市，工业化发展、城市化建设及多种所有制企业的发展极大地促进了城市经济的蓬勃发展。

虽然乡镇企业的快速发展使农村人口的生活水平有了较大提高。然而，乡镇企业发展的不平衡导致农村人口的区域间不平等也日益加剧。在那些乡镇企业发展迅速的省份，农村居民的生产生活条件几乎与城市居民相似。但是，农村的贫困问题仍然是严峻的，虽然官方统计数据显示，改革开放 20 年使得中国 2 亿人脱贫，但如果按照较高的贫困线衡量，1995年中国仍有 1.7 亿人生活在贫困之中，消除贫困的斗争仍然漫长而痛苦。一个主要结论是，快速的经济增长是减少贫困的必要条件，但不是充分条件。减少贫困需要持续的收入增长以及更平等的收入分配制度。

减少区域之间的不平等需要国家政策不再偏向东部沿海地区。在经济改革初期，沿海地区获得了实质性的优惠，包括免税、地方自治和优惠政策（包括土地租赁权和土地出让权）。而这些都是中部、西部内陆地区所没有的优惠政策。并且内陆省份的经济增长长期受制于落后的交通、通信等基础设施，以及落后的教育资源和农业生产设施等。想要促进这些省份的发展，就必须给予一定的优惠政策，包含交通基础设施、农业水利设施、教育、医疗和其他方面的公共投资。

此外，政府需要建立一个公平有效的税收制度。改革开放初期中国有相当一部分人通过自己的努力和探索，顺应时势，从市场机会中获益，先富了起来。但是这些收益离不开国家补贴和政策支持。尤其是这其中还存在部分人利用市场不完善、法律和政策漏洞而积累财富，滥用政治权力，通过寻租、利用金融市场内幕信息、收受巨额贿赂等方式致富。因此，政府需要建立公平的分配机制，通过税收这一工具实现财富二次分配，以缩减社会不平等程度，确保经济可持续增长。

# 第六章

# 新时代习近平关于扶贫工作重要论述学理机制及贫困治理成效

## 第一节 新时代中国贫困治理工作的理论体系

我们必须认识到，反贫困不是一个简单使用资源对贫困者施以救助的过程，其背后需要的是一套行之有效的政策体系和实施方略的支撑，只有对贫困风险因素和反贫困政策工具的功能有深刻的认识，才能根据贫困特征选择具有针对性的政策工具（徐月宾等，2007）。消除贫困、实现共同富裕，是社会主义制度的本质要求，事关党的执政基础，尤其是当前我国仍处于并将长期处于社会主义初级阶段，扶贫开发已经从以解决温饱为主要任务的阶段转入巩固温饱成果、提高发展能力、缩小发展差距的新阶段。党的十八大以来，我国扶贫开发事业迎来了时代和实践赋予的新挑战。党中央把打好精准脱贫攻坚战作为全面建成小康社会的三大攻坚战之一，将扶贫开发工作上升到了建设中国特色社会主义的政治高度。针对这一时期的扶贫开发，习近平做了一系列重要讲话、重要论述、重要指示，形成了一个思想深邃、内涵丰富、逻辑严密的理论体系，具体包括以下几个方面。

### 一 扶贫的关键内容：激发人的主体性

（1）马克思主义政治经济学与精准扶贫理念的同一指向。

关于"人的发展"这一理念进入到大众视野，可以向前追溯至马克思政治经济学的经典著作《1844 年经济学哲学手稿》。由于对异化劳动理论的思考，马克思开始关注"现实的人"。看到资本主义生产制度下大量底层劳动者遭受的剥削和不公平待遇，马克思提出"人的本质并不是单个人所固有的抽象物，它是一切关系的总和"（《马克思恩格斯选集》第 1 卷，2012）。马克思主义经济学中"以人为本"的思想强调发展的目的是改善底层工人待遇，提高被剥削无产阶级的待遇（孙浩进、赵茜，2021）。提出了以"人"为出发点的经济理论，比如，剩余价值理论就指出劳动的付出没有得到合理的回报，大量由劳动者创造的剩余价值被没有付出劳动的"资本"所剥削。

新时代中国特色社会主义扶贫理论具有坚定的"以人为本"立场。习近平总书记指出："坚持以人民为中心的发展思想。发展为了人民，这是马克思主义政治经济学的根本立场。"（《十八大以来重要文献选编》下，2018）党的十九大报告在阐述习近平新时代中国特色社会主义思想的时候特别强调："人民是历史的创造者，是决定党和国家前途命运的根本力量。必须坚持人民主体地位，……把人民对美好生活的向往作为奋斗目标，依靠人民创造历史伟业。"习近平总书记在他所著的《摆脱贫困》一书中也强调，贫困地区独特的地理位置和经济发展的具体条件，决定了它的发展变化只能是渐进的过程。根本上改变贫困、落后面貌，需要广大人民群众发扬"滴水穿石"般的韧劲和默默奉献的艰苦创业精神，进行长期不懈的努力，才能实现（习近平，1992）。

新时代中国特色社会主义扶贫理论的核心观点是强调人的主体性，提出发展远不是单纯依靠经济数量增长那般简单，因为经济增长并不会自动实现社会全面发展，只有精准到每一个个体的发展，才能实现全社会的小康生活。2013 年 11 月，习近平总书记赴湘西调研扶贫攻坚时正式提出"精准扶贫"。纵观历史，我国的扶贫经历了"普惠式"扶贫、县级瞄准扶贫、15 万个村级扶贫，再到 14 个连片特困地区成为重点扶贫对象，不难发现过去的扶贫开发都是区域瞄准，还没有精准到户、到人。以往"大水漫灌"的扶贫模式虽然能够在短期内集中政策、人力、物力、财力，切实帮助部分贫困人口脱贫，但是在实现共同富裕伟大目标的过程中，却存在难以回避的问题，即不同贫困户对同质性的扶贫政策的适应能力存在一定差异。统一的扶贫机制难以面面俱到、实现农村贫困人口全面脱贫。部分已脱贫家庭因病或因生产经营不善等问题返回贫困，导致扶贫工作成效不可持续。

2015 年 6 月，习近平总书记在贵州召开部分省区市党委主要负责同志座谈会并发表重要讲话，再次明确"扶贫开发是全党全社会的共同责任，要动员和凝聚全社会力量广泛参与。要坚持专项扶贫、行业扶贫、社会扶贫等多方力量、多种举措有机结合和互为支撑的'三位一体'大扶贫格局"。①

（2）"扶志"＋"扶智"，聚焦个体精神贫困。

扶贫先扶志，治贫先治愚。2016年7月，习近平总书记在东西部扶贫协作座谈会上指出："摆脱贫困首要并不是摆脱物质的贫困，而是摆脱意识和思路的贫困。扶贫必扶智，治贫先治愚。贫穷并不可怕，怕的是智力不足、头脑空空，怕的是知识匮乏、精神委顿。"（《习近平关于社会主义经济建设论述摘编》，2017）精准扶贫成果是否可持续取决于：一是已经脱贫人口是否不再返贫；二是贫困人口是否具有自我发展的能力。政府的转移支付虽然对缓解区域经济发展不平衡具有重大作用，但受限于作用区域的吸收能力。李铮等（2017）利用国家扶贫工作重点县数据的实证分析发现，吸收能力对政府转移支付资金使用效率的解释力高达50%，而贫困人口自我发展能力和政府能力不但影响着扶贫资金使用效率，还关系着减贫成效是否可持续。

扶贫先扶志，治穷先治愚，扶贫不是慈善救济，而是要引导和支持一切具有劳动能力的人，依靠自己的双手开创美好明天，要注重调动贫困群众的积极性、主动性、创造性，实现扶贫开发由外部"输血"式扶贫向内部"造血"式脱贫转变，注重培育贫困群众发展生产和务工经商的基本技能，注重激发贫困地区和贫困群众脱贫致富的内在活力，既要送温暖，更要送志气、送信心。脱贫致富从直观上说，是贫困地区创造物质文明的实践活动，但是，真正的社会主义不能仅仅理解为生产力的高速发展，还必须配套高度发展的精神文明，一方面要让人民过上比较富足的生活，另一方面要提高人民的思想道德水平和科学文化水平，这才是真正意义上的脱贫致富。

过去的扶贫政策在一定程度上忽视了贫困地区广大人民群众反贫困内生能力的提升和培育。基于此问题，习近平提出了"内源扶贫"重要理念，强调"扶智"与"扶志"的重要性，更指出贫困地区发展要靠内生动力。一个地方必须有产业、有劳动力，内外结合才能发展。产业发展带动区域整体经济可持续发展，进而促进贫困户参与经济建设，获得稳定收

① 《学习他——脱贫攻坚方法论》，央视网，2017年10月17日，http://news.cctv.com/2017/10/17/ARTI0ULRn4IbwaOSVxuxmQzt171017.shtml。

入，实现永久脱贫。所以，脱贫致富终究要靠贫困群众用自己的辛勤劳动来实现，习近平总书记曾强调，"坚持群众主体，激发内生动力。脱贫攻坚，群众动力是基础。必须坚持依靠人民群众，充分调动贫困群众积极性、主动性、创造性，坚持扶贫和扶志、扶智相结合"，"把提高脱贫质量放在首位"（习近平，2020a）。

王小林（2018）认为当前在基层扶贫工作中，强调培育贫困人口"造血"能力，激发内生动力，防止扶贫对象产生"援助依赖"是习近平贫困治理理念的又一特征。在近两年来的扶贫攻坚实践中，诸多学者发现贫困户"自身发展动力不足"会导致政府"输血式"转移支付产生"授人以渔"扶贫期望和"授人以鱼"扶贫效应的矛盾。尤其是在连片特困地区和国家扶贫开发工作重点县，此类问题屡见不鲜。姚树洁等（2019a）指出连片特困地区是长期非均衡发展的产物，贫困规模大、程度深，扶贫、扶智和扶志任务相互融合，是精准扶贫的难点、关键点，所以构建农业现代化生产方式，增强农业自立性和竞争性，发挥农业益贫式发展作用，迫切需要精准的扶贫机制和激发内生发展动力的可持续扶贫政策。因此，要做到"脱真贫、真脱贫"，就必须做到智随志走、志以智强，实现"志智双扶"才能激发活力，形成合力，真正拔掉思想上的"穷根儿"，形成让贫困人口自己劳动致富的长效机制，加快推动经济社会健康发展。所以习近平扶贫攻坚"扶智"及"扶志"理念，不仅具有现实意义，更具有理论和实践的前瞻性。"扶智"和"扶志"已然成为精准扶贫方略的重要组成部分，是我国贫困治理智慧凝结的理论新成果。随着农村绝对贫困成为历史，生存性贫困将不再是我国农村贫困的主要特征，除了少部分特殊群体必须依靠政府托底政策给予生活保障以外，其余群体的致富则越来越需要依靠自己参与当地经济建设，获取劳动报酬。

## 二 发展视角的脱贫标准：两不愁、三保障

设定何种脱贫标准的前提是社会定义贫困的标尺是什么。阿马蒂亚·森在其所著的《贫困与饥荒》一书中提出，贫困的概念必须包括两个不同的要素：一是识别穷人的方法；二是把穷人所构成的集合的特征进行加总，以形成贫困总体印象。以往生物学的贫困定义方法主张确定最低营养标准，但是不同地区、不同人群对营养的需求差异较大，所以很难操作。故

而诸多学者开始借助收入媒介进行贫困研究。首先，确定最低需要的收入水平，再考察人们的实际收入是否处于贫困线之下。因此，一个科学、易于操作的贫困标准设定方法与贫困治理和贫困人群的生存和福祉息息相关。习近平关于扶贫工作的重要论述，不仅借鉴了国内外已有的贫困界定方法，还考虑到了中国当前的社会经济发展状况，尤其是在确定建档立卡贫困户时，不仅要考虑到最低的货币形式贫困线，还要充分考虑到货币以外的各种社会经济因素（住房、医疗和教育），一方面避免把非贫困户界定为贫困户，降低扶贫资金利用的无效性，另一方面也不能把真正的贫困户排除在建档立卡的门户之外，杜绝"假扶贫"现象。只有做到精准识别，精准帮扶，才能提高扶贫效率。

2011 年中共中央、国务院印发的《中国农村扶贫开发纲要（2011—2020 年）》，规定"到 2020 年，稳定实现扶贫对象不愁吃、不愁穿，保障其义务教育、基本医疗和住房"，这是精准扶贫阶段贫困治理的总体目标。其中"两不愁"（不愁吃、不愁穿）是人类生存最基本的物质保障。19 世纪 80 年代以来，解决温饱问题一直是政府扶贫开发工作的基础目标。世界银行提出的维持个体生存需要的热量是每人每天 2100 大卡，1986 年国家的扶贫标准是按照 1985 年不变价确定的每人每年 206 元，虽然能够满足所需热量，但是该标准中基本生活食物需求支出高达 85%，食物质量差，肉蛋类比重非常低。2008 年我国扶贫标准提高至每人每年 1196 元（按照当年不变价），基本食物支出比重下降至 60%（国家统计局住户调查办公室，2016）。2010 年扶贫标准再次提高，贫困人口在获取必需热量的同时，还可以获得一定量的蛋白质，以满足维持健康生存的需求。

"义务教育、基本医疗和住房"构成的"三保障"是在满足贫困人口基本物质需求基础之上提出的更高层次的脱贫标准，旨在提高农村人口的发展能力和抵御风险的能力。保障"义务教育"有利于提高农村人力资本积累，这是切断"贫困代际传递"的关键；保障"基本医疗"可显著减少贫困人口因病返贫，巩固扶贫成果；保障"住房"实现了贫困人口居有定所。由此可见，我国的贫困衡量标准不再是单纯的经济指标，而是多个维度的科学衡量，精准扶贫、精准脱贫的提出与实施是对新时期中国多维贫困的回应。尤其是 2020 年以后我国农村减贫战略需要由"扶贫"转变为"防贫"，那么"两不愁""三保障"不但成为精准脱贫的标准，更是未来

"防贫"的有效机制。为了确保"两不愁""三保障"目标的实现,中央财政连续 4 年每年净增 200 亿元专项扶贫资金,2019 年达到 1261 亿元。与此同时,中央扶贫贴息贷款、拨付低保资金、省级扶贫资金,尤其是社会各界筹集的扶贫资金等都呈现连年增长趋势。

"两不愁""三保障"是中国对贫困线界定的理论创新、实践创新和制度创新,对人类贫困标准的界定及实践做出了划时代的重大贡献,也是全球现有公认的贫困标准线的重要补充。世界银行每人每天 1.9 美元的贫困标准线虽然能够被广泛接受,但是存在两个重要缺陷。第一,用同样货币形式的贫困标准线,无法体现各个国家和地区的生活价格水平和购买能力差别。同样是 1.9 美元,在一个国家(或地区)可能因为食品价格比较低廉而能够买到充足的食品和其他必需品以摆脱贫困,但在另一个国家(或地区)可能因为食品价格太高而无法让贫困人口真正摆脱贫困。第二,货币形式的贫困线不能全面体现贫困人口的具体生活状况,例如,它不能反映教育、医疗和住房三大非食品生活指标的质量水平。中国的"三保障"非常具体,也明确反映了中国农村贫困人口对基本美好生活的需要。例如,九年义务教育在任何其他中低收入国家都没有被确认为是贫困人口的基本需要;大病和健康医疗保险是确保贫困人口的最低生命和健康保障,在其他中低收入国家也没有被列为贫困人口的基本需要;基本住房需求,在中国农村不同地区都有比较具体的衡量标准,也是检验每个贫困家庭能否脱贫的指标,这是其他中低收入国家到目前为止所没有强行规定的另一个非货币形式的脱贫标准。

因此,不管是在绝对贫困标准的界定方面,还是在因地制宜确保贫困人群的体面生活标准方面,"两不愁""三保障"不仅比世界银行的贫困标准更高、更具体、更可检验,而且还有效弥补了单维货币形式绝对贫困线的两个重要缺陷,在全球贫困界定、减贫政策实施、减贫效果检验等方面,都做出了突出的理论及实践贡献。

## 三 扶贫路径的创新:生产力与生产关系的演化

马克思主义政治经济学和发展经济学强调,发展的根本规律是生产力与生产关系的互动演化规律。习近平总书记在纪念马克思诞辰 200 周年大会上指出,"学习马克思,就要学习和实践马克思关于生产力和生产关系的思想","自觉通过调整生产关系激发社会生产力的发展活力"(习近平,2018c)。生产力决定生产关系,生产关系又反作用于生产力。经济发展虽然是解决民生问题的基础,但是民生问题的解决却需要落脚到每一个社会成员的状况改善。

(1)调整贫困地区生产关系,促进生产力发展,实现精准化脱贫。

马克思认为科学的管理体系和创新的技术能够促进生产力发展。而生产资料、劳动对象、劳动者都属于生产力范畴。习近平总书记通过总结历史扶贫经验教训,于2015年6月在贵州考察时提出了非常全面到位的精准扶贫工作新要求,也就是"六个精准"的要求:扶持对象精准、项目安排精准、资金使用精准、措施到户精准、因村派人精准、脱贫成效精准。马克思主义政治经济学视域下,制度机制被视为生产关系范畴。中国一系列精准扶贫开发机制能够有效促使贫困地区农村生产资料得到改善,劳动者生产生活条件得以提高。

精准识别回答的是"帮扶对象是谁"的问题,是精准扶贫工作机制顺利实施的基础,只有准确识别出最需要帮助的人,并分析主要致贫原因,才能实现"扶真贫",所以实施精准扶贫必须找到"贫根",瞄准具体需要帮扶的对象,因户施策、因人施策,制定精准的扶贫项目对症下药,靶向治疗。对象精准、项目精准才能提高扶贫资金的使用效率。精准化的管理、实时的反馈正是措施到户精准的体现,确保相应的措施能够快速、高效地制定。为了解决好"扶持谁"的问题,确保每一个贫困家庭都能精准脱贫,2014年,国务院扶贫开发领导小组办公室起草并印发了《扶贫开发建档立卡工作方案》,要求在全国范围内建立贫困户、贫困村、贫困县和连片特困地区电子信息档案,构建全国扶贫信息网络系统。通过建档立卡,对贫困户和贫困村进行精准识别,了解贫困状况,分析致贫原因,摸清帮扶需求,明确帮扶主体,落实帮扶措施,开展考核问效,实施动态管理。建档立卡以收入为主的同时,还综合考虑住房、教育、健康等情况。农户结合家庭实际情况提出申请,村里开展民主评议,而后公示评选结果,最终实现整户识别(朱梦冰、李实,2017)。建档立卡政策作为精准扶贫工作的基础,实现了中国贫困治理历史上贫困户识别第一次到村到户到人,成为国家扶贫体系的重要组成部分。

精准帮扶和精准管理解决的是"谁来开展帮扶工作"和"如何开展帮

扶工作"的问题，精准帮扶是精准扶贫的直接目标，而精准管理是精准扶贫的制度保障。建立在前五个精准基础上的脱贫成效精准，是对精准扶贫整体工作的验收，需要以科学的考核办法评估扶贫成效的真实性、有效性、可持续性，所以，精准考核是精准扶贫的验收机制，不仅核准贫困人口是否全部按照标准如期脱贫，还考核地方政府在脱贫攻坚工作中的现代化治理能力及绩效，最终确保在现行贫困人口脱贫标准下实现全面脱贫。因此，"六个精准"促进了贫困地区农村生产力与生产关系的演化。

（2）"政治联结"优化扶贫体制机制。

精准扶贫是实现全面建成小康社会这一目标的国家战略，打赢精准扶贫战役是全国人民的共同愿望，其不但要求相关制度顶层设计科学，更重要的是制度在运作中不要出现偏差和缺陷，乃至带来与预设目标相悖的现象。为了有效推进脱贫攻坚，中国建立了分工明确、各司其职的责任体系，精准识别、精准帮扶的工作体系，因地制宜、因户施策的帮扶体系和严格的监督体系、考核评估体系。此外，党和国家机关在组织实施精准扶贫过程中建立、加强、深化与人民群众、社会各界的"政治联结"，促进党和国家与不同社会成员、群体、社区在利益铸造、情感深化和文化认同等维度的统一，改善和再造党与群众的联结关系，实现全民参与式的精准扶贫。十九大报告强调"把党的群众路线贯彻到治国理政全部活动之中"，"紧紧围绕保持党同人民群众的血肉联系，增强群众观念和群众感情，不断厚植党执政的群众基础"。

为了保障精准扶贫各项政策措施落实到位，国家自 2014 年起便从政府机关、事业单位和大型国有企业等单位选派第一书记和驻村工作队深入基层，带领贫困群众脱贫致富。精准扶贫以来中国累计选派 43.5 万名干部担任第一书记、派出 277.8 万名干部驻村帮扶。并且构筑了全社会扶贫强大合力，在政府投入的主导作用下，深入实施东西部扶贫协作、党政机关定点扶贫、社会力量参与扶贫。本研究的调研对象新疆喀什地区疏勒县安居尔村是中国人寿保险股份有限公司定点帮扶贫困村，陕西省大荔县龙门村是渭南师范学院定点帮扶贫困村，云南省绿春县和重庆市开州区关面乡是重庆大学定点帮扶的贫困县和乡。这种对口"联结"体现在贫困户精准识别过程中的入户调查和民众参与、精准帮扶过程中的驻村工作组和干群结对机制、精准考评过程中的民意摸底和干部监督等。值得强调的是，精准扶贫过程中建立的联结机制是制度化和项目化的，相较于以往粗放式的扶贫开发，其特点是更精细、客观、公平、公正，这种联结再造将在很大程度上转变农村社会的政治生态以及党与群众的关系。

（3）新时代精准扶贫实施效果评价。

科学的精准扶贫实施效果评价机制是扶贫开发工作的重要检验器，是推动中央政府、地方政府、村委会和贫困户等不同类型主体协同努力的重要机制。精准扶贫、精准脱贫方略实施以来，中央政府和地方政府共同构建立体化考核机制，将考核贯穿于精准识别、精准帮扶和精准管理过程中，并且在具体扶贫开发实践中不断完善优化考核机制，探索其高效实现的路径。中国在精准扶贫、精准脱贫工作中构建了一套设计科学合理、可操作性强的精准扶贫效果评价指标体系，并且在评价指标体系构建中加入了政党与民众联结效果和长效脱贫动力因素。

关于精准扶贫实施效果的评价研究，国内众多学者也形成了各自的主张。张晓佳等（2017）提出精准扶贫要立足公众满意度，打破传统政府自我评价的模式，贯彻国务院扶贫办在精准扶贫绩效考核工作中引入第三方评估，让贫困群体在精准脱贫成效考核中也拥有"发言权"的主张。林万龙等（2016）同样认为应重点推进实施第三方监测评估，加强全社会对社会扶贫的参与和监督，增强社会扶贫的全社会认同和信任。也有学者认为，要根据精准扶贫实际情况，构建一套精准扶贫效果评价指标体系，例如，田晋等（2017）确立了一套由26个指标构成的评价指标体系，涉及精准帮扶情况、精准脱贫情况、经济子系统、社会子系统、生态子系统和政治子系统。但是，孟志华、李晓东（2017）发现许多指标体系构建中缺乏扶贫对象的参与，扶贫对象是否脱贫、是否取得了长效的脱贫动力才是对精准扶贫政策最直观的评价。而精准扶贫领域中国共产党"动态"和"能动"的社会联结机制和关联体系对精准扶贫效果具有深远影响。王敏等（2016）基于基层政府视角和目标群体视角构建指标体系，对样本区域财政专项扶贫资金管理机制进行了第三方评估，研究结果强调在评估精准扶贫效果时要注重基层政府和目标群体的参与度。

## 四　全面建成小康社会的扶贫开发目标

消除贫困、改善民生、2020年全面建成小康社会，是社会主义的本质要求，更是共产党的重要使命。"小康社会"最早由国家第二代领导人邓小平提出，改革开放带来了经济快速发展，社会主义各项事业蒸蒸日上，人民生活水平有了极大改善，达到了总体小康水平，但不是全面的小康水平。所以，习近平指出，"全面建成小康社会，一个也不能少；共同富裕路上，一个也不能掉队"，"保证全体人民在共建共享发展中有更多获得感，不断促进人的全面发展、全体人民共同富裕"（《习近平谈治国理政》第三卷，2020）。全面建成小康社会是"四个全面"的重要组成部分，对全面深化改革、全面依法治国和全面从严治党意义重大。习近平多次在重要讲话中强调贫困问题与全面小康关系密切，例如，2012 年 12 月，习近平在河北阜平提出，"各级党委和政府要把帮助困难群众特别是革命老区、贫困地区的困难群众脱贫致富摆在更加突出位置，因地制宜、科学规划、分类指导、因势利导，各项扶持政策要进一步向革命老区、贫困地区倾斜"（《习近平谈治国理政》，2014）。2015 年，习近平在陕西强调，"全面建成小康社会，没有老区的全面小康，没有老区贫困人口脱贫致富，那是不完整的"（习近平，2017）。所以，习近平扶贫攻坚理念包含每一个贫困地区、每一个贫困家庭，这是全面小康的关键步骤。

14 个连片特困地区和"三区三州"生态脆弱、环境恶劣，经济、社会、文化发展落后，致贫原因复杂，贫困发生率大大高出全国平均水平，虽然国家对这些区域给予了相当大力度的投入与支持，但是相较于其他地区的贫困治理，仍然收效甚微，这些地区成为精准扶贫期间扶贫攻坚的主战场。2013 年，中共中央政治局常务委员会召开会议，强调"扎实推进城镇化和区域协调发展，推进实施区域发展总体战略，大力实施集中连片特困地区区域发展与扶贫攻坚规划"。① 2016 年，在宁夏银川习近平总书记再次强调，"东西部扶贫协作和对口支援，是推动区域协调发展、协同发展、共同发展的大战略，……是实现先富帮后富、最终实现共同富裕目标的大举措"，必须认清形势、聚焦精准、深化帮扶、确保实效，切实提高工作水平，全面打赢脱贫攻坚战（《习近平关于社会主义经济建设论述摘编》，2017）。可见，习近平关于新时代精准扶贫、精准脱贫的重要论述既

---

① 《中共中央政治局常务委员会召开会议　习近平主持并讲话》，人民网，2013 年 4 月 25 日，http://politics.people.com.cn/n/2013/0425/c70731-21284032.html。

主张建立以贫困户脱贫奔小康为重点的个体瞄准机制，还要求构建以连片贫困区域经济持续良性发展为重点的区域性瞄准机制。

### 五 人类命运共同体的扶贫开发倡议

作为世界上最大的发展中国家，中国在专注于自身贫困缩减的同时，还十分重视其他发展中国家的扶贫事业，为世界积累了宝贵的实践经验。尤其是习近平总书记关于新时代精准扶贫的重要论述，已然成为我国扶贫开发新的理论成果，对其他具有相似经济社会发展基础的国家来说，这不仅提供了理论方法，更提供了具体而明确的路径和实施方略借鉴，习近平在十九大报告中正式提出"坚持和平发展道路，推动构建人类命运共同体"这一国际倡议，因为消除贫困、共建没有贫困的人类命运共同体不但是世界各国需要共同面对的全球性挑战，更是当今人类的共同使命和诉求。在 2015 减贫与发展高层论坛上，习近平向世界各国呼吁，"让我们携起手来，为共建一个没有贫困、共同发展的人类命运共同体而不懈奋斗"（《十八大以来重要文献选编》中，2016）。习近平的精准扶贫、精准脱贫重要论述立足中国的实践经验，依托制度优势，倡导全世界共建人类命运共同体，提供了具有指导意义的中国特色社会主义贫困治理体系，为世界扶贫开发、人类命运共同体的建立，贡献了中国方案及中国智慧。

## 第二节 新时代中国精准扶贫的伟大成效

新中国成立以来，党中央、国务院高度重视贫困缩减和扶贫开发，相继出台并实施了一系列行之有效的中长期规划。从托底的救济式扶贫，到可持续的开发式扶贫，再到"一户一策"的精准扶贫，中国探索出了一条凝结几代人智慧与辛劳的符合中国国情的农村扶贫开发道路。尤其是 2013 年 11 月 3 日，习近平首次提出"精准扶贫"新理念，至此之后中国贫困治理实践迈向了一个崭新阶段。经过多年努力，我国农村精准扶贫取得了前所未有的成就，赢得了国际社会的高度评价。联合国粮农组织减贫项目官员安娜·坎波斯表示，中国在减贫领域取得重大成果，这是因为他们始终把扶贫工作摆在重要位置，并且有清晰的目标；美国著名未来学家约翰·奈斯比特认为，从全球背景来看，中国的贫困治理对寻求摆脱贫困的新兴经济体具有巨大借鉴价值。2020年8月中国实现了绝对贫困人口全部脱贫，提前10年实现了联合国2030年可持续发展议程的减贫目标，中国的脱贫攻坚战不仅消灭了绝对贫穷问题，更为人类社会做出巨大贡献，极大彰显了中国共产党的领导能力和社会主义的制度优势，具体体现在如下几个方面。

## 一 贫困地区农村贫困人口数量、贫困发生率不断下降

在中国特色贫困治理制度体系下，贫困人口规模不断缩小、贫困发生率不断下降，精准扶贫成效显著，中华民族千百年来的绝对贫困问题得到了历史性的解决。按照现行农村贫困标准测算，我国贫困地区农村贫困人口从2012年的6039万人，下降到2019年的551万人，贫困人口下降5488万人，贫困发生率从23.2%下降至0.6%，年均下降约3个百分点（见表6-1）。国家扶贫重点县由2012年的832个减少至2020年初的52个。

2020年11月底，全国所有贫困县彻底"摘帽"，是中国克服绝对贫困问题的里程碑式胜利，比联合国消灭绝对贫困的目标提前10年，结束了数千年来一直无法解决的"温饱"和"三无保障"的历史难题。

表6-1 2012~2020年贫困地区农村贫困人口数量、贫困发生率

| 年份 | 贫困人口<br>（万人） | 比上年下降<br>（万人） | 贫困发生率<br>（%） | 比上年下降<br>（个百分点） |
|---|---|---|---|---|
| 2012 | 6039 | — | 23.2 | — |
| 2013 | 5070 | 969 | 19.3 | 3.9 |
| 2014 | 4317 | 753 | 16.6 | 2.7 |
| 2015 | 3490 | 827 | 13.3 | 3.3 |
| 2016 | 2654 | 836 | 10.1 | 3.2 |
| 2017 | 1900 | 754 | 7.2 | 2.9 |
| 2018 | 1115 | 785 | 4.2 | 3.0 |
| 2019 | 551 | 564 | 0.6 | 3.6 |
| 2020 | 0 | 551 | 0 | 0.6 |

资料来源：国家统计局《中国农村贫困监测报告》。

　　我国14个连片特困地区覆盖21个省（自治区、直辖市），是中国脱贫攻坚的主战场。2017年行政区划面积389万平方公里，约占全国行政区划总面积的40.5%，户籍人口24503万人，占全国总人口的17.6%，2019年末连片特困地区农村贫困人口共311万人，贫困发生率1.5%，高于同年贫困地区农村贫困发生率0.9个百分点。2019年在14个连片特困地区中仅有滇黔桂石漠化区、乌蒙山区、武陵山区和六盘山区的农村贫困人口数量在40万以上（见图6-1）。党的十八大以来，14个连片特困地区农村贫困人口累计减少4757万人，占全国农村贫困人口减少规模的50.9%。2012~2019年14个连片特困地区农村贫困发生率累计下降22.9个百分点。2019年14个连片特困地区农村居民人均可支配收入11443元，其中人均工资性收入3990元、人均转移净收入3076元、人均经营净收入4226元。虽然连片特困地区农村居民人均可支配收入与全国农村居民人均可支配收入还存在一定差距，但是其增速高出全国农村居民人均可支配收入2.2个百分点。①

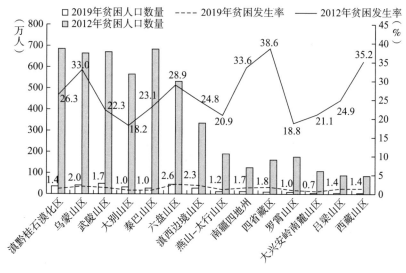

**图6-1　2012年、2019年14个连片特困地区贫困人口数量和贫困发生率**

　　2012年中国592个扶贫重点县覆盖8757个乡镇，户籍人口24794万

---

　　①　国家统计局2012~2019年《中国农村贫困监测报告》。

人，占全国总人口的 17.8%。党的十八大以来，扶贫重点县农村贫困人口从 2012 年的 4190 万人，减少至 2019 年的 307 万人；贫困发生率由 2012 年的 24.4% 下降至 2018 年的 1.5%。2019 年扶贫重点县农村居民人均可支配收入是 11524 元，2012~2019 年，扶贫重点县农村居民人均可支配收入的年均实际增速高达 10.2%，高于全国农村居民人均可支配收入。

## 二 贫困地区农村居民可支配收入实现持续快速增长

大力实施精准扶贫、乡村振兴等一系列旨在提高农村居民社会福利水平的政策，极大地促进了贫困地区农村居民人均可支配收入的快速增长。2019 年贫困地区农村居民人均可支配收入达到 11567 元，是当年全国农村居民人均可支配收入（2019 年为 16020 元）的 72.2%，是 2012 年的 2.22 倍。2013~2019 年，贫困地区农村居民人均可支配收入年均名义增长 12%，超过全国农村居民人均可支配收入年均名义增速 2.3 个百分点（见图 6-2）。2019 年连片特困地区农村居民人均可支配收入达到 11443 元，实际水平是 2012 年的 2.01 倍。2018 年扶贫重点县农村居民人均可支配收入 10260 元，实际水平是 2012 年的 1.77 倍。

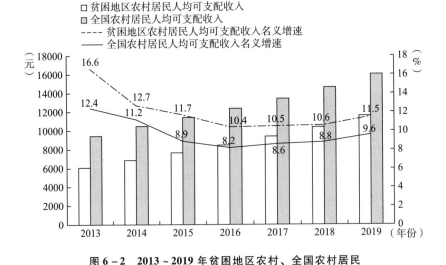

图 6-2 2013~2019 年贫困地区农村、全国农村居民
人均可支配收入和名义增速

进一步，将可支配收入分解为工资性收入、经营净收入、财产净收入

和转移净收入。通过比较 2016～2019 年贫困地区农村与全国农村居民人均可支配收入的收入结构可以发现：其一，工资性收入和经营净收入是居民人均可支配收入的重要组成部分。贫困地区农村居民的工资性收入不断增加，这说明贫困地区"就业扶贫一批"的成效显著。其二，经营净收入在人均可支配收入中的占比在贫困地区农村和全国农村都呈下降趋势，以贫困地区农村为例，2016 年经营净收入占人均可支配收入的 40.7%，2019年下降至 35.9%。经营净收入的主要来源依然是农业，所以产业扶贫、三次产业融合发展仍然需要进一步推进。其三，贫困地区农村居民转移净收入在人均可支配收入中的占比要高于全国农村居民的占比，并且比重逐年增加，2019 年贫困地区农村、全国农村居民转移净收入占比分别是 27.5%和 20.7%，所以，政府救济补助和政策性生活补贴仍然是缓解农村贫困家庭收入较低的主要手段（见表 6 - 2）。

**表 6 - 2　2016～2019 年贫困地区农村与全国农村居民人均可支配收入及收入结构**

单位：元，%

| 年份 | 贫困地区农村 | | | | | 全国农村 | | | | |
|---|---|---|---|---|---|---|---|---|---|---|
| | 总额 | 工资性收入占比 | 经营净收入占比 | 财产净收入占比 | 转移净收入占比 | 总额 | 工资性收入占比 | 经营净收入占比 | 财产净收入占比 | 转移净收入占比 |
| 2016 | 8451 | 34.1 | 40.7 | 1.2 | 24.0 | 12363 | 40.7 | 38.3 | 2.2 | 18.8 |
| 2017 | 9377 | 34.2 | 39.7 | 1.2 | 24.9 | 13432 | 41.0 | 37.4 | 2.2 | 19.4 |
| 2018 | 10371 | 35.0 | 37.4 | 1.3 | 26.3 | 14616 | 41.2 | 36.6 | 2.3 | 19.9 |
| 2019 | 11567 | 35.3 | 35.9 | 1.3 | 27.5 | 16020 | 41.6 | 35.3 | 2.4 | 20.7 |

资料来源：国家统计局 2017～2020 年《中国农村贫困监测报告》。

## 三　贫困地区农村居民消费支出及消费结构不断改善

2014 年全国农村居民、贫困地区农村居民和 14 个连片特困地区农村居民人均消费支出分别是 8383 元、6007 元和 5898 元。贫困地区农村居民人均消费支出仅相当于全国农村平均水平的 71.7%，14 个连片特困地区农村居民人均消费支出也仅相当于全国农村平均水平的 70.4%。2014 年全国农村居民人均消费支出当中有 33.6%用以支付食品烟酒，而食品烟酒在贫困地区农村和 14 个连片特困地区农村的人均消费支出中分别占 36.6%、37.4%。随着精准扶贫、精准脱贫的推进深化，2018 年全国农村居民人均消费支出已增长至 12124 元，贫困地区农村和 14 个连片特困地区农村居民人均消费支出也分别增长至 8956 元和 8854 元。通过表 6-3 可以看出农村居民人均消费支出不但金额有所增加，结构也在不断优化。尤其是在贫困地区农村和 14 个连片特困地区农村居民的人均消费支出中，食品烟酒和衣着的占比逐步下降，教育文化娱乐的占比均增至 2018 年的 11.4%，医疗保健占比分别增至 2018 年的 10.3% 和 9.9%。

表 6-3　2018 年中国农村居民人均消费支出及结构

单位：元，%

| 指标 | 全国农村 | | 贫困地区农村 | | 14 个连片特困地区农村 | |
| --- | --- | --- | --- | --- | --- | --- |
| | 水平 | 占比 | 水平 | 占比 | 水平 | 占比 |
| 人均消费支出 | 12124 | 100.0 | 8956 | 100.0 | 8854 | 100.0 |
| 1. 食品烟酒 | 3646 | 30.1 | 2808 | 31.4 | 2790 | 31.5 |
| 2. 衣着 | 648 | 5.3 | 488 | 5.4 | 476 | 5.4 |
| 3. 居住 | 2661 | 21.9 | 1995 | 22.3 | 1985 | 22.4 |
| 4. 生活用品及服务 | 720 | 5.9 | 537 | 6.0 | 530 | 6.0 |
| 5. 交通通信 | 1690 | 13.9 | 1045 | 11.7 | 1033 | 11.7 |
| 6. 教育文化娱乐 | 1302 | 10.7 | 1017 | 11.4 | 1013 | 11.4 |
| 7. 医疗保健 | 1240 | 10.2 | 919 | 10.3 | 879 | 9.9 |
| 8. 其他用品及服务 | 218 | 1.8 | 147 | 1.6 | 146 | 1.7 |

资料来源：国家统计局《中国农村贫困监测报告（2019）》。

## 四　教育、医疗保障体系进一步优化

教育脱贫攻坚不仅关系"两不愁""三保障"脱贫标准的实现，更是彻底阻断贫困代际传递的关键。2018 年国家聚焦深度贫困制定并颁布了《深度贫困地区教育脱贫攻坚实施方案（2018—2020 年）》《关于进一步加强财政投入管理深入推进"三区三州"教育脱贫攻坚的指导意见》等一系列政策文件。2018 年中央划拨 360.5 亿元支持地方全面改善贫困地区薄弱的基本办学条件，划拨 357 亿元专项资金用于落实完善普通高中、中职、高校家庭经济困难学生的国家资助政策。改善学校办学条件、加强教师队伍建设、实施农村义务教育学生营养改善计划、补助家庭经济困难学生等，极大促进了农村教育水平的提高。2018年，贫困地区农村家庭所属自然村上幼儿园、上小学便利的农户比重分别为87.1%和89.8%，较2017年分别提高2.4个和1.8个百分点（国家统计局住户调查办公室，2019）。

医疗卫生水平的提高是农村贫困家庭"两不愁""三保障"中医疗有保障的关键。2014年至2018年我国贫困地区所在自然村有卫生站的农户比重由86.8%升高至93.2%，更多贫困人口能够就近接受医疗救治。垃圾是否能够集中处理是自然村环境卫生整洁的一项重要指标，2018年贫困地区所在自然村垃圾能集中处理的农户比重增长至78.9%，是2014年的两倍有余（见表6-4）。

表6-4　2014～2018年贫困地区农村医疗卫生条件

单位：%

| 指标 | 2014年 | 2015年 | 2016年 | 2017年 | 2018年 |
| --- | --- | --- | --- | --- | --- |
| 拥有合法行医证医生/卫生员的行政村比重 | 90.0 | 91.2 | 90.4 | 92.0 | 92.1 |
| 所在自然村有卫生站的农户比重 | 86.8 | 90.3 | 91.4 | 92.2 | 93.2 |
| 所在自然村垃圾能集中处理的农户比重 | 35.2 | 43.2 | 50.9 | 61.4 | 78.9 |

资料来源：国家统计局。

## 五　中国精准扶贫举措推进了世界减贫进程

新中国成立以来，通过深化改革、对外开放和以政府为主导的有组织有计划的大规模扶贫开发，我国贫困人口数量大幅下降，成为全球最早实现联合国千年发展目标中减贫目标的发展中国家，加速了世界减贫进程，为全球减贫事业做出了卓越贡献。按照国际贫困线标准（每人每天1.9美元），1990年世界贫困发生率是35.3%，撒哈拉以南非洲地区是54.4%，而我国却高达66.6%，2005年我国的贫困发生率首次低于世界平均水平，并呈逐年锐减趋势（见表6-5）。我国从1981年末到2015年末贫困发生率累计下降了87.6%，同期世界贫困发生率累计下降32.2%。

表 6 - 5　世界、撒哈拉以南非洲和中国贫困发生率

单位：%

| 区域 | 1990 年 | 1993 年 | 1996 年 | 1999 年 | 2002 年 | 2005 年 | 2008 年 | 2011 年 | 2014 年 | 2016 年 |
|---|---|---|---|---|---|---|---|---|---|---|
| 世界 | 35.3 | 34.0 | 29.3 | 28.6 | 25.8 | 20.8 | 18.0 | 13.7 | 10.9 | 9.5 |
| 撒哈拉以南非洲 | 54.4 | 59.0 | 58.1 | 57.6 | 56.1 | 50.3 | 46.9 | 44.2 | 43.0 | 36.0 |
| 中国 | 66.6 | 57.0 | 42.1 | 40.5 | 32.0 | 18.8 | 14.7 | 7.9 | 1.6 | 1.3 |

资料来源：世界银行、环球网。

联合国开发计划署 2015 年发布的《联合国千年发展目标报告》中明确指出："中国在全球减贫中发挥了核心作用。"在 2017 减贫与发展高层论坛上，联合国秘书长盛赞中国贫困治理成绩，称"精准减贫方略是帮助最贫困人口、实现 2030 年可持续发展议程宏伟目标的唯一途径……中国的经验可以为其他发展中国家提供有益借鉴"。① 世界银行在 2018 年发布的《中国系统性国别诊断》报告称"中国数十年的经济快速发展使中国取得了史无前例的减贫成就"（World Bank Group，2018）。我国精准扶贫的新理论、新方法、新实践为全球贫困治理提供了中国范例，彰显了中国共产党领导和我国社会主义制度的政治优势，赢得了国际社会的高度评价。

## 第三节　新冠肺炎疫情冲击下中国精准脱贫的路径研究

习近平关于精准扶贫、精准脱贫的重要论述，是新时代中国特色社会主义思想的重要组成部分，也是建设中国特色社会主义的一项伟大举措。党的十八大以来，党中央坚持把解决好"三农"问题作为全党工作的重中之重，坚持农业农村优先发展。进一步加大惠民扶贫政策力度，扶贫效果和民生改善成效显著。中国政府曾向世界许下了"精准扶贫、精准脱贫"

---

① 《扶贫开发持续强力推进　脱贫攻坚取得历史性重大成就——新中国成立 70 周年经济社会发展成就系列报告之十五》，国家统计局网站，2019 年 8 月 12 日，http://www.stats.gov.cn/tjsj/zxfb/201908/t20190812_1690526.html。

"到 2020 年现行标准下的农村人口全部脱贫""贫困县全部摘帽""区域性整体贫困得到解决"的庄严承诺，这是历史上开天辟地、绝无仅有的伟大壮举，标志着中华民族千百年来的绝对贫困问题有望得到历史性解决。2020年随着中国全面建成小康社会，广大人民实现了由"食不果腹"到"解决温饱"，再到"奔向小康"的华丽转变。

2020 年是中国消除绝对贫困，全面建成小康社会的关键时期，突如其来的新冠肺炎疫情对中国经济和人民生命安全造成了不可估量的损失。为了遏制疫情蔓延，降低疫情跨区域传播风险，中国采取了极为严格的防控隔离管控措施，全国各地纷纷启动重大突发公共卫生事件一级响应。然而，在决胜全面建成小康社会的收官之年，剩余脱贫攻坚任务艰巨，巩固已有脱贫成果难度较大，更有部分贫困群众发展的内生动力不足，而新冠肺炎疫情又带来了新的挑战，农产品滞销、外出务工受限、农村贫困家庭子女学业被耽搁等，都将不同程度地威胁已有扶贫成果。对此，习近平在2020 年 3 月 6 日的决战决胜脱贫攻坚座谈会上给出了明确的答案，"到2020 年现行标准下的农村贫困人口全部脱贫，是党中央向全国人民作出的郑重承诺，必须如期实现"（习近平，2020b）。越在国家困难的时候，越要确保贫困人口脱贫、保障他们的基本生活，这是中国特色社会主义的基本特征。

随着疫情防控的有效推进，精准扶贫也顺利收官，2020 年之后中国的贫困问题呈现由绝对贫困向相对贫困、物质资源贫困向精神贫困、生存性贫困向发展性贫困、已脱贫向再返贫转型的特点。中国进入了以相对贫困、精神贫困及返贫困为主要内涵的精准扶贫"后 2020 时代"。相比前一阶段，中国的贫困问题将因贫困成因的多源性、贫困问题的复杂性、新贫困诉求的多样性等而面临诸多新情况、新趋势、新问题，主要包括：（1）由于资源配置不均衡、收入分配差异、自然资源禀赋结构差异等因素导致的区域、城乡发展不平衡等，不同阶层人群相对贫困更为突出，并且存在显性贫困与隐性贫困交织、物质贫困向多维贫困转移的特点；（2）贫困程度深的"硬骨头"和缺乏内在脱贫、发展动力的精神贫困人群，存在较大返贫风险，脱贫的脆弱性会极大考验和挑战精准扶贫质量；（3）受贫困地区农村优质教育资源稀缺、贫困家庭子女受教育意愿低下等因素影响，部分农村极端贫困人口摆脱贫困后缺乏自力更生、持续发展的能力，从而削弱贫困代际传递阻断的成效。

新冠肺炎疫情不仅给中国夺取脱贫攻坚全面胜利带来了一定困难，也对精准扶贫"后2020时代"的贫困治理提出了新的挑战。基于新冠肺炎疫情作为外部冲击对中国经济发展所造成的影响，本书结合调研访谈，剖析了新冠肺炎疫情对精准扶贫"最后一公里"的影响。基于以上分析，本书提出了构建可持续贫困治理体系的对策及建议。

为了研究和解决以上所述问题，本书主要依照如下顺序铺开研究和讨论。首先，分析新冠肺炎疫情作为外部冲击对全球和中国经济发展产生的影响。其次，结合访谈调研剖析新冠肺炎疫情对精准扶贫"最后一公里"的影响，并提出对策建议。再次，系统梳理中国实施精准扶贫伟大战略以来的贫困治理成效，并提出精准扶贫"后2020时代"我国贫困治理的难点和关键点。最后，提出相应的对策及建议。

## 一 新冠肺炎疫情对全球经济发展的影响

外部冲击往往是造成一个国家及地区宏观经济波动的重要影响因素，例如气候条件影响商业周期、自然灾害导致产出骤降、石油价格、外部需求冲击及金融危机等（王健等，2003；Sosa and Cashin，2013）。随着世界经济分工体系的不断完善，经济全球化正深刻地影响着世界发展的进程，而公共卫生安全已然如同金融、信息安全一样，不但是人类生存与发展的"保护伞"、经济发展的"安全阀"，更是国家安全的重要组成部分（李建明，2004）。2020年初暴发的"新型冠状病毒肺炎"（简称"新冠肺炎"）疫情的流行规模是空前的，感染数量和死亡数量是近代史上绝无仅有的，对世界经济的冲击也是世界经济大萧条以后近百年来最严重而深远的。

据Worldometers世界实时统计数据，截至北京时间2020年5月11日上午，中国新冠肺炎累计确诊8.44万例，累计死亡4644人。全球累计确诊419.48万例，累计死亡超过28.40万人。其中，美国累计确诊137.76万例，累计死亡约8.08万人（见表6-6）。不仅如此，中国以外的确诊病例和死亡人数还在持续快速增长。4月下旬至5月上旬，全球每天平均新增病例超过9万例，每天平均死亡人数超过7000人。

表6-6　全球及主要国家新冠肺炎累计病例及死亡人数

单位：万例，人

| 地区 | 3月10日 | | 3月31日 | | 5月11日 | |
|---|---|---|---|---|---|---|
| | 确诊 | 死亡 | 确诊 | 死亡 | 确诊 | 死亡 |
| 全球 | 11.64 | 4110 | 80.68 | 39315 | 419.48 | 284026 |
| 美国 | 0.05 | 19 | 18.63 | 3810 | 137.76 | 80787 |
| 意大利 | 0.92 | 463 | 10.58 | 12428 | 21.91 | 30560 |
| 西班牙 | 0.10 | 28 | 9.44 | 8189 | 26.47 | 26621 |
| 德国 | 0.11 | 2 | 6.19 | 583 | 17.19 | 7569 |
| 法国 | 0.14 | 30 | 5.21 | 3523 | 17.70 | 26380 |
| 英国 | 0.03 | 3 | 2.52 | 1789 | 21.92 | 31855 |
| 伊朗 | 0.72 | 237 | 4.46 | 2898 | 10.76 | 6640 |
| 中国 | 8.10 | 3162 | 8.26 | 3321 | 8.44 | 4644 |

当下，新冠肺炎疫情已经在中国所有的主要贸易国家和地区蔓延，诸如中国在亚洲最大的贸易伙伴日本和韩国，共建"一带一路"重要节点国家伊朗，重要外贸投资伙伴欧盟各主要成员国、英国、美国、巴西、印度和俄罗斯等。疫情的全球扩散在短时间内对世界经济造成了剧烈的冲击，国家间日趋严厉的边境封锁措施，导致全球产业链从供给和需求两端遭受了"硬脱钩"现象（李晓、陈煜，2020），国际分工体系骤然停滞。姚树洁认为当前全球新冠肺炎疫情防控还面临许多不确定因素，全球化发展面临严峻挑战，"逆全球化"的现象不可避免。[①] 2020年6月，国际货币基金组织（IMF）发布《世界经济发展报告》称，受新冠肺炎疫情冲击，2020年全球经济预计将萎缩4.9%，其中发达经济体经济将萎缩8%，新兴市场和发展中经济体将萎缩3%，对中国的预测从增长1.2%下调至1%，2020年将面临20世纪30年代大萧条以来最严重的经济衰退。

世界银行集团行长戴维·马尔帕斯表示："疫情大流行和全球经济衰

① 姚树洁：《见证历史，疫情防控下的危机与机遇》，2020年4月18日，https://www. mbachina.com/html/cqu/202004/225098.html? from = timeline&isappinstalled = 0。

退可能导致世界人口的 1.4% 以上陷入极端贫困。"① 世界银行的估计数据显示：新冠肺炎大流行将使 2020 年新增极度贫困人口达 8800 万～1.15 亿人，加上经济收缩严重，到 2021 年新增极度贫困人口可能达到 1.5 亿人。按照国际极端贫困标准（每人每天 1.9 美元），2020 年全球将有 9.1% ～ 9.4% 的人口遭受贫困的迫害，世界贫困发生率也将倒退至 2017 年的 9.2%（见图 6 – 3）。

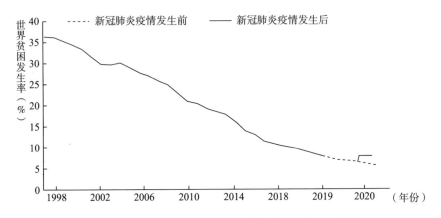

图 6 – 3　1998～2020 年世界极端贫困人口首次出现回升

资料来源：世界银行公开数据。

## 二　新冠肺炎疫情对中国经济发展的影响

2020 年 1 月，IMF 预计 2020 年全球经济增长 3.3%。2020 年第一季度全球主要经济体 GDP 严重萎缩，其中，美国萎缩 4.8%、中国萎缩 6.8%、欧盟萎缩 3.8%（法国和意大利萎缩 4.8%）。估计在第二季度，中国 GDP 能够回到正增长轨道，但是，上述其他国家和地区的 GDP 萎缩程度将明显扩大至两位数水平，有的国家经济将萎缩 20% 以上。美国 2020 年 3 月中旬至 5 月初，新增申请失业救济人数超过 3000 万人，创造历史新增失业人数的最高水平。美国 4 月的失业率创造近百年来的最高水平，达到 14.7%，非农就业人数减少 2050 万人，创造 1939 年以来的最差纪录。英

---

① 世界银行：《新冠疫情到 2021 年可使世界极贫人口增加 1.5 亿》，2020 年 10 月 7 日，https://www.shihang.org/zh/news/press-release/2020/10/07/covid-19-to-add-as-many-as-150-million-extreme-poor-by-2021。

国有 20% 的劳动者领取政府的最低工资保障。

新型肺炎疫情发生以来，中国积极、科学应对。2020 年 1 月 7 日，习近平在主持召开中央政治局常委会会议时，对新冠肺炎疫情防控工作提出了要求。1 月 20 日，习近平强调疫情的防控要将人民群众生命安全和身体健康放在第一位，全国各地相继启动重大突发公共卫生事件一级响应。1 月 28 日，中共中央发布了《关于加强党的领导、为打赢疫情防控阻击战提供坚强政治保证的通知》，要求各级党委统一思想、行动，发挥党组织的政治优势、组织优势，科学防治、精准施策。2020 年 4 月 8 日，中国的疫情中心武汉市，经过了 76 天封锁以后，封城禁令解除，并在 4 月 28 日实现了全城病例"清零"。但是，疫情造成的经济损失，却需要很长时间来弥补。尤其是疫情在海外的持续蔓延以及海外疫情倒流的威胁，必将给中国的对外贸易、跨境投资和国内的复工复产带来一定的风险和经济增长的下行压力。中国 2020 年"五一"假期的前四天，全国国内旅游总收入 432 亿元，与 2019 年同期四天的总收入 1177 亿元相比，萎缩了 63%，而 2019 年与 2018 年同比增长 16%。这侧面反映了中国经济要完全恢复到正常的增长状态还面临严峻的挑战。

从微观层面看，由于实施必要的公共卫生措施，如隔离、关闭学校和企业等，新冠肺炎疫情会在短中期内对我国电影娱乐、交通运输、餐饮、旅游和劳动密集型的制造业等行业造成巨大冲击。Duan 等（2020）指出受新冠肺炎疫情影响，我国交通运输、旅游、零售和娱乐业等领域的服务消费基本处于停滞或半停滞状态，损失可能高达 18%。中国拥有超过 1800 万家中小企业，它们占企业工作岗位的近 80%，占私营企业出口的 50%。从宏观层面看，新冠肺炎疫情作为外部冲击因素，对全球产业链格局调整、"一带一路"共融共建、各国公共卫生事业发展等都会产生巨大影响，进一步引发世界经济的收缩。崔艳新（2020）通过相关调查发现，新冠肺炎疫情导致多数国际服务贸易企业的国际业务陷入停滞状态，承受了巨大的经营压力，部分企业面临流动性枯竭和破产风险。

国家统计局数据显示，2020 年第一季度，中国 GDP 为 206504 亿元，按不变价格计算，比 2019 年同期下降 6.8%，其中，第二产业增加值下降 9.6%。从环比看，经季节性因素调整后，第一季度 GDP 环比下降 9.8%。1～2 月全国规模以上工业企业利润总额 4107.0 亿元，同比下降 38.3%。

其中外商及港澳台商投资企业实现利润总额 796.3 亿元，下降 53.6%，降幅最大。41 个工业大类行业中，有 37 个行业利润总额同比减少。计算机、通信和其他电子设备制造业，汽车制造业，电器机械和器材制造业降幅分别为 87.0%、79.6% 和 68.2%。新冠肺炎疫情的防控对国内、国外两个市场、两种资源的冲击和影响具有不确定性，一方面，1～3 月国内供应链、物流运输系统不畅，诸多产业链受到前所未有的冲击，直接波及国内需求端；另一方面，新冠肺炎疫情已在全球范围内蔓延，导致中国经济面对国内负面影响的同时，外部市场需求也走弱。但是，中国能否以此为契机，将国内企业向全球产业链中高端推进也未可知。

目前，在党中央的坚强领导下，全国人民众志成城，疫情防控形势持续向好，疫情影响总体可控。中国政府所实施的疫情应对方案已成为世界其他国家的重要借鉴。疫情虽然对经济发展造成了不利影响，但是中国各类产业转型升级、持续推进的内在动力没有改变，中国仍然具有持续发展的韧劲。盛来运指出，一年当中，下半年经济总量占全年 55%，上半年占 45%，其中第一季度仅占 20% 左右，只要第二、三、四季度经济加快恢复，后期弥补损失的机会较大。[①] 为了恢复经济社会发展秩序，国家出台了各类减税、减费政策，推动企业复工复产。国家统计局数据显示，3 月中国采购经理指数在 2 月大幅下降基数上环比回升，综合 PMI 产出指数为 53.0%，比 2 月回升 24.1 个百分点，其中制造业 PMI 为 52.0%，比 2 月回升 16.3 个百分点。蔺涛认为疫情影响具有短期性、外在性，为应对疫情带来的不利影响，零售及餐饮企业依托大数据、云计算、物联网、人工智能等，积极利用新技术、新动能开拓线上服务，"无接触配送""自助式服务"等保障了人们的基本生活需求。[②] 第一季度，社会消费品零售总额同比下降 19%，然而，实物商品网上零售额同比增长 5.9%，占社会消费品零售总额的 23.6%，实现逆势增长。中国疫情防控取得了积极成效，经济社会运行秩序稳步恢复。

---

[①] 《盛来运：疫情冲击不改中国经济长期向好大势》，国家统计局网站，2020 年 3 月 23 日，http://www.stats.gov.cn/tjsj/zxfb/202003/t20200323_1733960.html。

[②] 蔺涛：《疫情对零售市场短期冲击大 消费长期向好趋势没有改变》，国家统计局网站，2020 年 3 月 16 日，http://www.stats.gov.cn/tjsj/sjjd/202003/t20200316_1732420.html。

## 三　新冠肺炎疫情对精准扶贫"最后一公里"的影响及对策

新冠肺炎疫情对 2020 年中国决胜全面建成小康社会产生了一定的影响。一是大量农产品滞销，严重损害农民的短期收益，增大了低收入和贫困人口生活的脆弱性，增加了脱贫难度及返贫风险。新冠肺炎疫情下，为切断病毒传播途径、降低疫情跨区域蔓延风险，各地实施了严格的交通管控，大量农产品由于物流运输限制、终端消费市场大幅减少，出现了严重的滞销现象。国家统计局数据显示，1～2 月社会消费品零售总额 52130 亿元，同比下降 20.5%，其中乡村消费品零售额 7249 亿元，同比下降 19%。二是贫困地区农村剩余劳动力外出务工受阻。新冠肺炎疫情背景下，全国各省份纷纷按下"暂停键"，城市劳动力需求骤降，这使得原本计划外出务工的贫困地区农村剩余劳动力不得不居家隔离。南疆四地州属于"三区三州"深度贫困地区，其中喀什地区的疏勒县更是国家扶贫开发工作重点县，通过借助手机与村干部视频访谈了解到，2020 年疏勒县都兰铁米村计划实施规模 200 人的劳务输出，但疫情的发生导致当年此项扶贫工作延期，这直接影响"就业扶贫一批"的成果。三是物流影响种子、化肥、农业机械设备的运输。为了防止疫情扩散蔓延，全国各省、市的交通运输被阻断。2～3 月恰逢春播关键期，据了解喀什地区疏勒县的都兰铁米村 2020 年计划种植小麦 1870 亩、玉米 1000 亩、棉花 1600 亩，正播和复播蔬菜 910 亩，防控疫情导致全国物流受阻，以往 3～4 天的运输时间，疫情时期需要近 15 天，这对春播影响较大。四是农村贫困家庭子女无法接受线上教育。新冠肺炎疫情的关键时期全国各级学校均停课，城市家庭可以按照学校部署通过开展网络授课的方式应对，但是农村地区家庭，尤其是贫困家庭受限于网络、电脑的缺乏，孩子无法实现在线上课。而面临中考、高考的初三、高三的贫困家庭学生，受疫情影响更为严重。

新冠肺炎疫情虽然对脱贫攻坚产生了一定影响，但是中国共产党的领导和中国社会主义制度具有极强的政治和制度优势，无论疫情影响如何，都能够快速、有效地整合、调配各类资源积极应对。在统筹推进打赢疫情防控阻击战和脱贫攻坚战两条战线中，并没有顾此失彼。在各项政策措施下，各类企业复工复产加快，生产生活秩序有条不紊地恢复。国家统计局数据显示，2020 年全国农业生产基本平稳，春耕备耕工作在全国部署，种子、化肥、农药等农资供应得到保障。以此为基础，本书所给出的对策建议如下。

首先，抢抓新经济、新业态发展带来的机遇。电商助力产销对接成为农村农产品销售新模式。新冠肺炎疫情背景下，生产和生活业态智能化、线上化发展呈现加速态势，各类移动营销模式大放异彩。截至2020年4月17日，各大电商平台企业累计销售滞销鲜活农产品79.6万吨，成功撮合线上交易1820万次。以互联网为基础，加强大数据智能化应用，整合生产、加工和流通产业链条，减少流通环节，大力发展线上业态、线上服务、线上管理，拓宽贫困村特色农产品销售渠道。

其次，创新扶贫资金使用方式，对乡镇企业给予金融信贷支持。对有劳动能力的要积极开展转移就业，政府牵头引导，并从扶贫资金中划拨一部分用于转移就业贫困户的社会保险补贴、职业培训补贴、职业技能鉴定补贴等，发挥扶贫资金的造血功能。发挥金融信贷对乡镇企业的支持作用，积极引导复工复产。对于受疫情影响严重，出现还贷困难的乡镇企业，政府应协调向贷款银行申请延期还款，对有小额信贷需求的贫困户也应做到应贷尽贷。

再次，加强劳务输出地与输入地精准对接。政府牵头做好防疫工作的同时，拓宽就业渠道，联系用人单位遵循由近及远的原则，并且提供交通运输保障，积极增设公益性岗位，稳岗拓岗。例如，在积极落实国家新一轮草原生态保护补助奖励政策过程中，以公益林管护为重点，通过购买服务的方式，从建档立卡贫困人口中转化生态护林员，实现生态补偿岗位吸纳一批。支持承担扶贫任务的龙头企业、车间尽快复工，提升助贫能力。

最后，加强返贫监测，实施贫困人口动态管理。疫情防控阻击战下，农村返贫情况也不容忽视，贫困村要开展分区分级精准防控策略。疫情严重的地区，在重点搞好疫情防控的同时，要创新工作方式，统筹推进疫情防控和脱贫攻坚。没有疫情或疫情较轻的地区，则要组织实施返贫家庭的摸排工作，掌握返贫原因，精准再帮扶，集中力量，巩固扶贫成果。要确保"两不愁""三保障"，力争"一户一就业"，稳定脱贫家庭收入来源。继续实施社会保障兜底扶持，确保无劳动能力群体基本生活不受影响。

在新冠肺炎疫情背景下，国家通过增加转移收入，有效保障了城乡低保人员、特困人员、残疾人等群体的基本生活，减轻了疫情对贫困人群的不利影响。2020 年第一季度，全国居民人均转移净收入达 1548 元，拉动全国居民人均可支配收入增长 1.2 个百分点，① 贫困地区农村居民人均转移净收入达 945 元，占人均可支配收入的 30%，增长 9.2%。不同于突发事件，在贫困治理过程中，政府的转移支付对贫困户劳动力供给的影响在很大程度上取决于贫困个体失业的原因。政府的各类援助救济可以直接并迅速地提高贫困户的收入水平，这导致缺乏内生发展动力的贫困户容易滋生出好逸恶劳的生活态度，因为不劳动既可以获得政府援助又可以免受劳作之苦。从经济学理性人假设出发，个人寻找工作、积极发展农业生产带来的效用较小，即使有更大效用的可能，也存在不确定性和高风险性。换言之，贫困户就业或发展生产（脱贫，失去政府扶贫的援助补贴）的动机小于继续维持贫困户身份的动机（Ellwood，2000）。

## 第四节　本章小结

习近平总书记关于精准扶贫、精准脱贫的重要论述在党的十八大以后逐渐成熟和发展起来，在全国范围内已经被广泛应用到了各个领域和角落，也有许许多多的实证研究和扶贫效果的总结和分析。本章内容首先从以人为本、精准扶贫、全面小康和人类命运共同体四个方面剖析了新时代中国贫困治理工作的理论体系。其次探讨了习近平总书记关于精准扶贫、精准脱贫的重要论述相对于我国传统扶贫开发思路的创新之处，及其在全球扶贫发展中的国际意义，论述了精准扶贫、精准脱贫工作中"两不愁""三保障"新脱贫标准的科学性和长效性，明确了建档立卡在精准扶贫基础环节的重要作用，着重阐明了精准扶贫过程中"扶志"与"扶智"的重要性。最后通过统计数据分析阐述了精准扶贫、精准脱贫重大战略实施以来，中国贫困治理所取得的巨大成效。上述系列分析也说明，习近平关于精准扶贫、精准脱贫的重要论述不但是中国扶贫事业攻坚克难、日新月异的理论指导及行动指南，更是中国政治优势和制度优势的体现。

通过对新时代习近平关于扶贫开发工作重要论述学理机制及贫困治理

---

① 《方晓丹：疫情影响下居民基本生活得到有效保障》，国家统计局网站，2020 年 4 月 19 日，http://www.stats.gov.cn/tjsj/zxfb/202004/t20200419_1739682.html。

成效的分析，发现精准扶贫战略实施过程中还存在以下需要进一步优化完善的机制设计。

首先，针对建档立卡和精准扶贫责任及考核机制的研究还缺乏系统性。在贫困退出机制方面，村、乡、县各级的扶贫干部如何做到真正的客观科学，如何充分利用民主协商制度，发挥广大村民集体智慧和自觉性去识别贫困人群，去精准鉴定退出的时间点，以及在贫困户退出以后如何进行动态跟踪，以截断返贫的一切可能路径，这些都是非常复杂的精准扶贫攻坚内容，也是全面推进精准脱贫的巨大挑战。

其次，如何在新时代把"推动高质量发展，创造高品质生活"与精准脱贫有效结合起来。认真领会贯彻习近平关于精准扶贫的重要论述，利用习近平精准扶贫的理论及实证措施，把精准脱贫，实现低收入人群就业和收入持续增长，融入新时代高质量经济发展，让贫困和低收入人群都能够分享高质量经济发展所带来的高品质生活。如何有效运用精准扶贫、精准脱贫重要理论，拔除连片特困地区"贫困陷阱"的根子问题；如何把"授人以鱼"式扶贫与精准到村到户"靶向拔除贫根"的"授人以渔"扶贫方式有效结合起来，以提高整体扶贫效率；如何根本改善落后贫困地区的生产及生活条件，平衡当地就业与外出就业的关系；如何通过"一对一"帮扶，解决一个算一个，解决一片算一片的问题；如何解决生产帮扶与公共社会服务帮扶的耦合问题；如何解决短期帮扶及长期自我发展能力培养的矛盾问题；如何激发劳动热情以及防范产业就业风险问题；等等。这些都有待于通过系统和案例研究去找到答案。

再次，如何加强党政扶贫干部的专业素质培养，以及政治觉悟提高的问题。既要允许一定程度的"试错与创新"，使扶贫干部勇于担当，又要确保不发生腐败现象，影响党和国家在民众中打赢精准脱贫攻坚战的决心和信心。这里需要建立一个完整、科学、动态的精准扶贫效果评价及检测机制，不仅要有全国通行的一般性，又要兼顾每个地方、每个产业、每个农民贫困家庭的特殊性。尽快把省、县、乡、村的管理结构和效果评估及检测机制建立起来，把分层级的检查机构及评估方法方式建立起来，动态掌握扶贫工作进展及扶贫效果的发展情况，彻底避免形式主义及虚无主义，真正达到习近平"真扶贫、扶真贫"的精准扶贫质量要求。

最后，新冠肺炎疫情是中国经济应对重大外部冲击的考验，习近平在统筹推进新冠肺炎疫情防控和经济社会发展工作部署会议上指出，综合起来看，我国经济长期向好的基本面没有改变，疫情的冲击是短期的、总体上是可控的。新冠肺炎疫情不可避免会对经济社会造成较大冲击。越是在这个时候，越要用全面、辩证、长远的眼光看待我国发展，越要增强信心，坚定信心。① 由此可见，中国经济具有抵御外部冲击的能力和持续发展的韧劲。

本章首先分析了新时代中国贫困治理工作的理论体系；其次系统梳理了中国实施精准扶贫伟大战略所取得的贫困治理成效；最后深入分析了新冠肺炎疫情冲击下精准扶贫"后2020时代"的路径选择。分析结果表明：（1）虽然新冠肺炎疫情通过减少有效劳动力规模、破坏市场正常交易机制，导致精准扶贫"最后一公里"更为艰难。然而，从辩证的角度看，疫情也可激发电商等新兴产业在农村的发展，减少流通环节，拓宽销售渠道，促使农民在农产品价值链中获得更多收益。（2）非均衡发展造成的农村、城镇之间，东、中、西部之间的相对贫困问题，将成为精准扶贫"后2020时代"贫困治理的主要内容。（3）摆脱物质贫困的"精神贫困"人群，通过比较政府转移支付、工作收入、休闲三者之间不同组合所带来的效用水平差异，可能会产生机会主义行为，因而"扶志"将是精准扶贫"后2020时代"贫困治理的关键难题。（4）教育资源分配的不均衡、贫困家庭子女求学的意愿低等仍然会导致相对贫困存在"代内"向"代际"动态演变的风险。基于上述结论，提出以下几点对策建议。

一是构建先进制造业产业体系。疫情虽然给社会经济发展造成了巨大影响，但是也为中国制造业嵌入中高端全球价值链提供了"窗口期"。在中国疫情防控工作持续向好、生产生活秩序逐渐恢复的情况下，发挥新兴电商平台和网络技术在产业链、供应链和价值链间的作用，协同农村各要素之间的流转，重塑农产品价值链利益分配格局，使农民，尤其是贫困地区农民获得更大收益。国内企业，尤其是担负帮扶脱贫、乡村振兴责任的农村企业，应当顺时应势，把握好这次国际分工格局调整的历史机遇，转危为机，倒逼转型升级，谋求绿色、高效、新型发展。

① 《习近平出席统筹推进新冠肺炎疫情防控和经济社会发展工作部署会议并发表重要讲话》，中国政府网，2020 年 2 月 23 日，http://www.gov.cn/xinwen/2020 – 02/23/content_5482453.htm。

　　二是进一步推进区域协同发展，继续做好东西部扶贫协作工作。疫情对社会经济的影响是长期的，在精准扶贫"后 2020 时代"，政府、企业、个人对经济制度和体制机制的思考，应该走向纵深，加速推进涉及农村居民利益的户籍、土地制度改革，完善资源在城乡间的配置机制；进一步增加农村贫困地区基础设施建设、医疗和教育等能够提振经济增长的投资项目；借助大数据、人工智能、工业互联网等新型产业，促进区域协同发展，缩小东、中、西部地区经济发展的不均衡。

　　三是持续做好"扶志"工作，巩固来之不易的脱贫成果。在精准扶贫"后 2020 时代"，要推动减贫战略和工作体系转型，从多个方面推动全面脱贫与乡村振兴"无缝衔接"。一方面具有一定资源禀赋优势的贫困村，不但要促进农地合理流转，实现适度规模经营，提高技术进步对农业发展的贡献，更要积极推动农村经济战略调整，促进二、三产业发展以吸纳剩余劳动力；另一方面政府要开展具有针对性的劳动技能培训，促进脱贫人口村内就业，激发已脱贫人口的内生发展动力，实现贫困户从"输血"到"造血"，从"等、靠、要"到自力更生的转变。

　　四是在教育各环节进行有针对性的干预引导。持续开展营养改善项目，减少幼儿期营养不良导致的农村家庭子女后期生长发育迟缓、学习落后。不断改善农村外部环境，同时关注农村中小学教师的心理需求，建立具有一定倾斜力度的薪酬激励机制，制定科学的职业发展规划，从而稳定农村中小学教师队伍，缓解农村中小学"空心化"问题。针对初中以上贫困家庭子女，除了助学资金资助，还应当实施自立自强、乐观进取的心态帮扶，让其认识到读书学习是改变家庭和自身命运最有效、最容易的途径。针对高校毕业的贫困家庭子女，要引导树立正确的就业观，鼓励贫困家庭毕业生去西部地区、基层地区和一些充满活力的中小企业，培养"先就业、再择业"的态度。基于以上"扶智"干预，帮助贫困家庭彻底摆脱贫困之苦。

# | 第七章 |

## 非政府组织的社会扶贫对精准扶贫
## 作用的理论与实证分析

——以渭南师范学院定点帮扶贫困村龙门村为例

## 第一节　非政府组织的社会扶贫

减贫是一个世界难题，国内外学者基于不同视角开展了大量研究。其中关于贫困的内涵和界定是所有研究的关键。劳埃德·雷诺兹曾说："所谓贫困问题，是说在美国有许多家庭，没有足够的收入可以使之有起码的生活水平。"叶普万（2006）认为："贫困一般是指物质生活困难，即一个人或一个家庭的生活水平达不到一种社会可以接受的最低标准。"但是，随着人们思想观念的变化，贫困的含义不再仅仅局限于单一的收入与消费。20 世纪 70 年代以来，有关贫困的研究从物质匮乏转向对社会经济环境的综合因素研究。世界银行发布的《1990 年世界发展报告》将贫困界定为"缺少达到最低生活水准的能力"。阿马蒂亚·森（2001）认为，贫困可视为基本可行能力被剥削，而不仅仅是收入低下。胡鞍钢、李春波（2001）将贫困划分为收入贫困、人类贫困和知识贫困，认为贫困人口不仅仅收入低下，缺乏人类发展能力，而且缺乏知识资产和获得知识与信息的能力。随着研究的深入，贫困的内涵不断被拓宽，联合国计划署提出"人文贫困"的概念，贫困被定义为缺乏人类发展所需的最基本的机会和选择，包括健康长寿的生活被剥夺、知识的匮乏、体面生活的丧失以及缺少参与等。可见，贫困由单一收入贫困向能力贫困、权利贫困、人文贫困扩展，更注重精神层面的贫困。

以发展主义为中心的贫困治理往往采取的是自上而下的视角，发展项目的设置、推行往往与贫困地区、贫困人口的需求背道而驰，更为严重的是一些社会工程的实施带来了意想不到的风险，所以詹姆斯·C.斯科特（2011）提醒我们要警惕同质化的、对象化的治理方式。深度贫困治理更需要精准的靶向瞄准机制，需要不同层面更多主体共同参与。但是相关研究主要集中在非政府组织和企业层面（李军，2016）。一些学者认为非政府组织扶贫的非营利性、自我决策性和志愿性使得扶贫项目的可操作性更强、资金使用率更高、扶贫理念更先进。一些学者则提出营利性企业参与社会贫困治理可以树立良好的企业形象，产生极大的社会影响，这会给企业带来不可估量的经济效益。

1949年新中国成立以后，中国的扶贫开发工作取得了举世瞩目的成就。尤其是改革开放以来，随着农村经济体制的改革，农村劳动力得到解放，劳动生产率大幅提高；加上进一步开放带来的外商投资、出口贸易的急剧攀升，促进了全社会整体经济增长（姚树洁、韦开蕾，2007），产生了普惠式的减贫效应。但是，"先富带后富"的非均衡发展战略导致各类资源在区域间配置极不平等，经济发展也呈现在中、东、西部地区间发散的态势（Yao and Zhang，2001），贫困也由原来的整体性转变为区域性，贫困治理进入脱贫攻坚阶段。党的十八大提出要全面实施精准扶贫，党的十九大进一步明确要举全党全国全社会力量坚决打赢脱贫攻坚战，到2020年实现消灭绝对贫困目标，全面建成小康社会。习近平曾郑重承诺，"小康路上一个都不能掉队"（习近平，2018a），其核心就是要瞄准特殊贫困人口精准帮扶，进一步向深度贫困地区聚焦发力，巩固扶贫成果，提高脱贫品质。精准扶贫的本质特征就是在巨大的人口群体中，找到最需要扶持的人，没有具体分析，深入群众，深入每家每户，很难获得精准扶贫效果。

然而，中国人口众多，低收入人群集中度非常高，介于贫困和非贫困之间的人口特别巨大，而这些人群的经济社会特性又千差万别，每个村落、每个家庭，甚至每个家庭成员，其贫困的原因是不一样的。差异性的人口经济社会结构使单一扶贫措施无能为力，使扶贫投资失去效力。解决贫困问题，需要因地制宜、因户制宜、因人制宜、因产业和收入路径制宜。

　　新时代，贫困的多元问题使治理更加困难。在过去的几十年间，一般性的贫困问题已经随着不断加大的政策性投入得到了极大程度的缓解，但新时代贫困人口分布特征发生变化，贫困治理愈加困难。当前中国的减贫多采用市场化的发展路径，新时代的扶贫事业调动了多样化主体参与。《中国农村扶贫开发纲要（2011—2020 年）》基本原则部分提出，要广泛动员社会各界参与扶贫开发，完善机制、拓展领域、注重实效、提高水平。《国民经济和社会发展第十三个五年规划纲要》进一步强调，要健全广泛参与机制，健全党政机关、人民团体、企事业单位定点扶贫机制，实现社会资源和精准扶贫有效对接，并强化脱贫工作责任考核。中国已然完成扶贫工作由"政府包办"向"非政府组织和政府组织合作"的转变（李军，2016）。但是，社会扶贫的成效如何、贡献如何，是否存在走马观花、流于形式的问题，值得我们进一步研究分析。

　　当前，社会扶贫已然成为推动国家精准扶贫不断深化、细化的中坚力量。本章借鉴以往研究，以渭南师范学院定点帮扶的贫困村大荔县龙门村的 48 户建档立卡贫困户为研究对象，深入研究国有大专院校在精准扶贫事业中的经验、贡献，以及帮扶机制的利与弊。首先，通过构建二元选择 Logit 模型，分析微观个体特征对脱贫成效的影响，实证结果显示，"外出务工情况"、"患病人数"和"人均非农业收入"3 项指标通过显著性检验。其次，阐述了渭南师范学院精准扶贫具体举措。最后，依据实证和案例分析结果，结合社会扶贫力量对精准扶贫事业的贡献进一步提出精准识别、精准施策的对策建议。

## 第二节　实证分析

　　大荔县地处陕西关中平原东部，自然条件较为优越，土壤肥沃，有效灌溉面积占总耕地面积的 80% 以上。安仁镇是大荔县下辖的 15 个镇之一，龙门村是当时安仁镇最后一个还没有彻底脱贫的村，拥有 500 多户家庭近 2800 人。为了彻底摘掉龙门村的贫困帽子，实现全体脱贫，不再返贫，陕西省、渭南市、大荔县三级政府与渭南师范学院合作，充分发挥渭南师范学院智力、物力和管理优势，倾力开展龙门村贫困治理。

　　通过对龙门村党支部第一书记（其同时也是渭南师范学院教师）进行

访谈，详细了解了龙门村贫困状况与贫困治理基本情况，发现脱贫工作已进入攻坚克难阶段。尚未脱贫的家庭都存在根本性的致贫因素：疾病、缺乏劳动力、缺乏基本技能、婚姻障碍等。一个小小的乡村，透露出扶贫、扶志及扶智的重要性和紧迫感。为了进一步剖析贫困户个体微观致贫因素相互交织对脱贫成效的影响，下文将以 48 户村民 172 个家庭成员为小样本，进行实证分析。

## 一　模型的选择

从研究问题来看，渭南师范学院对龙门村进行贫困治理的成效只有两种结果：一是贫困户脱贫；二是贫困户未脱贫。而离散型的二元选择模型（Binary Choice Model）便是用以研究在两个选择方案中选择其一的问题的模型，被解释变量 $y$ 的取值非 0 即 1，在给定 $x$ 的情况下，考虑 $y$ 的两点分布概率：

$$P(y = 1 \mid x) = F(x,\beta); P(y = 0 \mid x) = 1 - F(x,\beta) \tag{7.1}$$

式（7.1）中 $F(x,\beta)$ 为"连接函数"（Link Function），将解释变量 $x$ 与被解释变量 $y$ 连接起来，如果 $F(x,\beta)$ 为标准正态的累积分布函数，则被称为"Probit 模型"，公式表达如下：

$$P(y = 1 \mid x) = F(x,\beta) = \Phi(x'\beta) = \int_{-\infty}^{x} \Phi(t) dt \tag{7.2}$$

若 $F(x,\beta)$ 为"逻辑分布"（Logistic Distribution）的累积分布函数，则被称为"Logit 模型"，公式表达如下：

$$P(y = 1 \mid x) = F(x,\beta) = \Lambda(x'\beta) = \frac{exp(x'\beta)}{1 + exp(x'\beta)} \tag{7.3}$$

由于逻辑分布的累积函数有解析表达式，而标准正态分布没有，所以 Logit 模型使用更广泛、方便。通常使用最大似然法进行估计，根据式（7.3）可以进一步推导出第 $i$ 个观测数据的概率密度为：

$$f(y_i \mid x_i,\beta) = [\Lambda(x_i'\beta)]^{y_i} [1 - \Lambda(x_i'\beta)]^{1-y_i} \tag{7.4}$$

对式（7.4）取对数可得：

$$\ln f(y_i \mid x_i,\beta) = y_i \ln[\Lambda(x_i'\beta)] + (1 - y_i)\ln[1 - \Lambda(x_i'\beta)] \tag{7.5}$$

假设样本中的个体相互独立，由式（7.5）得整个样本的对数最大似然函数表示为：

$$\ln L(\beta \mid y, x) = \sum_{i=1}^{n} y_i \ln[\Lambda(x_i'\beta)] + \sum_{i=1}^{n} (1 - y_i)\ln[1 - \Lambda(x_i'\beta)] \qquad (7.6)$$

## 二 变量的选取及数据来源

为了精准地判别不同致贫因素对贫困户脱贫的影响，本研究利用48户贫困户的建档立卡数据，选取7个指标，分析龙门村贫困户个体特征对渭南师范学院扶贫工作成效的影响（见表7-1）。

表 7-1 变量选取及说明

| 变量类别 | 变量名称 | 变量定义 | 预期相关性 |
|---|---|---|---|
| 被解释变量 | 扶贫成效（$Y$） | 虚变量：已脱贫 = 1，未脱贫 = 0 | —— |
| 解释变量 | 户主年龄（$X_1$） | 实变量：户主年龄（岁） | 不确定 |
| | 65岁以上人口数（$X_2$） | 实变量：家庭成员中年龄超过65岁的人数（人） | 负相关 |
| | 18岁以下人口数（$X_3$） | 实变量：家庭成员中年龄低于18岁的人数（人） | 负相关 |
| | 外出务工情况（$X_4$） | 虚变量：是否存在外出务工家庭成员，是 = 1，否 = 0 | 正相关 |
| | 患病人数（$X_5$） | 实变量：家庭成员中有两人患病或一人完全丧失劳动力 = 2，一人患病 = 1，无患病 = 0 | 负相关 |
| | 人均耕地面积（$X_6$） | 实变量：家庭人均耕地面积取自然对数 | 正相关 |
| | 人均非农业收入（$X_7$） | 实变量：家庭人均非农业收入取自然对数 | 正相关 |

## 三 回归结果

由于样本较小，采用软件 Stata 15.0 对48个贫困户样本进行实证分析。因为二元选择模型的分布必然为两点分布（属于线性指数分布族），所以只要条件期望函数 $E(y \mid x) = F(x, \beta)$ 正确，则最大似然法的估计就是一致的，稳健标准误（Robust std. err）就等于最大似然法的普通标准误（std. err）。为了确保模型设置的合理性，本研究分别使用普通标准误和稳健标准误进行 Logit 估计，对比可以看出普通标准误与稳健标准误非常接近，故大致不必担心模型设定的问题，具体回归结果如表 7 - 2 所示。

表 7 - 2　回归分析结果

| 解释变量 | 普通标准误 | 稳健标准误 | 参数 | Z 统计值 |
|---|---|---|---|---|
| 户主年龄（$X_1$） | 0.0419 | 0.0449 | 0.0199 | 0.47 |
| 65 岁以上人口数（$X_2$） | 0.5194 | 0.4754 | - 0.0226 | - 0.04 |
| 18 岁以下人口数（$X_3$） | 1.0645 | 1.0044 | - 0.0966 | - 0.09 |
| 外出务工情况（$X_4$） | 0.8942 | 0.9148 | 1.6801 | 1.88* |
| 患病人数（$X_5$） | 0.6274 | 0.6724 | - 1.1446 | - 1.82* |
| 人均耕地面积（$X_6$） | 1.4716 | 1.5184 | - 0.7103 | 0.48 |
| 人均非农业收入（$X_7$） | 0.6938 | 0.6748 | 1.2905 | 1.86* |

注：*、**、***表示统计检验分别达到10%、5%、1%的显著性水平。

## 四　显著影响因素理论分析

由表 7 - 2 可以看出，家庭"外出务工情况"、"患病人数"和"人均非农业收入"通过显著性检验。"外出务工情况"对是否脱贫具有正向影响，即如果家庭成员中有人外出务工，则脱贫概率更大。"人均非农业收入"对是否脱贫的正向影响也进一步佐证了拓宽收入来源渠道对精准扶贫作用巨大。贫困村的经济生产结构单一，家庭主要甚至唯一的收入来源便是农业生产，但是由于农业劳动生产率提高缓慢，工业劳动生产率提高较快，工农产品长期存在"剪刀差"，农民从事农业生产获得的劳动报酬明显低于工业部门（王忠海，1993；胡昌暖，1979）。家庭成员外出务工不仅可以增加收入来源，还有利于其更大程度地参与经济发展，进而获得经济增长带来的劳动贡献报酬。更为关键的是，贫困户外出务工能够帮助其突破传统思想观念的禁锢，通过学习和参与，提高劳动力价值，实现脱贫可持续。

"患病人数"也通过了显著性检验，并呈负相关，即家庭患病人数越多越难脱贫。通过调研了解到，13 户未脱贫的贫困户中户主残疾的达 7 户，虽然我国的大病医疗保险、新农村医疗合作保险对绝大多数农户来说，能够筑起一道防止致贫的堤坝，但是，对人均收入接近或者低于贫困线的家庭来说，哪怕是比例不高的自费部分医疗开支，一场大病也足以击垮一个家庭。政府如何甄别这种家庭，实施精准帮扶，是一个主观和客观判断同时存在的难题，而全面免费医疗对一个13亿多人口的国家来说，不仅很难做到，就算有能力做到，也不一定是最有效率的体制和政策安排。

## 五　不显著影响因素理论分析

研究实证分析所选取的7项指标中，"户主年龄"、"65岁以上人口数"、"18岁以下人口数"和"人均耕地面积"4项指标没有通过显著性检验。"户主年龄"和"65岁以上人口数"没有通过显著性检验，一方面是因为样本较小，无法产生明显累积分布效应，另一方面，60岁与30岁的贫困户，前者优势在农业生产经验，后者优势在年壮，但因为贫困村教育资源匮乏，贫困代际传递明显，所以"户主年龄"对是否脱贫的影响在龙门村样本回归中不显著。

"18岁以下人口数"没有通过显著性检验，笔者认为该指标不具备一定解释意义，因为虽然家中有学龄儿童，但是还需要根据是否为在校学生、就学地点、学生类别（小学、初中、高中等）等因素进行细分，再展开进一步分析。结合中国当前教育资源配置分析，上学的重要性在于读书是阻断贫困代际传递的最有效途径，但是现在农村教育却面对巨大挑战，这种挑战是在新的人口结构和社会变迁基础上出现的。例如，安仁镇在改革开放初期一共有22所小学，现在只剩下8所，数量萎缩了近2/3。不仅如此，龙门村小学是这8所小学之一，不仅招收本村的学生，也招收邻村的学生。可是，这所小学的在校生只有80多人，而20多年前，这所小学的在校生是300多人，而且只是招收本村学生。出现这一现象的原因有三：一是计划生育，目前陕西多数农村家庭也是2个或3个孩子，相较于40多年前，户均孩子数量大幅度下降。二是城市化进程不断加快。1978年，只有不到20%的人口生活在城市，如今，城市化率已经接近60%。农村孩子转向城市读书的人数逐年增多，直接导致农村小学空心化。三是教育资源分布不均。随着人均收入的提高，学龄儿童就学呈现"村里去乡里""乡里去镇里""镇里去县里"的趋势，生源就这样被一级一级地往上吸走了，这种现象从一个侧面反映出中国城乡教育，大、中、小城市教育的巨大差异，教育资源分布的扭曲程度与社会公平竞争和公平发展成反比，对于生活在由地理空间格局所形成的教育梯队底层的低收入人群来说，其与优质人群的差距会不断扩大。

"人均耕地面积"没有通过显著性检验，一方面说明土地虽然是农业生产基本生产资料，但是小而分散的经营规模导致农业生产效率低下。1978 年开展的家庭联产承包责任制虽然是发展农村生产力的客观要求，但也促进了全国贫困水平的迅速下降（牛梦琦、张晓波，2014），然而随着经济的不断发展，规模化的家庭农场应该逐渐成为农村经济发展较为成熟地区的农业生产经营组织形式（胡书东，1996；陈吉元、韩俊，1994；牛梦琦、张晓波，2014）。另一方面，由于农产品低附加值的属性和工农产品"剪刀差"的存在，农业生产资料价格连连攀升，贫困户从农业生产中获取的劳动报酬越来越低。所以"人均耕地面积"对龙门村贫困户脱贫影响不显著。

## 第三节　渭南师范学院创新扶贫机制案例分析

渭南师范学院在陕西省委的统一安排部署下，将龙门村的扶贫攻坚工作与学院党建工作相互结合，本着"抓党建、促扶贫"的工作理念，找准农村基层党建与脱贫攻坚的切入点和结合点，充分发挥村党总支的战斗堡垒和先锋引领作用，通过村党员干部示范，引领贫困户脱贫致富。

党建＋扶贫，强基固本筑堡垒。渭南师范学院驻村工作队以"两学一做"学习教育常态化为引导，多措并举，扎实推进基层组织建设，投入资金 10 万元，建成"一厅六室"标准化村级活动场所；制作党建墙体宣传标语 8 幅，建立党员干部示范棚 6 个，成立龙门村党员科技帮扶小分队，与贫困户开展结对帮扶，为精准扶贫工作筑牢基础。

教育扶贫，扶智治愚手拉手。渭南师范学院作为省属高等院校，手拉手开展帮教活动。先后邀请学院教育学教授、语言学专家举办讲座；邀请省级教学能手开展示范教学；邀请全国著名冬枣专家吕平会教授进行冬枣种植管理技术培训，并与镇政府联合举办了全镇电子商务骨干培训班。在安仁镇设立"冬枣技术研发中心"，为冬枣产业发展提供科技服务。积极争取"国培""省培"项目，每学期选派 6 名优秀师范生进行支教；投资建设多媒体教室，购置电子琴、手风琴等音乐教学设备，配置学生桌椅和体育器材，赠送少儿科普图书，让农村学生享受到与城市学生同等的教学资源。

因户施策，"八个一批"心连心。脱贫攻坚精准施策开展以来，渭南师范学院驻村工作队以户为基础、以项目为支撑、以产业发展和就业增收为重点，为贫困户逐一制定了切实可行的帮扶计划和措施。依据"八个一批"脱贫政策，确定产业脱贫一批53户189人、教育脱贫一批22户26人、医疗脱贫一批22户81人、社会兜底一批20户61人、易地搬迁一批3户8人、危房改造一批3户9人、创业就业一批7户23人、生态补偿一批1户5人。同时提供资金7万元，为全村所有贫困户提供1000元至2000元的农药、化肥等农业生产物资和生活物资。开展就业创业扶贫，为龙门村贫困户连续四年提供4个公益性就业岗位，支付岗位人员2次8000元/年。探索出了一条贫困户不出村就能实现就业增收的精准脱贫新路子。

项目扶贫，真抓实干肩并肩。工作队按照"两不愁""三保障"的要求，大力实施项目扶贫，例如全村主干道路的交通标线施划、交通警示牌安装，修建主干道路排水道，新打机井，路面硬化，协助村两委完成了"龙门望岳"石牌坊的设计制作，完成了"德龙潭""雅凤池"两个景观涝池和廊亭建设，对村级主干道进行了绿化美化，把龙门村建成了小公园。

## 第四节 本章小结

本章以渭南师范学院定点帮扶的贫困村陕西省大荔县龙门村为研究对象，运用48户建档立卡贫困户数据，建立二元选择Logit模型，通过选取的7项指标，分析了贫困户个体及家庭特征对扶贫成效的影响。回归结果显示，"外出务工情况"、"患病人数"和"人均非农业收入"通过显著性检验。所以，收入来源单一、医疗负担过重依然是贫困户脱贫进程中的巨大阻碍。此后进一步分析了渭南师范学院在龙门村脱贫攻坚事业中的具体举措。将定点扶贫村的脱贫攻坚事业与学院党建工作统一部署，不仅显示了学院作为社会扶贫力量所具有的社会责任意识，更显示了学院党委对脱贫攻坚的高度重视。"党建＋扶贫"、教育扶贫、"八个一批"、项目扶贫等政策的实施既加强了学院基层党组织建设，也反映了社会扶贫机制的精准特性，促进了龙门村脱贫攻坚事业的不断向前推进。

在精准扶贫过程中所遇到的各种社会问题，也是中国经济社会长期可持续发展，实现中华民族伟大复兴所要面对的根本问题。因此，认真学习领会中共中央政治局经济工作的精神，对中国未来一年、三年，甚至更长时间的发展，有着非常重要的现实意义。结合实证分析，未来渭南师范学院在龙门村精准扶贫工作中更应该关注以下几点：一是产业扶贫。对于缺乏劳动技能、缺乏投资能力、缺乏就业机会的家庭，主要通过产业扶持、贴息贷款、贴息保险等手段展开帮扶。充分发挥学院在安仁镇设立的"冬枣技术研发中心"的作用，加大对村民种植冬枣技术的指导，以效益好的经济作物替代传统的粮食作物，真正做到不出村就可实现脱贫增收。二是合理、适度转移剩余劳动力，并以学院为平台，提供外出务工指导和相关技能培训，进一步打破贫困户传统守旧的思想观念。三是土地流转与地权稳定一手抓。既要推动农地"三权分置"改革，更要确保地权稳定性（许庆、章元，2005），避免农民对土地投资积极性的降低，同时合理流转，实现农业生产的规模效应。四是加强教育、医疗设施建设。对于失去劳动力的家庭、五保户家庭，直接输血式的扶贫手段在所难免，但必须把控好最低比例，否则扶贫就会成为政府的长期负担。为防止返贫和贫困代际传递，多层次、多目标的医疗、教育扶贫措施必然是今后扶贫工作的重点。

# 第八章

## 贫富差距、就业偏好对居民主观幸福感的影响

回顾社会发展的历程，不难发现经济增长是经济政策实施的主要目标，而人民收入水平和主观幸福感的提升则是经济增长的最终归宿。已有研究表明，收入分配差距不仅影响社会总福利水平，更会损害居民主观幸福感。就业偏好是微观层面影响居民主观幸福感的重要因素。劳动就业既创造了财富和价值，又能给人带来获得感、幸福感和成就感。习近平总书记的"奋斗幸福观"继承和发扬了马克思主义劳动价值论。他认为"幸福都是奋斗出来的"（习近平，2018b），劳动是财富的源泉，也是幸福的源泉，人世间的美好梦想，只有通过诚实劳动才能实现（习近平，1992；《马克思恩格斯选集》第 1 卷，2012）。不仅如此，由于中国共产党坚持以人为本的执政理念，居民幸福感的提升已然成为衡量社会总福利水平的重要指标。因此，厘清贫富差距、就业偏好与居民主观幸福感的内在关系及作用机理，不仅是 21 世纪的独特命题，更是中国特色社会主义发展新生活样态的迫切要求。

满足人民日益增长的美好生活需要，缓解社会经济不平衡不充分的发展，实现社会总效用水平的帕累托改进，要求我们必须重视贫富差距、就业偏好对居民主观幸福感的影响。虽然现有文献围绕相关主题做了大量研究，但尚未有研究剖析个体贫富差距主观评价影响幸福感的作用机制和作用效果，而这是本研究的重点内容。另外，本研究还在现有就业偏好影响主观幸福感的文献基础之上，聚焦精准扶贫难点——扶志，深入分析农村低收入人群劳动就业与其主观幸福感之间的内在联系，以弥补现有文献的不足。基于以上考虑，本研究采用北京大学"中国家庭追踪调查"2018 年数据，实证分析了贫富差距与居民主观幸福感、对未来信心程度的影响关

系。相比以往研究，本研究的主要贡献在于：（1）阐明贫富差距如何通过"相对剥夺效应"和"负向预期效应"两种作用机制影响居民主观幸福感和对未来信心程度。（2）构造就业偏好指数，分析就业偏好程度差异性对居民主观幸福感的影响。（3）通过异质性分析，探究贫富差距对城乡和不同收入阶层居民幸福感、对未来信心程度的差异性影响。（4）基于边际效用理论，从理论和实证层面分析农村最低收入人群就业偏好与主观幸福感之间的关系。

## 第一节　贫富差距影响主观幸福感的作用机制

从相关文献研究中可以得出，收入差距与主观幸福感之间的关系难以在理论上直接推断。不同学者基于不同视角提出了具有差异化的观点，但是主要围绕以下两种框架：一种是"改变预期说"，收入差距的存在能够改变人们的收入预期，进而影响个体的主观幸福感（Vickery，1945；Harsanyi，1955）；另一种是"相对剥夺说"，即社会贫富差距能够产生"相对剥夺感"进而损害低收入人群的主观幸福感（Merton，1968）。我们将幸福感视为个人效用水平的主观评价，受到物质条件和身心健康两个层面的影响。社会贫富差距对居民主观幸福感的作用机制主要来自两方面：一方面，社会贫富差距最直接的表现就是社会客观物质资源分配的差异，这导致人们在与参照群体进行比较时，发现自己处于劣势从而产生相对剥夺感，损害其主观幸福感，这种机制侧重于强调客观差距的存在（Merton，1968；Bardhan et al.，2000；Hirschman，1973；Oshio and Kobayashi，2011；田国强、杨立岩，2006）；另一方面，相对贫困个体收入的增长率始终低于其他社会成员，这会对其未来预期产生消极影响，此时贫困群体会对社会贫富差距有一个主观评价，我们称这一作用机制是"负向预期效应"。

通过公式进一步说明：假设基于一个区域内成员计算出的 $T$ 时期的客观贫富差距表示为 $Gini$，区域当中的两个微观个体分别是富裕者 $m$ 和贫困者 $n$，那么 $Gini$ 系数越大，则 $m$ 的收入水平远高于 $n$，即 $X_m \gg X_n$，这就是相对剥夺作用机制产生的效应。若考虑时间因素，相较于 $T$ 而言 $T'$ 代表过去，假设 $X'_m$ 是富裕者在过去 $T'$ 时刻的收入，$X'_n$ 是贫困者在过去 $T'$ 时刻的收入，如果：

$$\frac{X_m - X'_m}{X'_m} \gg \frac{X_n - X'_n}{X'_n} \tag{8.1}$$

换言之，在与过去进行比较时，富裕者收入的增长率远高于贫困者，这会使贫困者对社会贫富差距产生主观评价，贫困者发现随着时间的流逝，富裕者更加富裕，而自己与富裕者之间的差距不断扩大，甚至在未来也不可能缩小这种差距，这种心理不但会影响个体的主观幸福感，更会影响其对未来生活的预期和信心，这也就是前文当中提到的"负向预期效应"。但是有一个不争的事实是，"负向预期效应"其实是客观贫富差距所产生的"相对剥夺效应"不断积累的结果。将二者区别分析的原因是：一方面"负向预期效应"来源于微观个体的主观评价，因此对主观幸福感的影响更直接；另一方面区域内的 Gini 系数与居民对贫富差距的主观评价 Sgini 的平均值存在一定的差异。

根据以上分析，本研究提出如下三个理论假设。

假设 1：社会贫富差距的扩大是导致居民主观幸福感下降的重要因素。

假设 2：社会客观贫富差距的扩大将会通过"相对剥夺效应"对居民主观幸福感产生消极影响。

假设 3：微观个体对社会贫富差距的主观评价会通过"负向预期效应"影响居民主观幸福感。

# 第二节　数据来源、变量描述与模型选择

## 一　数据来源

本研究数据来源于北京大学中国社会科学调查中心实施的"中国家庭追踪调查"2018 年数据。对于数据处理有两点需要重点说明：一是由于已有数据的录入、维护具有一定滞后性，样本中 2018 年受教育程度的数据缺失较大。考虑到本研究使用的仅是 CFPS 的成人样本数据，受教育程度在两年内的变动幅度不大，所以我们根据 2016 年样本数据利用 ID 编码对 2018 年受教育程度进行了匹配。二是由于 CFPS 并没有 2016 年、2018 年

社区层面问卷调查数据，所以在删除 2016 年、2018 年家庭居住地址发生跨省变化的样本基础上，本研究通过个人 ID、家庭 ID 二次匹配的方法，得到 2018 年微观个体居住地所属区县顺序码。在剔除残缺值和离群值后，最终得到涵盖 25 个省/市共 10430 份有效样本，其中农村样本 5906 份、城市样本 4524 份。农村、城市样本个体的主观幸福感均值分别是 7.10、7.28（最大值为 10），说明样本人群的平均幸福感较高。农村、城市分别有 687 个、429 个样本主观幸福感达到 9。农村、城市居民主观幸福感在 7 以上的样本个体占比分别是 56.6% 和 52.6%。

## 二　变量释义

（1）主观幸福感（*Happiness*）与对未来信心程度（*Confidence*）。

主观幸福感是本研究的被解释变量。本研究使用 CFPS 调查问卷 M 部分的"您有多幸福？"这一问题来衡量主观幸福感，答案是 10 项有序选择，0 表示非常不幸福、10 表示非常幸福。由于受访者的幸福感是一种当下暂时性的主观感受，为了把受访者当下生活满意度与其对未来生活的预期联系起来，形成相对完整的幸福评价，本研究将"对未来信心程度"也设定为被解释变量，进行相同步骤分析，答案是 5 项有序选择，1 表示非常没有信心、5 表示非常有信心。

（2）客观贫富差距（*Gini*）与对贫富差距的主观评价（*Sgini*）。

关于 *Gini* 系数的测算，我们利用 Yao（1999b）的方法：令 $h_{mi}$（$m = 1,2,\cdots,144$；$i = 1,2,\cdots,n$）为 $m$ 区县第 $i$ 个家庭的人均收入，并且 $h_{mi}$ 按照单调递增排序，$h_{m1} \leq h_{m2} \leq \cdots \leq h_{mi} \leq \cdots \leq h_{mn}$。令 $p_{mi}$ 和 $w_{mi}$ 分别表示 $m$ 区县第 $i$ 个家庭在该区县样本中的人口和收入所占的比重，$Gini$ 系数计算方式如下：

$$G_m = 1 - \sum_{i=1}^{n} p_{mi}(2q_{mi} - w_{mi}) \quad (m = 1,2,\cdots,48; i = 1,2,\cdots,10430) \quad (8.2)$$

式（8.2）中 $\sum_{i=1}^{n} p_{mi} = 1$；$\sum_{i=1}^{n} w_{mi} = 1$；$w_{mi} = \dfrac{p_{mi}h_{mi}}{h}$；$h$ 为总样本人口的人均收入；$q_{mi} = \sum_{k=1}^{i} w_{mk}$，即 $m$ 区县第 1 个家庭到第 $i$ 个家庭的累计收入比例。考虑到 CFPS 目标样本规模在省/市间的差异，本研究对样本数量较多

的省份，包括 CFPS 过度抽样的"大省"①，共 10 个省/市按照区县顺序码
分为若干个小区域，以求得到更准确的 *Gini* 系数（见表 8 - 1）。剩余 15 个
省/市则根据各省样本数据直接测算 *Gini* 系数。需要强调的是，本研究所
有 *Gini* 系数的测算都基于 CFPS 全样本（32543 个被调查对象），计算结果
通过省份和区县顺序码匹配至本研究所选取的 10430 个有效样本。采用这
种处理方式是为了最大限度地利用 CFPS 的家庭调查资料，降低由于本研
究选取相对有限样本可能出现的 *Gini* 系数估计偏差。

表 8 - 1　总样本细分情况

| 省/市 | 总样本数 | 细分区域数量 | 省/市 | 总样本数 | 细分区域数量 |
|---|---|---|---|---|---|
| 甘肃 | 4066 | 5 | 辽宁 | 2615 | 4 |
| 广东 | 3017 | 5 | 山东 | 1481 | 2 |
| 河北 | 1976 | 3 | 山西 | 1384 | 2 |
| 河南 | 3767 | 5 | 上海 | 1836 | 2 |
| 四川 | 1905 | 3 | 云南 | 1126 | 2 |

　　10 个"大省"共细分为 33 个小区域，加上其他 15 个省/市，共测算
出 48 个 *Gini* 系数与本研究所选取的有效样本进行匹配。另外，本研究进
一步细分城乡，测算出 45 个城市和 45 个农村样本 *Gini* 系数，由于样本规
模限制，北京、上海和天津没有分别测算城乡 *Gini* 系数。图 8 - 1 说明，
不论是区域整体还是细分城乡，*Gini* 系数的主要分布区间是 [0.4, 0.5]。
细分为城市和农村后，有 12 个区域的 *Gini* 系数超过 0.5，18 个区域的 *Gini*
系数小于 0.4，中国的收入差距仍然较为严峻。有 26 个区域的农村 *Gini* 系
数大于城市，由此可以得出城乡间贫富差距虽然是总收入不平等的重要部
分，但是城市、农村内部的收入差距对总不平等也存在显著影响（林毅夫
等，1989；姚树洁、王洁菲，2019b）。

　　本书将 CFPS 调查问卷中受访者对"中国贫富差距严重程度"的回答，
作为居民对贫富差距的主观评价，用来考察"负向预期效应"作用机制，
与客观收入差距交替进行回归分析。

---

① CFPS 最初目标样本规模为 16000 户，其中，有 8000 户从上海、辽宁、河南、甘肃、广东
5 个独立子样本过度抽样，这 5 个省份被称为"大省"。

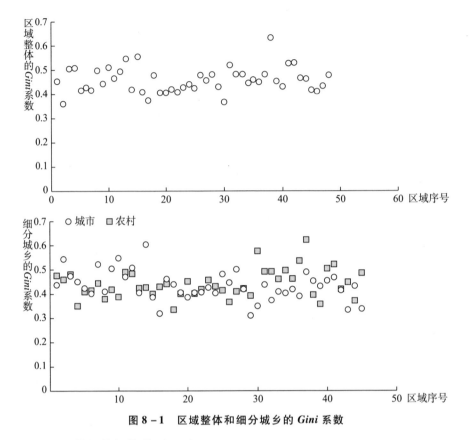

**图 8 - 1　区域整体和细分城乡的 *Gini* 系数**

（3）就业偏好指数（*EPI*）。

就业偏好指数是本研究从微观个体劳动就业偏好角度解释其主观幸福感的关键变量。本研究借鉴了何立新、潘春阳（2011）构建居民"机会不均等感知指数"的方法，利用 CFPS 问卷中的四个问题来构建个体"就业偏好指数"。

第一，当前工作状态（$X_1$），有工作 = 1，无工作 = 0。有工作的居民，其工作类型包括农业打工、农业自家经营、单位职工和个体经营，为了使研究结果更具有现实意义，剔除了因年龄超过 65 岁退出劳动力市场的样本。

第二，是否找工作（$X_2$），是 = 1，否 = 0。

第三，努力工作能有回报（$X_3$），十分同意 = 5，同意 = 4，既不同意也不反对 = 3，不同意 = 2，十分不同意 = 1。

第四，中国就业严重程度（$X_4$），答案是 10 项有序选择，0 表示非常不严重，10 表示非常严重。个人对就业环境评价越差，其就业偏好也会越弱，因此为了方便指标构建，将答案为9、10合并赋值为1，答案7、8合并赋值为2，答案5、6合并赋值为3，答案3、4合并赋值为4，答案1、2合并赋值为5。

$X_1$、$X_2$、$X_3$、$X_4$之间的相关系数如表8-2所示。$X_1$与$X_2$呈负相关，这是因为处于工作状态下的居民一般不会再去寻找工作，因此当$X_1 = 1$时$X_2 = 0$。$X_1$与$X_3$和$X_4$呈正相关，说明处于工作状态下的居民更相信努力工作能够得到回报，没有工作的人（$X_1 = 0$）会认为中国就业问题比较严重。

表 8-2　*EPI* 构建元素之间的相关系数

|  | $X_1$ | $X_2$ | $X_3$ | $X_4$ |
|---|---|---|---|---|
| $X_1$ | 1 |  |  |  |
| $X_2$ | -0.2094（0.0000） | 1 |  |  |
| $X_3$ | 0.0372（0.0001） | -0.0229（0.0193） | 1 |  |
| $X_4$ | 0.0594（0.0000） | -0.0402（0.0000） | 0.0455（0.0000） | 1 |

注：括号中为 P 值。

本研究构造的"就业偏好指数"如下：

$$EPI = X_1 + X_2 + (X_3 + X_4 - 2)/8$$

该指数取值范围为0到2，取值越大，则说明居民更偏好于就业，频率分布如图8-2所示。

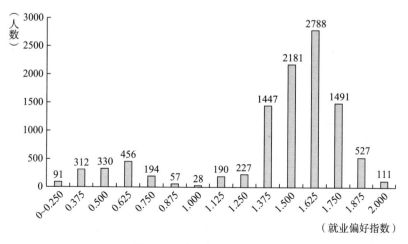

图 8-2　就业偏好指数频率

为了尽量消除变量遗漏带来的估计偏差，本研究还引入了其他控制变量，包括年龄、性别、受教育程度、婚姻状况、政治身份等。其中，婚姻状况包含丧偶、离异、未婚、再婚，本研究仅考虑有无配偶对主观幸福感的影响，故将丧偶、离异和未婚均归为无配偶。模型变量定义与统计描述如表8-3所示。

**表8-3　模型变量定义与统计描述**

| 变量名称 | 赋值 | 均值 | 标准差 | 最小值 | 最大值 |
|---|---|---|---|---|---|
| 主观幸福感（Happiness） | 0—10（非常不幸福—非常幸福） | 7.180 | 2.069 | 0 | 10 |
| 对未来信心程度（Confidence） | 1—5（非常没有信心—非常有信心） | 4.060 | 1.010 | 1 | 5 |
| 客观贫富差距（Gini） | 区域对应的Gini系数 | 0.453 | 0.048 | 0.360 | 0.631 |
| 对贫富差距的主观评价（Sgini） | 0—10（差距非常不严重—差距非常严重） | 6.925 | 2.523 | 0 | 10 |
| 就业偏好指数（EPI） | 0—2 | 1.429 | 0.394 | 0 | 2 |
| 年龄（Age） | 当年实际值（岁） | 45.620 | 6.318 | 19 | 65 |
| 性别（Gender） | 女=0，男=1 | 0.531 | 0.499 | 0 | 1 |
| 受教育程度（Education） | 研究生及以上=19，大学本科=16，大专=15，高中（含中专、技校、高职）=12，初中=9，小学=6，文盲和半文盲=0 | 6.323 | 4.582 | 0 | 19 |
| 婚姻状况（Marital） | 无配偶=0，有配偶=1 | 0.917 | 0.275 | 0 | 1 |
| 家庭经济状况（Income） | 家庭人均收入（元） | 22230 | 40574 | 100 | 1800000 |
| 政治身份（CCP） | 非党员=0，党员=1 | 0.099 | 0.299 | 0 | 1 |
| 地域类型（Urban） | 乡村=0，城镇=1 | 0.433 | 0.495 | 0 | 1 |
| 健康状况（Health） | 1—5（不健康—非常健康） | 2.752 | 1.243 | 1 | 5 |

注：由于样本中博士研究生人数非常少，故而将博士研究生与硕士研究生统一赋值为19；家庭人均收入数值较大，所以仅保留至个位数。

## 三　模型选择

Ferrer-i-Carbonell和Frijters（2004）在对以往研究进行综述的基础之上，提出主观幸福感决定方程的参数估计可以有两种方法：一种是将个体报告的主观幸福感作为基数（cardinal number），采用普通最小二乘法等线性方程参数估计方法。另一种是将个体报告的主观幸福感作为序数（ordinal number），设定 Ordered Probit 或者 Ordered Logit 模型，采用最大似然估计等非线性模型参数估计方法。以序数评分代表个体效用偏好是诸多研究普遍的做法，而且本研究对被解释变量主观幸福感和对未来信心程度的度量都采取离散的排序形式，因此采用 Ordered Probit 模型进行基准模型估计比较合适。

对于 Ordered Probit 模型，被解释变量主观幸福感由低到高分为多个等级，假设 $Happiness^* = y^* = x'\beta + \varepsilon$（$y^*$ 不可观测），并且选择规则是：

$$Happiness = y = \begin{cases} 0, & \text{若} y^* \leqslant r_0 \\ 1, & \text{若} r_0 < y^* \leqslant r_1 \\ \cdots\cdots\cdots \\ 10, & \text{若} r_9 \leqslant y^* \end{cases} \tag{8.3}$$

其中，$r_0 < r_1 < \cdots < r_{10}$ 为待估计参数，亦称为"切点"。假设 $\varepsilon \sim N(0,1)$，则：

$$P(y = 0 \mid x) = P(y^* \leqslant r_0 \mid x) = P(x'\beta + \varepsilon \leqslant r_0 \mid x)$$
$$= P(\varepsilon \leqslant r_0 - x'\beta \mid x) = \varphi(r_0 - x'\beta) \tag{8.4}$$
$$P(y = 1 \mid x) = P(r_0 < y^* \leqslant r_1 \mid x) = P(x'\beta + \varepsilon \leqslant r_1 \mid x) - \varphi(r_0 - x'\beta)$$
$$= \varphi(r_1 - x'\beta) - \varphi(r_0 - x'\beta) \tag{8.5}$$
$$\cdots\cdots\cdots$$
$$P(y = 10 \mid x) = 1 - \varphi(r_9 - x'\beta) \tag{8.6}$$

其中，$x$ 表示被已有研究证实能够影响主观幸福感的因素，主要包括年龄、性别、受教育程度、婚姻状况、家庭经济状况、政治身份、地域类型、健康状况等。$\varepsilon$ 表示随机扰动项。

具体模型设定如下：

$$Happiness_{pmi} = \alpha + \beta_1 \times Gini_{pm} + \beta_2 \times EPI_{pmi} + \beta_3 \times M_{pmi} + province_p + \mu_{pmi} \tag{8.7}$$
$$Happiness_{pmi} = \alpha + \beta_1 \times Sgini_{pmi} + \beta_2 \times EPI_{pmi} + \beta_3 \times M_{pmi} + province_p + \mu_{pmi} \tag{8.8}$$
$$Confidence_{pmi} = \alpha + \beta_1 \times Gini_{pm} + \beta_2 \times EPI_{pmi} + \beta_3 \times M_{pmi} + province_p + \mu_{pmi} \tag{8.9}$$
$$Confidence_{pmi} = \alpha + \beta_1 \times Sgini_{pmi} + \beta_2 \times EPI_{pmi} + \beta_3 \times M_{pmi} + province_p + \mu_{pmi} \tag{8.10}$$

其中，$Happiness_{pmi}$ 表示 $p$ 省/市 $m$ 区域的第 $i$ 个人的主观幸福感，$Confidence_{pmi}$ 表示 $p$ 省/市 $m$ 区域的第 $i$ 个人的对未来信心程度，$Gini_{pm}$ 为 $p$ 省/市 $m$ 区域的客观贫富差距，$Sgini_{pmi}$ 为 $p$ 省/市 $m$ 区域的第 $i$ 个人对贫富差距的主观评价，$EPI_{pmi}$ 为 $p$ 省/市 $m$ 区域的第 $i$ 个人的就业偏好指数。$M_{pmi}$ 为个人和家庭层面的控制变量，包括年龄、性别、受教育程度、婚姻状况、家庭经济状况、政治身份、地域类型、健康状况等。$province_p$ 为省/市的虚拟变量。

# 第三节　实证结果分析

## 一　基准模型回归结果

首先，本研究仅控制省份效应，将客观贫富差距 $Gini$、对贫富差距的主观评价 $Sgini$、就业偏好指数 $EPI$ 与居民主观幸福感 $Happiness$、对未来信心程度 $Confidence$ 分别进行回归，结果如表 8-4 所示。说明 3 个关键解释变量对被解释变量均具有显著相关性。

表 8-4　仅控制省份效应的回归结果

|  | *Happiness* | | *Confidence* | |
|---|---|---|---|---|
| *Gini* | -1.5209***<br>(0.1770) | | -2.2613***<br>(0.1885) | |
| *Sgini* | | -0.0382***<br>(0.0040) | | -0.0156***<br>(0.0043) |
| *EPI* | -0.0334**<br>(0.0168) | -0.0434**<br>(0.0257) | 0.1684***<br>(0.0271) | 0.1494***<br>(0.0274) |
| Log likelihood | -20463.818 | -20456.639 | -13200.943 | -13272.124 |
| P 值 | 0.0000 | 0.0000 | 0.0000 | 0.0000 |

注：*、**、***表示在 10%、5%、1% 的水平上显著。括号中为系数估计的稳健标准差。

其次，分别逐步回归分析 $Gini$、$Sgini$、$EPI$ 对 $Happiness$ 和 $Confidence$ 的影响。表 8-5 中（1）（2）列控制了个体特征变量和家庭特征变量，结果显示，居民家庭常住地所处区域 $Gini$ 系数和 $Sgini$ 均在 1% 的显著性水平下与 $Happiness$ 负相关。说明居民所处区域客观贫富差距越大、个人对贫富差距的主观评价越高，主观幸福感越低。另外本研究将家庭人均收入及其平方项列入实证模型发现，收入越高的人的主观幸福感越高，但是收入增加到一定程度则会对 Happiness 产生负效应，呈现倒 U 形关系，这与"Easterlin 悖论"相一致。(3)(4) 列考察 Gini 和 Sgini 如何影响微观个体对未来信心程度。加入个体和家庭特征控制变量，Gini 和 Sgini 分别在 1% 和 5% 的显著性水平下与 Confidence 呈负相关关系，也就是说贫富差距不但影响人们当下的幸福水平，还会影响人们对未来美好生活的信心，贫富差距越大，人们对未来美好生活实现的信心越小。EPI 与 Happiness 呈显著负相关，这是在控制了其他变量以后得出来的结果，说明更多偏好于就业的人群主观幸福感较低，这在一定程度上反映出当前就业的精神压力，或者体现少数贫困人员虽然对劳动就业是弱偏好，但其主观幸福感较高，下文还将进一步分析。然而，EPI 与 Confidence 表现为显著正相关，也就是说偏好于就业的居民虽然主观幸福感较低，但是更相信努力工作能有回报，因此对未来生活更有信心。

根据表 8-5 的回归结果，我们还可以进一步得出如下几个推论。第一，年龄越大居民的主观幸福感越强。这主要是因为数据来源于 CFPS 成人样本，年龄在 40~60 岁的人群占比高达 60%，这一年龄区间的人群或者在事业上取得了一定的成绩，或者因为在他们童年时代，中国经济还处于比较落后的状态，现今生活水平的提高使他们比年轻一代更能感受到满足和幸福。第二，Happiness 随个人受教育程度的提高呈现下降趋势，通过文献研究，我们发现这是因为接受过高等教育的人群处于社会夹心层，一方面具有强烈的向上一阶层流动的愿望，对未来有更高的期待；另一方面这类人群更多生活在城市，所以要承受更大的工作和生活压力。徐淑一、陈平（2017）在居民主观幸福感影响因素的研究中，也发现接受过高等教育并不会显著提高人们的主观幸福感。第三，共产党员的身份有利于提高个人主观幸福感，因为党员身份能够产生收入溢价，代表一定社会资本，尤其是党的十八大以来从严治党、加强党的领导等活动，使共产党员更有身份认同感、荣誉感。第四，健康状况影响居民主观幸福感是一个不争的事实，身体健康的人通常比不健康的人更具有幸福感。第五，女性比男性的幸福感和信心更为强烈，这是因为生活给男性造成的压力越来越大。第六，婚姻能够提高个人的幸福感和自信心。离婚或丧偶不仅给家庭带来精神上的打击，也可能降低家庭的收入水平。大龄没有结婚的农村成年男性，也可能是各方面的条件不尽如人意，因而，未婚就会降低他们的幸福感和自信心。例如，在5906个农村样本中，有408个35岁以下未婚青年的平均主观幸福感仅是6.08，比全样本平均水平低1.10。

表8-5　基准模型回归结果

| 变量 | Happiness | | Confidence | |
|---|---|---|---|---|
| | (1) | (2) | (3) | (4) |
| Gini | -1.3640*** (0.2086) | | -2.2934*** (0.2231) | |
| Sgini | | -0.0362*** (0.0041) | | -0.0033** (0.0016) |
| EPI | -0.0855*** (0.0264) | -0.0833*** (0.0267) | 0.1158*** (0.0283) | 0.1040*** (0.0286) |
| Age | 0.0156*** (0.0010) | 0.0151*** (0.0010) | 0.0022** (0.0010) | 0.0025** (0.0010) |
| Gender | -0.0802*** (0.0212) | -0.0706*** (0.0213) | -0.0508** (0.0229) | -0.0506** (0.0229) |
| Marital | 0.4140*** (0.0370) | 0.4133*** (0.0370) | 0.1563*** (0.0394) | 0.1576*** (0.0394) |
| Urban | 0.0269 (0.0225) | 0.0198* (0.0222) | -0.0119 (0.0243) | 0.0229 (0.0240) |
| Education | -0.0052** (0.0025) | -0.0035* (0.0025) | -0.0126*** (0.0027) | -0.0125*** (0.0027) |
| CCP | 0.1835*** (0.0351) | 0.1829*** (0.0351) | 0.0526 (0.0378) | 0.0562 (0.0378) |
| Health | 0.1492*** (0.0084) | 0.1468*** (0.0084) | 0.1759*** (0.0091) | 0.1724*** (0.0091) |
| Income | 1.02e-06** (4.30e-07) | 1.09e-06** (4.30e-07) | 6.12e-07 (4.60e-07) | 6.68e-07 (4.60e-07) |
| $Income^2$ | -6.29e-13* (3.62e-13) | -6.80e-13** (3.62e-13) | -7.46e-13* (3.80e-13) | -8.34e-13** (3.80e-13) |

续表

| 变量 | Happiness | | Confidence | |
|---|---|---|---|---|
| | （1） | （2） | （3） | （4） |
| Province | 控制 | 控制 | 控制 | 控制 |
| Obs | 10430 | 10430 | 10430 | 10430 |
| Log likelihood | -19974.407 | -19974.407 | -19957.791 | -12964.391 |
| P 值 | 0.0000 | 0.0000 | 0.0000 | 0.0000 |

注：＊、＊＊、＊＊＊表示在10%、5%、1%的水平上显著。括号中为系数估计的稳健标准差。

## 二 模型稳健性检验

本研究借鉴鲁元平等（2016）的方法，对居民主观幸福感进行重新赋值，将0~5分合并赋值为0，6~10分合并赋值为1。同样，对居民对未来信心程度也重新赋值，将1~3分合并赋值为0，4~5分合并赋值为1。重新赋值后用二元Probit模型进行估计，回归结果见表8-6。与表8-5的回归结果相比，仅有性别、家庭经济状况的显著性发生些许变化，所有关键解释变量的显著性和相关性并没有产生明显变化，所以我们可以认为本研究的实证模型是稳健的。进一步，我们将主观幸福感视为基数，进行OLS回归分析。二元Probit的估计系数并非边际效应，不可与OLS回归系数比较大小，因此本研究仅关注两种估计结果系数的正负方向和显著性。回归结果显示关键解释变量的显著性及相关性仍然没有发生明显变化，结论依旧支持模型是稳健的。由于篇幅限制，本研究仅报告Gini作为关键解释变量的OLS回归分析结果。

表8-6 稳健性检验回归结果

| 变量 | Happiness | | | Confidence | | |
|---|---|---|---|---|---|---|
| | （1）二元 Probit | （2）二元 Probit | （3）OLS | （4）二元 Probit | （5）二元 Probit | （6）OLS |
| Gini | -0.8734＊＊＊ (0.2828) | | -2.4755＊＊＊ (0.3942) | -2.6795＊＊＊ (0.2766) | | -2.0690＊＊＊ (0.1987) |
| Sgini | | -0.0143＊＊＊ (0.0055) | | | -0.0107＊＊ (0.0054) | |

续表

| 变量 | *Happiness* | | | *Confidence* | | |
|---|---|---|---|---|---|---|
| | (1) 二元 Probit | (2) 二元 Probit | (3) OLS | (4) 二元 Probit | (5) 二元 Probit | (6) OLS |
| *EPI* | - 0.0775 ** (0.0363) | - 0.0795 ** (0.0367) | - 0.0828 * (0.0508) | 0.1407 *** (0.0343) | 0.1232 *** (0.0346) | 0.1095 *** (0.0265) |
| *Age* | 0.0125 *** (0.0013) | 0.0130 *** (0.0013) | 0.0274 *** (0.0017) | 0.0285 ** (0.0013) | 0.0260 ** (0.0013) | 0.0020 ** (0.0010) |
| *Gender* | 0.0236 (0.0288) | 0.0189 (0.0288) | - 0.0979 (0.0409) | - 0.0460 (0.0281) | - 0.0440 (0.0281) | - 0.0462 ** (0.0202) |
| *Marital* | 0.4726 *** (0.0471) | 0.4745 *** (0.0471) | 0.8660 *** (0.0803) | 0.1966 *** (0.0472) | 0.1968 *** (0.0471) | 0.1468 *** (0.0385) |
| *Urban* | 0.0097 (0.0306) | 0.0212 (0.0304) | 0.0011 (0.0430) | - 0.0155 (0.0299) | 0.0226 (0.0296) | - 0.0109 (0.0212) |
| *Education* | - 0.0143 *** (0.0034) | 0.0134 *** (0.0034) | - 0.0115 *** (0.0048) | 0.0126 *** (0.0033) | 0.0124 *** (0.0033) | - 0.0188 *** (0.0024) |
| *CCP* | 0.3750 *** (0.0543) | 0.3774 *** (0.0543) | 0.3678 *** (0.0582) | 0.0790 * (0.0475) | 0.0835 * (0.0473) | 0.0536 * (0.0307) |
| *Health* | 0.1567 *** (0.0127) | 0.1564 *** (0.0114) | 0.2833 *** (0.0167) | 0.1710 *** (0.0112) | 0.1665 *** (0.0112) | 0.1508 *** (0.0081) |
| *Income* | $3.10e - 06$ *** $(6.65e - 07)$ | $3.10e - 06$ *** $(6.65e - 07)$ | $2.64e - 06$ *** $(7.47e - 07)$ | $2.26e - 06$ *** $(7.10e - 07)$ | $2.35e - 06$ *** $(7.10e - 07)$ | $7.05e - 07$ * $(3.88e - 07)$ |
| *Income*$^2$ | $- 1.83e - 12$ *** $(5.19e - 13)$ | $- 1.86e - 12$ *** $(5.19e - 13)$ | $- 1.59e - 12$ *** $(5.06e - 13)$ | $- 3.60e - 12$ *** $(1.19e - 12)$ | $- 3.75e - 12$ *** $(1.19e - 12)$ | $- 8.04e13$ *** $(2.45e - 13)$ |
| *Province* | 控制 | 控制 | 控制 | 控制 | 控制 | 控制 |
| Obs | 10430 | 10430 | 10430 | 10430 | 10430 | 10430 |
| Log likelihood | - 5519.8282 | - 5521.2604 | R - squared = 0.9875 | - 5913.0116 | - 5959.5872 | R - squared = 0.9511 |
| P 值 | 0.0000 | 0.0000 | | 0.0000 | 0.0000 | |

注: *、**、***表示在 10%、5%、1% 的水平上显著。括号中为系数估计的稳健标准差。

## 三 内生性分析

本研究可能存在的内生性问题主要来自两方面：一是遗漏变量偏差，

二是双向因果关系。社会贫富差距与居民主观幸福感之间双向因果关系较弱，*Gini* 系数过高会导致居民主观幸福感下降，但是个人的主观幸福感并不会对区域贫富差距造成显著影响，我们仅仅可以认为居民主观幸福感较低有可能是对贫富差距过高的反馈。就业偏好指数的构建包含行动、观念和认知。当下处于工作状态、相信努力工作能有回报，且认为中国就业环境并不严峻的居民，其幸福感可能较低，但是个人主观幸福感不会同时显著影响构造就业偏好指数的四个要素。因此，本研究最主要的内生性问题来源是遗漏变量导致估计偏误。

第一，*Gini* 系数的内生性问题。为了降低遗漏变量导致的估计偏误，本研究使用工具变量进行 IV Probit 和 2SLS 回归。在基准模型回归结果中 *Gini* 系数为 $-1.3640$，且在 1% 水平上显著，即客观贫富差距越大，居民主观幸福感越低。但是，我们不可以忽视区域政府的治理对区域贫富差距的作用，怀疑 *Gini* 系数为内生变量，因为可能存在同时影响社会贫富差距和居民主观幸福感的遗漏变量。本研究选取"对县/市政府的评价"（*Evaluation*）作为工具变量，将工具变量赋值，有很大成绩 $=5$，有一定成绩 $=4$，没有多大成绩 $=3$，没有成绩 $=2$，比之前更糟 $=1$。一方面居民对县/市政府的评价会参考社会贫富差距严重程度，*Gini* 与 *Evaluation* 在 1% 的显著性水平下呈负相关，客观贫富差距越大，居民对县/市政府的评价越低，满足工具变量的相关性。另一方面假设居民对县/市政府的评价并不会直接影响其主观幸福感，满足工具变量的外生性。

IV Probit 仅能用来估计二元选择模型，因此将此模型中被解释变量进行合并赋值处理，$0 \sim 5$ 合并赋值为 0，$6 \sim 10$ 合并赋值为 1。表8-7提供了对外生性原假设的沃尔德检验结果，其 P 值为 0.0000，即在 1% 的水平上认为 *Gini* 和 *EPI* 为内生解释变量。IV Probit 第一步回归结果中 F 统计量为 123.34，说明工具变量（*Evaluation*）对内生变量具有较强的解释力。使用 IV Probit 时，*Gini* 的估计系数为 $-1.0785$，与基准模型比较绝对值有所下降，说明如果忽略客观贫富差距的内生性，将高估客观贫富差距对居民主观幸福感的影响。

第二，就业偏好的内生性问题。构造要素中 $X_1$、$X_2$ 对就业偏好指数的贡献比 $X_3$、$X_4$ 大，因此内生性更多源于此。当前工作状态和是否找工作与居民生活区域的经济发展程度相关，经济发展水平越高，则居民更大可能处于在业或劳动状态，并且经济发展水平越高求职渠道越广，能够有效促进居民寻找工作。城市发展水平普遍高于农村，且基准模型结果显示城乡属性对居民主观幸福感影响并不显著。因此，本研究将就业偏好指数与地域类型的交互项（$EPI \times Urban$）作为就业偏好指数的工具变量。表 8 - 7 （2）列回归结果显示，工具变量与就业偏好指数在 1% 的水平下显著正相关，且第一阶段 F 值为 377.82，可以认为工具变量具有较强的解释力。使用 IV Probit 后，$EPI$ 的系数相较于基准模型的 - 0.0855 绝对值有所下降，因此如果没有考虑社会经济发展水平的差异，会高估就业偏好对居民主观幸福感的影响。弱工具变量检验结果显示 CLR 和 Wald 的 P 值均在 1% 水平上显著，说明所选取的工具变量不是弱工具变量。

作为对 IV Probit 结果的补充，本研究同时使用 2SLS 进行估计。第一阶段的回归结果中 $Gini$ 和 $EPI$ 为因变量所对应的 F 值分别为 180.24、460.32，因此可以认为工具变量对内生变量具有较好的解释力。对工具变量进行冗余检验，Kleibergen-Paap Wald F 值说明，两个工具变量并非弱工具变量。在 2SLS 回归结果中 $Gini$ 系数为 - 2.7014。进一步，测算得出基准模型回归结果中 $Gini$ 系数的边际效应是 3.91，高于 2SLS 回归结果中 $Gini$ 系数的边际效应，说明如果不考虑变量内生性会高估其对主观幸福感的影响。但是 $Gini$ 和 $EPI$ 系数的显著性、符号在 Ordered Probit、IV Probit 和 2SLS 模型估计结果中均没有改变。上述结果说明在进一步消除遗漏变量的基础之上，基准模型的回归结果依然成立。

表 8 - 7　内生性分析估计结果

| 变量 | IV Probit | | | 2SLS |
| --- | --- | --- | --- | --- |
| | （1）$Gini$ | （2）$EPI$ | （3）$Happiness$ | （4）$Happiness$ |
| $Gini$ | | | - 1.0785 *** <br> (0.0408) | - 2.7014 *** <br> (0.4658) |
| $Evaluation$ | - 0.0087 *** <br> (0.0012) | 0.0021 <br> (0.0034) | | |
| $EPI$ | | | - 0.0604 *** <br> (0.0237) | - 0.9795 *** <br> (0.3575) |
| $EPI \times Urban$ | 0.0084 * <br> (0.0046) | 0.9843 *** <br> (0.0091) | | |

续表

| 变量 | IV Probit | | | 2SLS |
|---|---|---|---|---|
| | （1）*Gini* | （2）*EPI* | （3）*Happiness* | （4）*Happiness* |
| Obs | 10430 | 10430 | 10430 | 10430 |
| 第一阶段 F 值 | 123.34 | 377.82 | | F（*Gini*）=180.24，F（*EPI*）=460.32 |
| $R^2$ | 0.2935 | 0.5599 | | $R^2$（*Gini*）=0.2935，$R^2$（*EPI*）=0.5599 |
| Wald chi$^2$ | | | | 942.21 |
| chi$^2$ | | 58.38 | | |
| P 值 | | | 0.0000 | 0.0000 |
| 弱工具变量检验 | CLR=33.76 *** ，Wald=37.63 *** | | | Kleibergen-Paap Wald F 值分别是 230.12、330.13 |

注：＊、＊＊、＊＊＊表示在10%、5%、1%的水平上显著。（1）列因变量是 *Gini*，（2）列因变量是 *EPI*；2SLS 回归中，F（*Gini*）=180.24，表示第一阶段 *Gini* 为因变量时 F 值为180.24，F（*EPI*）=860.32，表示 *EPI* 为因变量时 F 值为860.32。括号中为系数估计的稳健标准误。

# 第四节　异质性分析

## 一　城乡异质性分析

中国由来已久的城乡分割二元经济导致城乡收入差距逐渐成为社会收入差距的重要组成部分。虽然在总样本模型中，生活在城市或是农村对主观幸福感并没有呈现显著相关性，但是，两者不可一概而论。基于此，本研究将总样本分为城市、农村两个子样本，分别测算出 45 个城市和 45 个农村样本的 *Gini* 系数，进行 Ordered Probit 回归，实证结果如表 8-8 和表 8-9 所示。

*Gini* 系数与被解释变量 *Happiness* 在城市、农村样本中均具有显著相关性。所以，城市、农村内部的贫富差距都会通过"相对剥夺效应"削弱居民主观幸福感。对于城市居民来说，低水平收入难以或勉强可以支付生活的各类支出，但是优质的教育资源、医疗资源、休闲娱乐设施等却是他们难以承担和消费的。对于农村居民来说，不断扩大的农村内部收入差距造

成了生产要素和公共资源配置的不平等，这种相对剥夺感极大地影响了农村居民的主观幸福感。另外，中国贫困和接近贫困线的低收入人群都集中在农村地区，城乡人均可支配收入差距一直以来都处于比较高的水平，低收入的农村人口缺乏稳定的非农就业和收入，农民工家庭长期处于分居或孩子无法跟父母同时生活在城市的状态，这些都可能成为农村低收入人群缺乏幸福感的有关社会经济因素。*Sgini* 仅在城市样本中得到了验证，这说明城市居民对贫富差距的主观评价会通过"负向预期效应"削弱其主观幸福感。

表 8 - 8　城市、农村居民主观幸福感的影响因素异质性实证结果

| 变量 | *Happiness* | | | |
|---|---|---|---|---|
| | urban | urban | rural | rural |
| *Gini* | - 2. 0746 *** <br> ( 0. 7127 ) | | - 2. 003 ** <br> ( 0. 9446 ) | |
| *Sgini* | | - 0. 0195 ** <br> ( 0. 0088 ) | | - 0. 0011 <br> ( 0. 0053 ) |
| *EPI* | - 0. 1373 ** <br> ( 0. 0629 ) | - 0. 1488 *** <br> ( 0. 0473 ) | 0. 0114 <br> ( 0. 0344 ) | 0. 0142 <br> ( 0. 0390 ) |
| *Gender × Employ* | 0. 1122 <br> ( 0. 0716 ) | 0. 1189 <br> ( 0. 0740 ) | - 0. 0494 ** <br> ( 0. 0252 ) | - 0. 0488 ** <br> ( 0. 0241 ) |
| *Income* | $1.83e - 06$ *** <br> $(7.11e - 07)$ | $1.86e - 06$ *** <br> $(5.37e - 07)$ | $7.24e - 07$ <br> $(9.91e - 07)$ | $5.47e - 07$ <br> $(1.04e - 06)$ |
| *Income*$^2$ | $-1.03e - 12$ * <br> $(4.67e - 13)$ | $-1.07e - 12$ ** <br> $(3.52e - 13)$ | $-7.52e - 12$ * <br> $(3.17e - 12)$ | $-7.40e - 12$ <br> $(3.30e - 12)$ |
| *Control* | 控制 | 控制 | 控制 | 控制 |
| *Province* | 控制 | 控制 | 控制 | 控制 |
| Obs | 4524 | 4524 | 5906 | 5906 |
| Wald chi$^2$ | 453. 39 | 435. 85 | 711. 74 | 702. 53 |
| Pseudo R$^2$ | 0. 0264 | 0. 0254 | 0. 0318 | 0. 0308 |

注：*、**、*** 表示在 10%、5%、1% 的水平上显著。

观察被解释变量为 *Confidence* 的回归结果可以发现，农村内部的 *Gini* 系数会影响农村居民对未来生活的信心程度，所以贫富差距不但会对当下主观幸福感产生消极作用，同时也会对未来产生不利影响。城市居民对贫

富差距的主观评价会通过"负向预期效应"削弱其对未来生活的信心，即主观认为贫富差距严重的人群对未来生活也会产生较为消极的预期，降低其对未来的信心程度。

表8-9 城市、农村居民对未来信心程度的影响因素异质性实证结果

| 变量 | Confidence | | | |
|---|---|---|---|---|
| | urban | urban | rural | rural |
| Gini | -0.3313<br>(0.5275) | | -0.5585***<br>(0.4029) | |
| Sgini | | -0.0136*<br>(0.0073) | | -0.0003<br>(0.0057) |
| EPI | 0.1930***<br>(0.0484) | 0.1728***<br>(0.0495) | -0.0240*<br>(0.0416) | -0.0026*<br>(0.0416) |
| Gender × Employ | 0.0510<br>(0.0748) | 0.0713<br>(0.0756) | -0.0053*<br>(0.0678) | -0.0043*<br>(0.0678) |
| Income | 4.03e-07<br>(5.57e-07) | 4.05e-07<br>(5.57e-07) | 1.83e-06<br>(1.24e-06) | 1.80e-06<br>(1.24e-06) |
| Income$^2$ | -3.68e-13<br>(4.31e-13) | -3.53e-13<br>(4.31e-13) | -5.10e-12<br>(4.27e-12) | -5.12e-12<br>(4.27e-12) |
| Control | 控制 | 控制 | 控制 | 控制 |
| Province | 控制 | 控制 | 控制 | 控制 |
| Obs | 4524 | 4524 | 5906 | 5906 |
| Log likelihood | -5456.4522 | -5454.9221 | -7178.3236 | -7179.2827 |

注：*、**、***表示在10%、5%、1%的水平上显著。括号中为系数估计的稳健标准差。

由表8-8和表8-9的回归结果我们还可以进一步得出以下结论。

第一，就业偏好对城市居民的主观幸福感和对未来信心程度的影响更显著，这主要是因为相较于农村居民半自给自足的庭院经济，工作报酬是城市居民支付较高生活成本的有限途径，故而与其相伴的压力、挑战会削弱居民的主观幸福感，然而工作带来的稳定收入，又会使人们对未来更有信心。

第二，本研究将性别"Gender"与是否有工作"Employ"的交互项"Gender × Employ"加入回归模型，以探究就业状态与性别的交互作用对

*Happiness* 的影响。回归结果显示，变量 "*Gender × Employ*" 在农村样本中与 *Happiness* 和 *Confidence* 均呈显著负相关，也就是说，在业农村男性主观幸福感和对未来信心程度都比在业农村女性或无工作的农村男性低，说明许多外出打工的农村男性可能会感受到离乡背井、就业和收入不稳定、劳动强度过高等因素造成的心理压力。

第三，进一步通过表 8-10 的统计性描述可以发现，城市无工作女性的主观幸福感最高，达到 7.59，比城市在业女性高 0.45，这是因为样本中 70.3% 的城市无工作女性的家庭人均年收入超过 1.4 万元，属于本研究设定的中上收入水平群体，并且相较在业女性她们不需要承受来自工作的压力。幸福感最低的是农村无工作女性，这类人群的主观幸福感仅为 6.86。统计分析发现 65% 的农村无工作女性家庭人均收入为中下水平，甚至有 40% 的人群属于收入 "最低 25%" 组群，生活窘迫是这类人群主观幸福感低的直接因素。

第四，城市在业男性比无工作男性更幸福，而农村无工作男性却比在业男性更幸福，这又进一步佐证了之前的研究结论。

表 8-10　性别、就业状态的不同组合类别人群主观幸福感及对未来信心程度差异

| 组群类别 | 城市 | | | 农村 | | |
|---|---|---|---|---|---|---|
| | 样本数 | *Happiness* | *Confidence* | 样本数 | *Happiness* | *Confidence* |
| 无工作女性 | 485 | 7.59 | 3.94 | 323 | 6.86 | 4.03 |
| 在业女性 | 1582 | 7.14 | 4.07 | 2493 | 7.09 | 4.08 |
| 无工作男性 | 413 | 7.09 | 3.90 | 309 | 7.22 | 3.94 |
| 在业男性 | 2044 | 7.34 | 4.13 | 2781 | 7.12 | 4.03 |

注："*Happiness*" 最大值为 10；"*Confidence*" 最大值为 5。

第五，"Easterlin 悖论" 仅存在于城市样本中，而农村居民主观幸福感与家庭人均收入并没有呈现与城市居民一般的倒 U 形关系。通过比较城市、农村家庭人均年收入核密度图发现，低收入人群在农村的占比远高于城市，而富人更多地集中分布在城市（见图 8-3）。换言之，农村居民收入水平难以达到出现 "Easterlin 悖论" 的拐点。田国强、杨立岩（2006）也曾提出存在一个与非物质资源初始禀赋正相关的收入水平临界值，当收

入水平小于该临界值时，增加收入能够提高幸福感，超过该临界值，收入的增加才会降低幸福感。

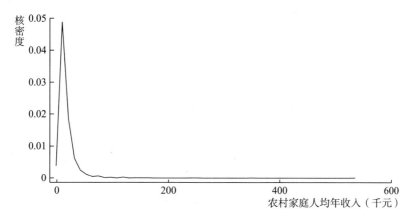

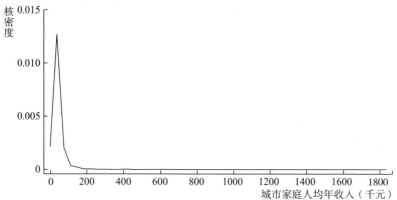

图 8 - 3　核密度

## 二　不同收入组群异质性分析

为了进一步研究贫富差距、就业偏好对居民主观幸福感在不同收入群体中的差异性，本研究将样本按照家庭人均收入由低到高排序分四等份，分别进行回归。表 8 - 11、表 8 - 12 的结果显示：Gini 系数只在"最高25%"的样本中没有通过显著性检验，也就是说，客观贫富差距通过"相对剥夺效应"降低主观幸福感在其余收入阶层都得到了验证。高收入阶层作为贫富差距扩大的既得利益者，具有优越的社会经济条件，享有社会各类优质资源。因此，贫富差距对该组群样本个体的主观幸福感和对未来信心程度没有显著性影响。这一发现与何立新、潘春阳（2011）的观点是一致的。

关键解释变量 *Sgini* 在"最低25%"样本中没有通过显著性检验，说明贫富差距造成的"负向预期效应"并没有损害最低收入人群的主观幸福感。一方面是因为精准扶贫战略的实施，使大量人力、财力投入贫困地区，极大地改善了低收入人群的收入水平和生产生活环境。另一方面是样本中73%的最低收入人群生活在农村，受制于自身教育资本、周围人群认知能力、通信条件等因素，相较于基本温饱，主观层面的贫富差距意识并不能显著影响其幸福感，即"相对剥夺效应"比"负向预期效应"对最低收入人群主观幸福感的损害更显著。*Sgini* 对 *Happiness* 的影响在"中下25%"和"中上25%"收入组群都表现为显著负相关，即对贫富差距的主观评价会通过"负向预期效应"普遍影响主观幸福感（见表 8 – 11、表 8 – 12）。

表 8 – 11　最低25%、中下25%组群收入水平的幸福效应异质性分析

| 变量 | Happiness | | | |
|---|---|---|---|---|
| | 最低25% | 最低25% | 中下25% | 中下25% |
| *Gini* | – 1. 4069 *** | | – 1. 385 ** | |
| | (0. 7030) | | (0. 7037) | |
| *Sgini* | | – 0. 0006 | | – 0. 0289 *** |
| | | (0. 0077) | | (0. 0082) |
| *EPI* | 0. 0133 | – 0. 0542 | – 0. 1430 *** | – 0. 1783 *** |
| | (0. 0660) | (0. 0678) | (0. 0552) | (0. 0572) |
| *Gender × Employ* | – 0. 2617 *** | – 0. 1844 * | – 0. 0105 | 0. 0013 |
| | (0. 1027) | (0. 1041) | (0. 0969) | (0. 0969) |
| *Control* | 控制 | 控制 | 控制 | 控制 |
| *Province* | 控制 | 控制 | 控制 | 控制 |
| Obs | 2742 | 2742 | 2467 | 2467 |
| Log likelihood | – 5379. 125 | – 5373. 596 | – 4766. 256 | – 4762. 046 |

注：*、**、***表示在10%、5%、1%的水平上显著。家庭人均年收入≤7500元属于"最低25%"组，7500元＜家庭人均年收入≤14000元属于"中下25%"组。括号中为系数估计的稳健标准差。

表 8 - 12　中上 25%、最高 25% 组群收入水平的幸福效应异质性分析

| 变量 | Happiness | | | |
|---|---|---|---|---|
| | 中上 25% | 中上 25% | 最高 25% | 最高 25% |
| Gini | - 1.2722 ** (0.5104) | | - 0.6612 (0.6383) | |
| Sgini | | - 0.0547 *** (0.0086) | | - 0.0446 (0.0923) |
| EPI | - 0.1013 * (0.0548) | - 0.0930 * (0.0549) | - 0.0920 * (0.0514) | 0.0961 * (0.0525) |
| Gender × Employ | - 0.0089 (0.0901) | 0.0970 (0.0848) | 0.0089 (0.0956) | 0.0215 (0.0967) |
| Control | 控制 | 控制 | 控制 | 控制 |
| Province | 控制 | 控制 | 控制 | 控制 |
| Obs | 2599 | 2599 | 2622 | 2622 |
| Log likelihood | - 4915.662 | - 4897.507 | - 4741.699 | - 4736.225 |

注：*、**、*** 表示在 10%、5%、1% 的水平上显著。14000 元 < 家庭人均年收入 ≤ 25250 元属于"中上 25%"组，家庭人均年收入 > 25250 元属于"最高 25%"组。括号中为系数估计的稳健标准差。

*EPI* 对"最低 25%"收入组的居民主观幸福感影响并不显著。一方面是因为这部分人群生产资料有限、劳动技能不足，较难胜任技术含量较高的工作。另一方面是由于 76% 的"最低 25%"收入组群样本个体是农村居民，并且当年获得过政府补助或社会捐助的占比高达 80%。按照现行贫困标准（2018 年 2995 元/年①），样本中贫困人口有 746 人，获得过政府补助或社会捐助的占比高达 70%。所以转移支付的获得可以在一定程度上抵消没有劳动报酬所产生的负幸福效应。这一结论与廖永松（2014）的研究结论一致，他认为在城乡收入差距扩大的背景下，农民在生活不断改善的过程中确实会产生满足感和保守意识。Kassenboehmer 和 Haisken-DeNew（2009）也提出，对失业者进行慷慨的经济援助会滋生选择失业行为。姚树洁、王洁菲（2019b）在精准扶贫效果偏离的研究中发现，普惠制的政府补贴会降低贫困人口的内生动力，导致其安于现状，缺乏努力奋斗的精

———————

① 资料来源：国家统计局《中国农村贫困监测报告（2019）》。

神。交互项"$Gender \times Employ$"仅在"最低25%"收入组群中显著为负，说明从事劳动和参加工作反而会削弱农村"最低25%"收入组群男性的主观幸福感，上文对这一现象已经做了解释。

表8-13、表8-14中的结果显示：除了"最高25%"组，$Gini$系数会通过"相对剥夺效应"削弱其余收入组群个体对未来信心程度。另外值得注意的是，"中下25%"和"中上25%"样本个体对贫富差距的主观评价与$Confidence$呈显著负相关，即在社会机会不均等的条件下，主观贫富差距通过"负向预期效应"不仅会削弱中等收入人群当下的幸福感，更会影响他们对未来生活的信心。$EPI$对$Confidence$的正向影响在除"最低25%"组以外的其余组群均通过显著性检验，说明依靠劳动赚取报酬仍然能够提高人们对未来生活的信心。然而，交互项"$Gender \times Employ$"仅在"最低25%"收入组群通过显著性检验，前文对这一现象已经做了具体的解释。

表8-13 最低25%、中下25%收入组群对未来信心程度效应异质性分析

| 变量 | Confidence | | | |
|---|---|---|---|---|
| | 最低25% | 最低25% | 中下25% | 中下25% |
| $Gini$ | -2.9451*** (0.4782) | | 2.3751*** (0.5116) | |
| $Sgini$ | | 0.0106 (0.0083) | | -0.0210** (0.0089) |
| $EPI$ | 0.0826 (0.0707) | 0.0308 (0.0725) | 0.1343* (0.0621) | 0.1379* (0.0620) |
| $Gender \times Employ$ | -0.0846* (0.1106) | -0.0806* (0.1118) | -0.0655 (0.1020) | -0.0640 (0.1019) |
| $Control$ | 控制 | 控制 | 控制 | 控制 |
| $Province$ | 控制 | 控制 | 控制 | 控制 |
| Obs | 2742 | 2742 | 2467 | 2467 |
| Log likelihood | -3533.772 | -3551.455 | -3032.871 | -3043.668 |

注：*、**、***表示在10%、5%、1%的水平上显著。家庭人均年收入≤7500元属于"最低25%"组，7500元＜家庭人均年收入≤14000元属于"中下25%"组。括号中为系数估计的稳健标准差。

表 8 - 14　中上 25%、最高 25% 收入组群对未来信心程度效应异质性分析

| 变量 | Confidence | | | |
|---|---|---|---|---|
| | 中上 25% | 中上 25% | 最高 25% | 最高 25% |
| Gini | - 2. 3598 ***<br>(0. 4407) | | 1. 4880<br>(0. 4717) | |
| Sgini | | - 0. 0259 ***<br>(0. 0093) | | - 0. 0159<br>(0. 0099) |
| EPI | 0. 0182 *<br>(0. 0594) | 0. 0861 *<br>(0. 0594) | 0. 1194 *<br>(0. 0655) | 0. 1729 **<br>(0. 0665) |
| Gender × Employ | - 0. 0237<br>(0. 0968) | - 0. 0153<br>(0. 0968) | 0. 0322<br>(0. 1012) | 0. 0360<br>(0. 1023) |
| Control | 控制 | 控制 | 控制 | 控制 |
| Province | 控制 | 控制 | 控制 | 控制 |
| Obs | 2599 | 2599 | 2622 | 2622 |
| Log likelihood | - 3113. 806 | - 3124. 343 | - 3114. 963 | - 3119. 404 |

注：*、**、*** 表示在 10%、5%、1% 的水平上显著。14000 元 < 家庭人均年收入 ≤ 25250 元属于"中上 25%"组，家庭人均年收入 > 25250 元属于"最高 25%"组。括号中为系数估计的稳健标准差。

## 第五节　本章小结

本章提出了贫富差距影响个人主观幸福感的两种作用机制，并构造了就业偏好指数来分析贫富差距、就业偏好对居民主观幸福感的影响。利用 2018 年"中国家庭追踪调查"数据对提出的理论假设进行实证分析，得出以下重要结论：（1）无论是衡量客观贫富差距的 Gini 系数，还是居民对贫富差距的主观评价 Sgini，都不仅会影响人们当下的幸福程度，缩减社会总福利水平，还会影响人们对未来生活的美好预期。（2）无论是城市还是农村居民，客观贫富差距均会通过"相对剥夺效应"削弱主观幸福感。城市居民对贫富差距的主观评价还会通过"负向预期效应"削弱主观幸福感和对未来信心程度。（3）偏好于就业的城市居民主观幸福感更低，但却会对未来生活更有信心。农村在业男性主观幸福感较低，这是因为男性农民工，特别是低收入男性农民工，承受着背井离乡、工作或收入不稳定、工

作强度大等因素造成的比较大的心理压力。相比之下，农村无工作男性会因为获得政府扶贫救助而产生"安贫乐道"的思想，使其主观幸福感相对较高。(4)"相对剥夺效应"比"负向预期效应"对最低收入人群主观幸福感的损害更严重，而最高收入人群的主观幸福感和对未来信心程度几乎不受贫富差距影响。(5)得益于农村居民半自给自足的庭院经济和政府的援助，就业偏好对农村居民的主观幸福感没有显著影响。

本研究在政策层面的启示主要有：(1)在完善各类社会保障体系的同时，应建立公平合理的收入分配机制，保留能够体现经济效率的收入差距部分，消除由于分配制度政策引起的不合理收入差距，缩减社会贫富差距以提高居民对未来生活的信心。(2)在城乡一体化的发展过程中，要特别注重农民工在城市的就业和落户问题、子女教育和养老保险问题，在努力缩小城乡差别、地区差别、阶层收入差别的同时，逐步提高低收入人群的安全感和获得感。(3)进一步处理好精准扶贫过程中公平与激励的关系，注重贫困区域益贫式发展，增加农村区域就业机会，激发贫困人口内生发展动力，提高精准扶贫质量和可持续性，构建幸福生活是奋斗出来的主流社会价值观。

# 第九章

## 主观幸福感视角"扶志"困境的理论分析

### 第一节 关于主观幸福感的理论阐述

以往对"幸福"的研究更多集中在哲学、社会学等领域。早在春秋时代，中国儒家学派就认为幸福来自内心世界的体验，而不是外部物质因素的刺激。道家学派则主张"天人合一"，认为幸福和灾祸是相伴而生的，即"祸兮福所倚，福兮祸所伏"，所以人应该满足现状，不可任由自己的欲望膨胀。墨家学派提出"官无常贵，民无终贱"，认为在追求幸福的过程中，人应当积极发挥主观能动性，尽自己最大的努力去追求幸福（李冬冬，2019）。墨家学派的思想肯定了追求物质、欲望对提升幸福感的重要性，从某种程度上来说，这与现代社会强调绝对收入增长对人们幸福感的影响的观点一致。而儒家、道家学派否定了物质层面对主观幸福感的影响，提倡个人自我满足和自我道德修炼，这与部分学者强调相对收入对主观幸福感的影响一致。

#### 一 福利经济学的幸福理论

基于基数效用论，庇古开创了福利经济学的先河，他认为社会总效用是可以计算的，并且社会最终会实现福利最大化。然而，由于不同个体的效用存在不可比性，庇古的福利经济学遭到了诟病。而随后帕累托提出序数效用论，认为不同个体之间可以用排序来比较效用大小。序数效用论和帕累托最优理论体系下的新福利经济学提出了三个命题：一是微观个体是其福利好坏的最佳判断者；二是社会福利大小取决于社会所有成员；三是如果社会福利状况改变使得至少一个社会成员福利变好，并且没有损害其他成员福利，那么这种改变就是帕累托改进。社会总福利的变化离不开经济的发展。20 世纪 40 年代的哈罗德 - 多马经济增长模型以经济增长作为发展的主要目标。然而，到了 20 世纪七八十年代，发展经济学开始由宏观研究领域逐步转向微观研究领域，发展的目标不再是简单的经济增长。Sen（2000，2002）认为人类的发展是一个多维度的概念，不但包括经济、健康和教育，还包含资源获取的机会及能力。

福利经济学的幸福理论有助于研究者将社会经济发展和社会总福利改善、个人福利状况改进联系起来。扶贫的目的就是提高社会总福利水平，但是要通过扶贫实现社会福利帕累托改进则需要更科学合理的机制，既要实现贫困人口福利水平提高，提升其幸福感，又不能损害社会其他成员的福利水平，降低他们的幸福感。

## 二 行为经济学的幸福理论

早在经济学开山之作——亚当·斯密的《国富论》中就已经提出理性经济人会通过各种渠道实现其财富最大化，以满足其个人的"欲望"，并且通过财富调节其"欲望"的满足，来抑制其他具有攻击性和破坏性的欲望，使得人有高尚的美德和温暖的情感，以实现幸福。边沁强调幸福建立在人的快乐感受之上，认为人类活动的动机在于追求最大的幸福，人类社会的最终目标是幸福最大化。并且边沁用效用大小来衡量幸福感也为主流经济学效用理论发展奠定了基础。

与边沁基数效用衡量幸福感相似的是 Kahneman（1999）提出的体验效用，他认为我们每时每刻都会产生体验效用，体验痛苦和快乐。体验效用是人们对体验好坏的一种评价。并且 Kahneman（2006）认为体验效用解决了边沁基数效用产生的不可比问题。首先，行为主体的内在感受与观察者的外在判断具有一致性，即在没有掩饰的情况下，通过观察某人的表情和行为能够对其快乐程度做出判断。其次，用以衡量快乐、幸福程度的情感体验量表与生理测量之间具有较强的相关性，意味着情感具有比较同一的生理基础。

### 三　经济学视域下主观幸福感与效用的关系

幸福经济学发端于经济学与心理学相互融合、交叉的过程。关于效用的度量，不同学者有不同的主张，瓦尔拉斯与庇古主张基数效用论，帕累托的福利经济学则主张幸福的测度应该建立在序数效用论的基础上。无论是哪一种测度方法都促使效用发展成为数字层面的福利最大化，这一系列理论的发展为幸福经济学奠定了坚实的基础。幸福效用的测量也成为不同学者争论的焦点。最早的研究可以追溯到边沁的"效用论"中，他认为效用一词包含了与快乐有关的体验，因此如果快乐是幸福的一种体现，那么效用与幸福就存在某种关系（贺京同等，2014）。萨缪尔森提出幸福计算方程：幸福指数=效用/欲望。说明幸福与效用是成正比的。Adler和Seligman（2016）指出当前人们对主观幸福感的调查可以被视为个人的体验效用。何立新、潘春阳（2011）在研究收入差距、机会不均与居民幸福感的过程中也将"效用"等同于"幸福感"。主观幸福感在字面上有多种表达方式，例如幸福感、个人满意度、幸福、效用、个人福利水平等（李冬冬，2019）。

## 第二节　习近平总书记的"奋斗幸福观"与精准扶贫"扶志"的内在联系

精准扶贫显著提高了农村居民家庭收入水平。而农村居民，尤其是低收入人群家庭人均收入提高会通过两种作用机制来影响其主观幸福感：一方面收入提高直接促使主观幸福感的提高；另一方面家庭人均收入的提升可能会导致低收入人群在温饱得以满足的条件下，产生"安贫乐道"的保守思想，这种思想不但会让低收入人群产生满足现状的幸福感，还会影响其就业偏好，使其丧失自我发展的动力。两种作用机制共同作用便会导致精准扶贫"扶志"困境。

习近平总书记在多个场合强调"幸福都是奋斗出来的"，"奋斗本身就是一种幸福"，"做新时代的奋斗者"（习近平，2018b）。对于广大劳动者而言，劳动不再仅是生存的需要，更是经历幸福人生、完成自我超越、实现社会价值的需要。所以习近平总书记的"奋斗幸福观"与精准扶贫的

"扶志"存在内在联系。精准扶贫过程中的"扶志"是希望国家在帮扶贫困人口的同时，贫困家庭个体也能提高内生发展动力，通过勤奋劳动来摆脱贫困。习近平总书记的"奋斗幸福观"恰恰是价值取向层面破解"扶志"困境的指引（见图9-1）。

因此，想要理解贫困家庭"扶志"困境的产生原因，就需要先探究贫富差距对农村居民，乃至农村低收入人群主观幸福感的影响。不仅如此，就业偏好作为描述内生动力不足的重要指标，也会在城市、农村人口中存在巨大差异。尤其是农村低收入人群就业偏好更是我们聚焦精准扶贫需要研究的一项内容。

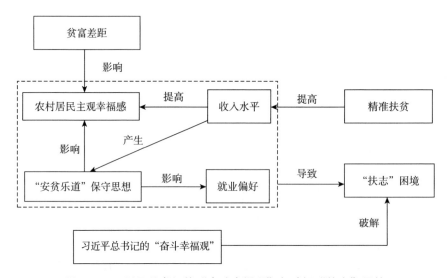

图 9-1 习近平总书记的"奋斗幸福观"与破解"扶志"困境

## 第三节 就业偏好影响贫困人群主观
## 幸福感的内在逻辑

就业劳动对不同收入阶层幸福感的影响机制较为复杂。根据马斯洛的需求层次理论，不同收入阶层的人群所追求的东西差异较大。收入最低人群首先是追求满足生存的基本实物的需要，随着收入不断提升，人们会更希望自我价值得到实现。本研究主要是探索就业偏好对农村低收入人群主观幸福感的影响，所以我们以收入最低的贫困人群为例，用几组简图来进行阐释。

　　首先，假设劳动力供给市场庞大，贫困人群的劳动供给不会影响劳动力市场的工资水平，所以假定工资水平 $W_m$ 是固定的，得益于中国精准扶贫伟大战略，贫困家庭会得到政府固定的转移支付 $G_a$；其次，因为一天 24 小时是固定的，所以假定时间预算线不可以平行移动；再次，人们在休闲（leisure）上花费时间会产生令人身心愉悦的正效用；最后，对于具有内生发展动力的贫困户来说，劳动可以获得正效用，$U_{work} = f(W_m, T, Motivation_i)$，其中，$W_m$ 表示劳动的工资水平，$T$ 表示劳动时间，$Motivation_i$ 表示贫困人口内生发展动力，假设其是连续的函数，$Motivation_甲 > Motivation_乙$，并且：

$$\frac{\partial U_{work}}{\partial Motivation_i} = \frac{\partial f(W_m, T, Motivation_i)}{\partial Motivation_i} > 0 \ (i = 1, 2, \cdots, n, \cdots, m) \quad (9.1)$$

即内生发展动力越大的贫困户，劳动和工作获得的效用和幸福感越大。基于这些假设，劳动就业对贫困阶层主观幸福感的影响可以概括为三种情形。

## 一　具有内生发展动力的贫困人群的主观幸福感

　　第一种情形：如果社会平均工资水平大于政府转移支付金额（$W_m > G_a$），并且贫困人群是勤劳努力的（表示为 $Motivation_甲$），那么劳动获取的报酬与政府的援助之间的效用差大于休闲所带来的效用，表示为 $U(W_m) - U(G_a) > U_l$。这说明将更多时间用于工作能够提高个人主观幸福感。如图 9-2 所示，劳动者选择（b）图形的 A 点平衡其休闲和劳动赚取收入的时间配置，他（她）没有选择领取政府救济，而是通过劳动，争取得到比较高的收入。在均衡点 A 处，工作的边际效用与休闲的边际效用之比等于贫困人群在工作上配置的时间与在休闲上配置的时间之比，表示为：

$$MU_{work} / MU_{leisure} = T_{work} / T_{leisure} > 1 \quad (9.2)$$

　　工作的边际效用大于休闲的边际效用，即 $MU_{work} > MU_{leisure}$。这种情形的贫困人群在工作上花费更多时间所带来的总效用会更高。这类人把工作和比较高的收入作为提升幸福感的两个决定性变量，因而没有选择休闲并接受比较低收入的政府救济。因此，这一时间配置所带来的总效用，抑或是我们所关注的主观幸福感都是最大的。

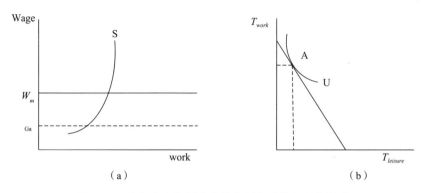

图 9 - 2  具有内生发展动力的贫困人群的主观幸福感

## 二  内生发展动力不足的贫困人群的主观幸福感

第二种情形：如果劳动赚取的工资仍然大于政府救济补助（$W_m > G_a$），但是贫困人群内生发展动力不足，那么两者之间的效用差会小于休闲所带来的效用，即 $U(W_m) - U(G_a) < U_l$。偏好于休闲的贫困人群（表示为 $Motivation_Z$）更愿意把所有的时间都用在休闲上，以获得最大主观幸福感和最大总效用。如图 9 - 3 所示，这类贫困人群宁可接受政府的救济，也不愿意通过劳动赚取更高的收入。所以，在这种情况下会出现均衡的角点解 A，即内生发展动力不足的贫困人群将所有时间都用于休闲。$MU_{work}$ 趋近于零，工作和休闲的边际替代率 $MRS_{workleisure}$ 趋于无穷大，即贫困人群会放弃所有工作的时间，只休闲，所以效用曲线 U 近似垂直。联系实际可以发现，正是这类情况的存在给中国精准扶贫、精准脱贫与"扶志"及"扶智"事业

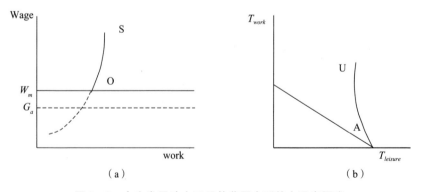

图 9 - 3  内生发展动力不足的贫困人群的主观幸福感

带来了比较大的挑战。如何改变贫困人口"等、靠、要"的思想，就在于如何改变这类人群的主观幸福感，这也是本研究的重点和难点所在。

## 三 政府救济和劳动并存的贫困人群的主观幸福感

第三种情形：如果劳动赚取的工资小于政府救济补助（$W_m < G_a$），并且贫困人群是勤劳努力的（表示为 $Motivation_甲$），但是由于工资水平较低，他们无法自我摆脱贫困，依然需要政府给予援助帮扶，这时总效用等于：

$$TU = U(W_m) + U(G_a) + U(l) \tag{9.3}$$

贫困人口参加劳动赚取低于政府最低补助的收入，但是这类人群并没有完全放弃就业去获取"不劳而获"的政府救济，而是通过劳动以后获取劳动收入，再领取部分政府救济，通过劳动获取主观幸福感。如图 9 - 4 所示，在均衡点 A 处，工作的边际效用与休闲的边际效用之比等于贫困人群在工作上配置的时间与在休闲上配置的时间之比，表示为：

$$MU_{work} / MU_{leisure} = T_{work} / T_{leisure} < 1 \tag{9.4}$$

工作的边际效用小于休闲的边际效用，即 $MU_{work} < MU_{leisure}$。这类贫困人群不缺乏劳动意志，而是缺乏劳动技能去获取更高的劳动所得。因此，政府扶贫的侧重点在于如何帮助这类人群掌握一定的劳动技能，提高就业率，或者帮助降低他们的家庭负担，包括老人赡养和儿童教育等。对部分因病丧失劳动能力，或因病使得家庭开支增加负担过重的，可以通过医疗救助等手段帮助其解决生活困难。

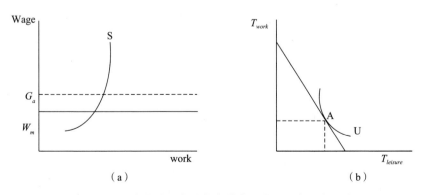

图 9 - 4 政府救济和劳动并存的贫困人群的主观幸福感

## 第四节　益贫式发展与贫困人群主观幸福感

上述第一和第三种情形中的贫困人群会不同程度地参与经济建设，通过劳动赚取一定的报酬，来提高家庭收入水平。但是贫困人群的内生发展动力还必须依靠区域益贫式发展程度的激发。本节内容聚焦区域益贫式发展的差异性，进一步分析益贫式发展程度对贫困人群收入、主观幸福感的影响。本节内容分析将个人效用水平视为居民主观幸福感，这充分借鉴了萨缪尔森的幸福计算方程和 Adler、Seligman（2016）及 Easterlin（2001）的观点，即个人主观幸福感等同于个人效用水平。

益贫式发展被认为是一个区域的贫困人口能够参与经济活动并从中得到更多益处的区域经济增长。这样的增长方式使得贫困人群通过劳动能够赚取相对较多的收入。本研究通过分析两种不同程度内生发展动力的贫困人群主观幸福感（个人效用水平），来进一步阐释区域益贫式发展与贫困人群主观幸福感之间的关系。

如果区域益贫式发展程度较低，那么可以认为区域内部贫富差距问题较为严峻。假定贫困户的主观幸福感（个人效用水平）是关于收入、内生发展动力的函数，即 $U = f(income, aspiration\ level)$。图 9 - 5 中的 level 是贫困人群内生发展动力水平（aspiration level），也可以理解为对物质需求的曲线，因为内生发展动力较高的人群通常对生活的物质水平也有较高需求。而内生发展动力不足的贫困人群，通常是具有安于现状、"安贫乐道"的保守思想的，因此 $level_2 > level_1$。当贫困户内生发展动力保持不变，收入的提高使得其物质需求更容易实现，所以会产生更高水平的幸福感和效用。因为分析的是贫困人群，所以不考虑 Easterlin 所提出的当收入水平不断提高，主观幸福感会呈下降趋势的现象。

假设收入 $y_2$ 是绝对贫困线。内生发展动力不足的贫困人群其物质需求曲线相对稳定，假设为 $level_1$，如果要实现效用水平由 $U_1$ 上升至 $U_2$，则需要收入由 $y_1$ 上升至 $y_2$。得益于中国精准扶贫伟大战略的实施，内生发展动力不足的贫困人群都可以通过政府的转移支付、救济帮扶来实现主观幸福感和效用水平的提升（$y_2 - y_1$）。然而，具有内生发展动力的贫困人群，其物质需求随着时间的推移会有所增加，即由原来的 $level_1$ 增加到 $level_2$。但是，对于这类贫困人群，政府的转移支付并不一定能够有效地改进其效用水平，如图 9–5 所示，这类贫困人群的效用水平会由 A 点移动到 C 点，政府转移支付所带来的收入增加（$y_2 - y_1$）并没有提高其效用水平。

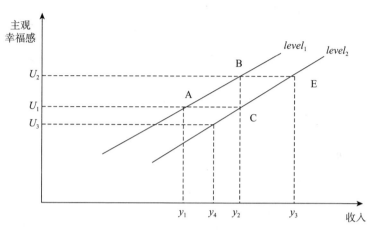

**图 9–5　主观幸福感与收入和内生发展动力的关系**

如果区域发展是益贫式的，即精准扶贫的保留效用较高（第十章对精准扶贫保留效用有详细介绍）。国家对贫困地区基础设施、生产生活环境、产业发展等方面的大力扶持，使得贫困人群通过劳动可以赚取相对较高的收入（$y_3$）。具有内生发展动力的贫困人群会积极参与区域经济建设，而劳动赚取的报酬远高于政府的援助（$y_3 > y_2$）。那么这类贫困人群的主观幸福感（个人效用水平）将由 $U_1$ 上升至 $U_2$。因此区域益贫式发展程度越高，具有内生发展动力的贫困人群则可以从劳动赚取报酬中获得更高的幸福感，即对应的点将由 C 移动至 E。

但是如果区域益贫式发展程度较低，即具有内生发展动力的贫困人群劳动就业并不一定会赚取较高的收入。并且有可能赚取的收入（$y_4$）少于政府的转移支付（$y_2$），如图 9–5 所示，$y_4 < y_2$，两个收入对应的效用分别为 $U_3$、$U_1$，显然 $U_3 < U_1$。贫困人群具有内生发展动力会促使其参与区域经济建设，依靠自我劳动赚取报酬，而较高的区域益贫式发展程度则可以保障贫困人群通过劳动能够赚取高于政府转移支付的收入。因此，可以认为贫困人群具有内生发展动力是自我脱贫的基础，但是区域精准扶贫保留效用的不断提高是贫困人群自我脱贫的持续推动力。

# 第五节　本章小结

本章基于福利经济学和行为经济学分析了幸福理论，指出国家开展扶贫的目的就是提高社会总福利水平，实现社会福利帕累托改进，实现贫困人口福利水平提高，提升其幸福感。作为自我效用和福利水平最佳判断者的微观个体，贫困人群在国家扶贫事业中感受到的效用改变会影响其主观幸福感。习近平总书记在多个场合强调"幸福都是奋斗出来的"（习近平，2018b），劳动不再仅仅是生存的需要，更是经历幸福人生、实现社会价值的需要。所以本章通过剖析习近平总书记的"奋斗幸福观"与精准扶贫"扶志"存在的内在联系，提出习近平总书记的"奋斗幸福观"是在价值取向层面破解"扶志"困境的指引。

本章进一步聚焦就业偏好、区域益贫式发展对微观个体效用水平的影响。首先，以劳动就业为研究切入点，运用边际效用理论分析具有内生发展动力、内生发展动力不足和具备内生发展动力但是个人能力有限的三类人群在政府扶贫救助下的劳动就业选择及其效用水平和主观幸福感变化。其次，探讨了区域益贫式发展程度的差异性对具有内生发展动力的贫困人群主观幸福感的影响，分析得出，贫困人群具有内生发展动力是自我脱贫的基础，但是区域精准扶贫保留效用的不断提高是贫困人群自我脱贫的持续推动力。

# 第十章

# "扶志"困境影响精准扶贫成效的实证分析

第五章的研究结论指出农村低收入人群的就业偏好会影响其主观幸福感,尤其是农村低收入男性在业相较于非在业其主观幸福感更低。本章将以习近平总书记的"奋斗幸福观"作为破解精准扶贫"扶志"困境的价值指引,进一步聚焦贫困人口进行理论分析。

## 第一节 精准扶贫"扶志"困境产生的
## 内在机理分析

### 一 信号博弈理论分析框架的构建

现代经济学的核心假设是"理性人(经济人)",即每一个参与者都是完全理性的。舒尔茨认为传统的小农是"穷而有效率的",在固定约束条件下其决策往往是一种理性选择。Simon(1947)也提出"小农有限理性"理论,认为农村贫困人群在进行经济决策时必然会受到信息不对称的影响,从而陷入贫困。林毅夫(1988)认为许多被认为不理性的行为,通常都是具有城市偏向的人对小农所处环境缺乏全面了解而做出的论断,如果能设身处地看问题,则很多非理性行为恰恰是外部条件限制下的理性表现。随着贫困维度的不断拓展,大量学者开始立足理性人视角,基于微观个体机会主义行为来探讨"贫困陷阱"。张新伟(1998)则提出新"贫困陷阱"理论,发现由于选择贫困受扶要比自强脱贫成本小,并且一旦收入超过贫困线,就会失去政府帮扶,所以作为理性人,贫困户在与政府博弈过程中会保持贫困状态,因此反贫困中的博弈现象极大地降低了扶贫资源效率。傅晨、狄瑞珍（2000）构建了一个贫困户行为模型，分析得出贫困户在扶贫过程中的"败德行为"，看似非理性，实则是机会主义倾向贫困户做出的理性决策。所以当前扶贫机制应当由侧重于"社会他助"的普惠制，转向侧重于"个人努力"的差异性帮扶。

Spence 提出了信号市场的动态模型，即买方根据经验修改价格，而卖方则根据个人类型的私人信息和给定价格选择效用最大化的信号（Spence，1973；Noldeke and Samuelson，1997）。越来越多的信息经济学家关注一个参与人在信号博弈过程中向后参与者发送与个人类型有关的信号，后者随后采取行动（Cho and Kreps，1987）。本研究采用不对称信息动态博弈模型中的信号博弈，研究精准扶贫过程中"普惠式"扶贫开发机制可能助长贫困户机会主义行为，论证贫困户内生发展动力不足导致精准扶贫"扶志"困境的背后机理，分析其对扶贫资金使用效率、区域经济发展的负面影响。

## 二 村干部、贫困户信号博弈过程演示

在信号博弈中，有两个参与人，假设贫困户为信号发送者的参与人 1，其共有两种类型：客观贫困，即因个人、家庭等不可抗拒的客观因素导致陷入贫困（$\theta = \theta_o$）；主观贫困，即因主观上缺乏勤劳致富思想，懒惰导致陷入贫困（$\theta = \theta_s$）。为了分析方便，我们假设两类人群各占 1/2（Cho and Kreps，1987）。其中 $\theta$ 代表贫困户识别过程中所关注的致贫因子，除了易于观测的耕地面积、人均年收入、健康状况、务工状况等，还有很重要的一部分是贫困户的勤劳与懒惰，这通常难以直接准确观测。假设开展扶贫工作的村干部是接收信号的参与人 2，其有两种类型：更注重脱贫数量（$\gamma = \gamma_p$）和更注重脱贫质量（$\gamma = \gamma_q$）。由于村干部所开展的扶贫措施的公开性和贫困户对其履职经历、政绩表现的口口相传，其类型成为易于观测的公共信息，即贫困户和村干部之间存在明显的信息不对称。

贫困户的类型 $\theta \in \{\theta_o, \theta_s\}$ 不为村干部所知。村干部要考察贫困户各项基本特征（生产、生活资料，家庭人口结构，收入来源及水平等）对贫困户身份予以判定，进而给予帮扶补贴。所以二者行动有先有后，村干部能够观测到贫困户的行动，包括是否从事农业生产、是否有工作，但不能观测其类型。因为参与人的主观行动是有类别的，每个参与人的行动都传递

着有关自己类型的某种信息，后行动者可以通过观察先行动者所选择的行动来推断其类型或修正对其类型的先验信念，然后选择自己的最优行动（张维迎，2004）。贫困户（先行动者）预测到自己的行动可能会为村干部（后行动者）所利用，就会设法传递出对自己最有利的信息。博弈顺序如下。

第一，第一顺序行动的参与人（贫困户）的类型，不为第二顺序行动的参与人（村干部）所知，假设村干部对贫困户类型判断的先验概率分别为 $P(\theta_o) = \mu$、$P(\theta_s) = 1 - \mu,(0 < \mu < 1)$。贫困户通过观察村干部类型 $\gamma$ 后选择发出信号，$M$ 是信号空间，包括 "$M_1$ = 有工作，$M_2$ = 没有工作"。

第二，第二顺序行动的参与人（村干部）试图从贫困户发出的信号 $M$ 中观察、获取额外信息，并根据贝叶斯法则从先验概率 $P(\theta)$ 得到后验概率 $P(\theta \mid M)$，增加其贫困识别和帮扶的准确性，从而选择自己的最优行动，$N$ 是村干部的行动空间，包括 "$N_1$ = 认定参与人 1 为客观贫困户并给予较多补贴，$N_2$ = 认定参与人 1 为主观贫困户并给予较少补贴"。

第三，假设村干部与贫困户的保留效用相等，则贫困户和村干部的支付函数分别为 $U = U_\theta + A$、$U = U_\gamma + A$。$A$ 是精准扶贫的保留效用（方丽、田传浩，2016）。扶贫资金投资基础设施、公共卫生、医疗、教育事业等一定能为贫困户带来正向效用，相对应地，无论村干部是注重脱贫数量还是注重脱贫质量，国家为打赢脱贫攻坚战而投资的巨大财力、物力、人力，一定会使贫困村得到不同程度的发展，进而摘去"贫困村"的帽子，所以精准扶贫总是一件喜事。即总效用为：$TU = U_\theta + U_\gamma + 2A$。

假设客观贫困户受健康状况、劳动技能、教育程度、家庭人口结构等限制普遍没有工作，故其信号成本为 $C_o = 0$；而主观贫困户属于内生发展动力不足，是懒惰的壮劳力，为获得贫困户补助，拒绝参加工作。假设劳动收入不仅取决于单位劳动力价格水平 $p$、劳动时间 $T$，还与扶贫开发的保留效用 $A$ 相关，这是因为村干部加强村里劳务输出、劳动技能培训、引进工厂企业增加就业岗位产生的保留效用对村民收入具有正向影响，则工作所获得的收入成为释放信号的机会成本 $w(p,T,A)$，且 $w(p,T,A)/\partial A > 0$，同时也将获得闲暇所带来的愉悦 $l$，所以信号成本为 $C_s = w(p,T,A) - l$。无论何种类型的贫困户都希望能够获得政府的扶贫补贴，因此对村干部

的平均预期为 $E(\gamma) = (N_1 + N_2)/2$ 。图 10-1 是此信号传递博弈的扩展式表达。

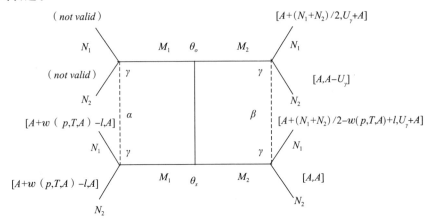

**图 10-1　村干部与贫困户之间不对称信息动态博弈**

首先，客观贫困户必定会选择 $M = M_2$ ，因为客观的自身和家庭条件不足导致其无法谋求工作，在国家精准扶贫中获得的效用为 $U(\theta_o) = A + (N_1 + N_2)/2$ 。对于村干部来说，给予较多补贴，其效用为 $U_\gamma + A$ ，若没有对客观贫困家庭进行帮扶是扶贫工作不到位的表现，会影响其政治成绩，那么贫困户和村干部的效用分别为 $A, A - U_\gamma$ ，见图 10-1。

$$U(\theta_o) = \begin{cases} A + (N_1 + N_2)/2 & (N = N_1) \\ A & (N = N_2) \end{cases} \tag{10.1}$$

对于主观贫困户，共有两种选择，$M = M_1$ 和 $M = M_2$ 。但是，主观贫困户可以预测到其个人选择策略会被村干部使用，以判断其身份类别，因此，其会发送 $M = M_2$ 的信号。对于村干部，效用水平 $U_\gamma + A$ ，总是优于 $A$ 。

$$U(\theta_s) = \begin{cases} A + w(p,T,A) - l & (M = M_1) \\ A + (N_1 + N_2)/2 - w(p,T,A) + l & (M = M_2) \end{cases} \tag{10.2}$$

在不对称信息动态博弈过程中一般会出现两种均衡：分离均衡和混同均衡（Spence, 1973; Vickers, 1986; Brandts, 1993）。其他条件不变，若保留效用 $A$ 增加，则 $w(p,T,A)$ 增加，通过比较效用大小，主观贫困户选择 $M = M_1$ ，获得的效用为 $A + w(p,T,A) - l$ ，参与人之间实现分离均衡。

$$SE(分离均衡):\begin{cases} M(\theta = \theta_o) = M_2, M(\theta = \theta_s) = M_1 \\ P(\theta = \theta_o \mid M = M_2) = \mu, P(\theta = \theta_s \mid M = M_1) = 1 - \mu, (0 < \mu < 1) \end{cases}$$

(10.3)

其他条件不变,若贫困户对村干部的预期增加,并高于劳动获取的报酬,即 $E(\gamma) = (N_1 + N_2)/2 > workpay$,则内生发展动力不足的主观贫困户会选择 $M = M_2$,其在精准扶贫中获得的效用为 $A + (N_1 + N_2)/2 - w(p, T, A) + l$,即通过释放不工作没有收入来源信号,以获取贫困补贴资金,进而实现其幸福感的提升。而村干部为了取得良好的考核结果,结合贫困户释放的无工作信号,修正先验概率,最终在 $\beta$ 信息集上,无论村干部属于何种类型,他的普遍策略是给予补贴($\beta \to N_1$)(见图 10-1),参与人之间实现混同均衡。

$$PE(混同均衡):\begin{cases} M(\theta = \theta_o) = M_2, M(\theta = \theta_s) = M_2 \\ P(\theta = \theta_o \mid M = M_2) = 1, P(\theta = \theta_s \mid M = M_1) = 0 \end{cases}$$

(10.4)

## 三 命题及推论

由上述博弈过程分析可得:

命题:在信息不对称的扶贫攻坚过程中,内生动力、劳动能力不同的贫困户可以通过发出是否拥有工作以获得稳定收入的信号,改进其在精准扶贫中的自身效用。

推论 1:扶贫机制带来的保留效用较大时,即扶贫机制更注重公共卫生、教育、交通建设和劳动技能培训等,产生益贫式发展效应,则客观贫困户通过政府兜底补贴脱贫,主观贫困户则会参加能力范围内的工作,实现收入可持续,扶贫机制发挥"扶智"与"扶志"作用,此时形成分离均衡。这也符合习近平总书记"奋斗幸福观"的价值观念。

推论 2:扶贫机制带来的保留效应较小时,贫困户则更关注村干部的类型,进而判断村干部"普惠式"扶贫机制带来效用的平均期望,扶贫收入若大于务工的劳动报酬,则会产生机会主义行为,懒于工作赚取收入,期望实现其贫困户身份的认定,以获得扶贫补贴。这种情况虽然会促进个人主观幸福感的提升,但却有违习近平总书记"奋斗幸福观"的价值取向。

# 第二节　实证模型设定与分析

## 一　样本选择

按照现行国家农村贫困标准测算,[①] 2018 年全国农村贫困人口 1660 万人, 比 2017 年减少 1386 万人, 贫困发生率 1.7%, 比 2017 年下降 1.4 个百分点, 但是贫困人口在东、中、西部的分布依然差异较大 (见表 10 - 1), 这主要是因为改革开放产生的要素区域间分配差异性, 导致东、中、西部地区经济呈现区域内收敛、区域间发散态势, 发展存在明显的不均衡 (Yao and Zhang, 2001)。所以, 西部地区依然是贫困重灾区, 贫困人口占全国 55.2%, 贫困发生率也远高于全国平均水平。

表 10 - 1　2018 年农村贫困人口地区分布

单位: 万人, %, 个百分点

| 区域 | 农村贫困人口 | | 贫困发生率 | | 贫困人口占全国比重 | |
|---|---|---|---|---|---|---|
| | 较 2017 年变化 | 剩余 | 较 2017 年变化 | 水平 | 较 2017 年变化 | 水平 |
| 东部 | - 153 | 147 | - 0.4 | 0.4 | - 1.0 | 8.8 |
| 中部 | - 515 | 597 | - 1.6 | 1.8 | - 0.5 | 36.0 |
| 西部 | - 718 | 916 | - 2.4 | 3.2 | + 1.5 | 55.2 |
| 全国 | - 1386 | 1660 | - 1.4 | 1.7 | 0.0 | 100.0 |

注:"-"为减少,"+"为增加。

资料来源: 根据 2018 年、2019 年《中国农村贫困监测报告》数据整理得出。

新疆是多民族、多文化、多语言、多宗教的特殊边境地区, 2015 年时还拥有 27 个国家扶贫开发重点县和 3 个自治区扶贫开发重点县, 共 3029 个贫困村。"三区三州"国家特困地区之一的南疆四地州社会经济发展落后封闭、自然环境恶劣、公共服务不足、人力素质低下、民族文化与宗教文化相互冲突, 扶贫工作更为棘手。按照现行农村扶贫标准 (2010 年贫困线) 年均纯收入在 2855 元以下计算, 2015 年南疆四地州农村扶贫对象占全

---

①　现行国家农村贫困标准, 即 "2010 年标准", 按照当年价格每人每年 2300 元。

疆扶贫人口总数的80%以上。2013～2019年新疆贫困发生率由19.8%下降至1.2%（见表10-2），但是仍然远高于全国平均水平0.6个百分点。2019年新疆农村常住居民人均可支配收入13122元、人均消费支出10318元，分别低于全国平均水平2899元、3010元，脱贫攻坚更为艰难。党的十九大报告提出，未来脱贫攻坚主战场是14个连片特困地区，而南疆四地州不仅是连片特困地区，更属于"三区三州"特困地区，贫困治理研究更为重要。

表10-2 2013～2019年新疆农村贫困发生率及常住居民人均可支配收入和消费支出

单位：%，元

| 年份 | 贫困发生率 | | 人均可支配收入 | | 人均消费支出 | |
|---|---|---|---|---|---|---|
| | 新疆 | 全国 | 新疆 | 全国 | 新疆 | 全国 |
| 2013 | 19.8 | 8.5 | 7847 | 9430 | 7103 | 7485 |
| 2014 | 18.6 | 7.2 | 8724 | 10489 | 7365 | 8383 |
| 2015 | 15.8 | 5.7 | 9425 | 11422 | 7698 | 9223 |
| 2016 | 12.8 | 4.5 | 10183 | 12363 | 8277 | 10130 |
| 2017 | 9.9 | 3.1 | 11045 | 13432 | 8713 | 10955 |
| 2018 | 5.7 | 1.7 | 11975 | 14617 | 9421 | 12124 |
| 2019 | 1.2 | 0.6 | 13122 | 16021 | 10318 | 13328 |

资料来源：国家统计局住户收支与生活状况调查资料。

本研究从南疆驻村工作队入户调查数据及2016年贫困人口建档立卡信息，[①] 剔除残缺值和离群值后，选取南疆6个村813户贫困户及其包含的3860个家庭成员作为研究对象（见表10-3）。样本选择主要基于以下几个原因：首先，新疆是祖国西北重要安全屏障，战略地位特殊，贫困问题与社会稳定息息相关，减贫是长治久安的基础；其次，新疆27个国家级贫困县有21个分布在自然环境恶劣的南疆四地州，贫困问题较北疆更严峻；最后，南疆是少数民族聚居地，少数民族占比高达91%，受教育水平低，并且存在严重的汉语沟通障碍，调研了解到，贫困村完全不懂汉语的人数

---

① 资料来源：新疆保监局、中国人寿新疆分公司、中国人寿阿克苏分公司、中国人寿和田分公司、新华保险新疆分公司驻村工作队入户调查数据；6个村"第一书记"或驻村干部访谈。

占比高达 99%，这使得我们的研究更具有特殊性。

表 10 - 3　样本分布

单位：户

| 地区 | 市、县（乡、镇） | 行政村 | 户数 |
|---|---|---|---|
| 和田 | 和田市吐沙拉乡 | 阿拉勒巴格村 | 278 |
| | 和田县依斯拉木阿瓦提乡 | 里青托尕依村 | 131 |
| 阿克苏 | 库车县阿克吾斯塘乡 | 硝尔库勒艾日克村 | 31 |
| | 沙雅县古勒巴格镇 | 阿牙克库勒达希村 | 19 |
| 喀什 | 疏勒县英阿瓦提乡 | 安居尔村 | 238 |
| | 疏勒县阿拉甫乡 | 尤喀克阿拉甫村 | 116 |
| 合计 | 6 县（市）6 乡 | 6 个村 | 813 |

## 二　描述性统计

由表 10 - 4 可以看出，样本户主"年龄"50 岁以上占比高达 55.4%，这一年龄阶段的人群接受新鲜事物愿望、能力较低，扶贫难度大。样本户主受教育水平普遍较低，"文盲或半文盲""小学"占比高达 72.5%，侧面反映了边疆少数民族贫困户思想观念传统、落后，这也是深度贫困地区存在的共性问题。

表 10 - 4　样本户主的基本特征

单位：户，%

| 年龄 | 户数 | 比重 | 受教育程度 | 户数 | 比重 |
|---|---|---|---|---|---|
| 30 岁及以下 | 45 | 5.5 | 文盲或半文盲 | 14 | 1.7 |
| 31～49 岁 | 318 | 39.1 | 小学 | 576 | 70.8 |
| 50～69 岁 | 325 | 40.0 | 初中 | 195 | 24.0 |
| 70 岁及以上 | 125 | 15.4 | 高中及以上 | 28 | 3.4 |
| 合计 | 813 | 100 | 合计 | 813 | 100 |

表 10 - 5 显示"健康"的贫困户占总数的 85.5%，但是结合"劳动技能"指标看，"丧失劳动力"占比高达 25.5%，因为除了存在"患有大病"、"长期慢性病"和"残疾"的户主，还存在因年龄偏大无法从事生

产劳动的户主。农业生产是家庭主要收入来源,传统家庭经营的农业耕作对劳动技能要求较低,所以"普通劳动力"占比达72.1%。

**表 10 - 5  样本户主的健康状况和劳动技能**

单位:户,%

| 健康状况 | 户数 | 比重 | 劳动技能 | 户数 | 比重 |
|---|---|---|---|---|---|
| 健康 | 695 | 85.5 | 技能劳动力 | 20 | 2.5 |
| 长期慢性病 | 49 | 6.0 | 普通劳动力 | 586 | 72.1 |
| 残疾 | 43 | 5.3 | 丧失劳动力 | 207 | 25.5 |
| 患有大病 | 26 | 3.2 | | | |
| 合计 | 813 | 100 | 合计 | 813 | 100 |

表 10 - 6 分析了样本户主的贫困属性。813 个样本家庭中,2016 年未脱贫的占76.8%,已脱贫的占21.9%,依靠政策脱贫家庭120个,占"已脱贫"样本67.4%。生产要素稀缺是致贫的主要原因,但是"自身发展动力不足"也是致贫的重要因素,占比高达36.4%,并且致贫原因的认定会参考贫困户自我判定,故此占比存在低估。根据访谈了解,贫困户对贫困认知普遍不足,脱贫严重依赖政府转移支付和帮扶项目,是缺乏内生发展动力的短暂脱贫,存在较大返贫风险。

**表 10 - 6  样本户主的贫困属性和主要致贫原因**

单位:户,%

| 贫困属性 | 户数 | 比重 | 主要致贫原因 | 户数 | 比重 |
|---|---|---|---|---|---|
| 未脱贫 | 624 | 76.8 | 缺技术 | 89 | 10.9 |
| 返贫 | 11 | 1.4 | 缺劳动力、水、土地、资金 | 346 | 42.6 |
| 已脱贫 | 178 | 21.9 | 自身发展动力不足 | 296 | 36.4 |
| | | | 其他 | 82 | 10.1 |
| 合计 | 813 | 100 | 合计 | 813 | 100 |

注:贫困属性为 2016 年统计数据。

## 三  模型设定及研究假设

为了验证理论模型的命题及推论,本研究通过一手调研微观资料实证分析内生发展动力不足对扶贫成效的影响。在研究中"贫困陷阱"被定义为：贫困户自身获得稳定收入的能力不足，靠自己的努力主动改变贫困现状的动力不强，故而严重依赖政府直接支持和补贴实现"短暂脱贫"，但存在极大返贫风险。所以不足的"志"与有限的"智"会致使贫困户坠入"贫困陷阱"。按照前文的命题与推论，贫困户坠入"贫困陷阱"的关键在于贫困户的身份可以实现其效用诉求，因此"等、靠、要"思想直接影响到精准扶贫成效。

深度贫困地区贫困户"智"与"志"是无法直接观测到的，所以结合访谈，本研究选取"致贫主观因素""外出务工时间"作为"志"的代理变量，"受教育程度""劳动技能"作为"智"的代理变量，并在模型中加入"个体特征"、"家庭特征"和"生产资料特征"三个维度的控制变量。众所周知，国家扶贫开发工作重点县获得公共财政支出的力度更大，为了观测贫困户"智"与"志"在不同程度的政府援助支持下对精准脱贫影响的差异，本研究将分别建立模型，进一步讨论。

Logit 公式由 Luce 根据无关选择的独立性（Independence of Irrelevant Alternatives，IIA）首次推导得出，采用以 Logistic 随机变量的累积分布函数为基础函数形式来施加约束，在医学、心理学、社会学、经济学领域应用广泛（卡梅隆、特里维迪，2008）。Logit 模型是 Probit 模型发展产生的，二者都是二元响应变量模型，不同的是 Logit 模型假设误差项服从 Logistic 分布，Probit 模型假设误差项服从标准正态分布。

因为贫困与非贫困恰好是一个二元随机变量，所以 Probit 和 Logit 模型在贫困影响因子研究方面得到了广泛的应用。例如，朱梦冰、李实（2017）在研究农村低保政策瞄准效果中，运用 Probit 模型分析了贫困低保户、非贫困低保户（误保户）和贫困非低保户（漏保户）致贫因素的差异性。Guagnano 等（2015）采用广义有序的 Logit 模型研究社会资本对主观贫困认知的影响。在对模型进一步分析的过程中，Maddala（1991）通过对 Logit、Probit 和 MDA 进行比较，提出当解释变量并非服从正态分布时，Logit 模型具有明显的优势。从研究的问题来看，贫困户个体"志"与"智"的特征对精准扶贫的影响有两种：要么对脱贫具有显著影响，要么对脱贫没有影响。本研究采用离散型的二元选择模型进行实证分析，即被解释变量取 0 为未脱贫，取 1 为脱贫，所以本研究采用二元选择 Logit 模型,并使用对数最大似然函数对参数进行估计。

本研究从微观个体特征视角分析扶贫成效的影响因素,结合行为经济学与制度经济学理论,提出一个总的研究假设 $H_0$:微观个体特征表现越好越容易脱贫。本研究将围绕这一假设对贫困户个体特征如何影响扶贫成效进行分析。在总的研究假设基础之上提出模型限制条件假设 $H_1$:个体选择偏好具有同质性。区域社会、文化、政治、经济发展一致,微观个体属性越相似则脱贫的逻辑概率分布越一致,这与 Tarozzi 和 Deaton(2009)提出的理论相一致,他们认为不同的社会环境,如基础设施的差异、耐用品拥有与否的差异会导致贫困预测的偏差。

Logit 基本模型是:

$$y_i = \beta_j X_{ij} + \mu_i (i = 1,2,\cdots,n) \tag{10.5}$$

式 10.5 中的 $\mu_i$ 是独立同分布的随机变量,服从 Logistic 分布(Maddala,1991)。$\beta_j$ 为待估计参数单列矩阵,$x_{ij}$ 为包含 y 的所有解释变量,进一步用概率形式表现为:

$$P(Y = 1 \mid X) = F(X,\beta) = F\left(\alpha + \sum_{i=1}^{n} \beta_j x_{ij}\right) = \frac{1}{1 + exp\left[-\left(\alpha + \sum_{i=1}^{n} \beta_j x_{ij}\right)\right]} \tag{10.6}$$

式(10.6)中 $F(X,\beta)$ 为"逻辑分布"的累积分布函数,满足

$$F(X,\beta) = \frac{exp(x'\beta)}{1 + exp(x'\beta)} \tag{10.7}$$

对式(10.6)进行整理得:

$$\ln\left[\frac{P(y = 1 \mid X,\beta)}{1 - P(y = 1 \mid X,\beta)}\right] = \beta_0 + \beta_1 x_{i1} + \cdots\cdots + \beta_j x_{ij} + \mu_i \tag{10.8}$$

对于二元响应变量 Logit 模型,即被解释变量取值范围是 {0,1},$Y = 1$ 表示事件发生,$Y = 0$ 表示事件不发生,$X$ 是对事件的发生产生影响变量集。由式(10.8)推导出事件发生概率的函数为:

$$Z_i = \ln\frac{P(y_i = 1 \mid x_{ij})}{P(y_i = 0 \mid x_{ij})} = \beta_0 + \beta_1 x_{i1} + \cdots\cdots + \beta_j x_{ij} + \mu_i \tag{10.9}$$

式（10.9）中，$i$ 为贫困户序号，$P$ 为脱贫事件发生的概率，$j$ 为影响脱贫事件发生的因素个数，$x_{ij}$ 为影响第 $i$ 个贫困户脱贫的第 $j$ 个因素。因为 Logit 是一个非线性模型，所以使用最大似然法进行估计。根据式（10.9），事件发生概率函数可进一步推导出第 $i$ 个观测样本的概率密度为：

$$f(y_i \mid x_{ij}, \beta_j) = \left[ F(x_{ij}, \beta_j) \right]^{y_i} \left[ 1 - F(x_{ij}, \beta_j) \right]^{1-y_i} \tag{10.10}$$

取对数可得：

$$\ln f(y_i \mid x_{ij}, \beta_j) = y_i \ln \left[ F(x_{ij}, \beta_j) \right] + (1 - y_i) \ln \left[ 1 - F(x_{ij}, \beta_j) \right] \tag{10.11}$$

对于二元响应变量 Logit 模型，被解释变量取值范围是（0, 1），$y_i = 1$ 表示事件发生，$y_i = 0$ 表示事件不发生，关键解释变量"受教育程度""劳动技能"是"智"的代理变量，"外出务工时间""致贫主观因素"是"志"的代理变量，控制变量集包括个体特征（户主年龄、性别、民族、健康状况、大病医疗）、家庭特征（学生占比、病患占比、劳动力人数）、生产资料特征（耕地面积、与村距离、住宅状况、饮用水状况、人均纯收入、贫困属性）3 个维度共 14 个控制变量。因为 Logit 是一个非线性模型，所以使用最大似然法进行估计。

$$\ln L(\beta_j \mid Y, X) = \sum_{i=1}^{n} y_i \ln \left[ F(x_{ij}, \beta_j) \right] + \sum_{i=1}^{n} (1 - y_i) \ln \left[ 1 - F(x_{ij}, \beta_j) \right] \tag{10.12}$$

式（10.12）中相关系数 $\beta_j$ 的值，表示各个因素与扶贫的相关性。在通过显著性检验的条件下，若回归系数为正，说明该因素对扶贫有正向作用，为负则说明对扶贫有反向作用。

## 四　变量的选取及数据来源

贫困户是否脱贫是国家扶贫机制、生产生活资料、贫困户个体特征、贫困属性等因素综合作用的结果。本研究根据贫困人口建档立卡信息与驻村工作队入户调查数据，再结合与村第一书记和贫困户的非结构式访谈结果，探究贫困户"智"和"志"的状态对扶贫成效的影响。表 10－7 列出所有解释变量、控制变量及对应的取值描述。

表 10 - 7 变量选取及说明

| 变量类别 | 变量名称 | 变量定义与赋值 | 均值 | 标准差 | 预期相关性 |
|---|---|---|---|---|---|
| 被解释变量 | 扶贫成效 (Y) | 已脱贫 =1，未脱贫 =0 | — | — | — |
| 解释变量 | 受教育程度 (edu) | 高中 =2，初中 =1，小学 =0 | 0.31 | 0.53 | 正相关 |
| | 劳动技能 (ski) | 技能劳动力 =2，普通劳动力 =1，丧失劳动力 =0 | 0.77 | 0.48 | 不确定 |
| | 外出务工时间 (wor) | 在外务工时间（天/月） | 1.19 | 3.32 | 不确定 |
| | 致贫主观因素 (mot) | 自身发展动力不足 =1，其他 =0 | 0.64 | 0.48 | 不确定 |
| 控制变量 | 户主年龄 (age) | 户主年龄（岁） | 53.06 | 14.99 | 非线性 |
| | 性别 (gen) | 男 =1，女 =0 | 0.81 | 0.39 | 不确定 |
| | 民族 (ric) | 少数民族 =1，汉族 =0 | 0.00 | 0.00 | 不确定 |
| | 健康状况 (hea) | 健康 =2，长期慢性病 =1，大病或残疾 =0 | 1.82 | 0.46 | 正相关 |
| | 大病医疗 (ins) | 是否参加大病医疗，是 =1，否 =0 | 0.89 | 0.31 | 不确定 |
| | 学生占比 (stu) | 在校学生人数占家庭人口比重 | 0.19 | 0.20 | 负相关 |
| | 病患占比 (pat) | 病患人数占家庭人口比重 | 0.07 | 0.19 | 负相关 |
| | 劳动力人数 (lab) | 家庭劳动力人数（人） | 4.73 | 2.46 | 正相关 |
| | 耕地面积 (cul) | 耕地面积（亩/户） | 3.81 | 4.03 | 正相关 |
| | 与村距离 (dis) | 距离村主干道距离（千米） | 1.74 | 1.54 | 负相关 |
| | 住宅状况 (hou) | 是否为危房户，是 =0，否 =1 | 0.69 | 0.46 | 正相关 |
| | 饮用水状况 (wat) | 饮用水是否安全，安全 =1，不安全 =0 | 0.95 | 0.21 | 正相关 |
| | 人均纯收入 (inc) | 2016 年人均纯收入取自然对数 | 7.67 | 0.67 | 正相关 |
| | 贫困属性 (sta) | 按照贫困程度赋值，一般农户 =3，一般贫困户 =2，低保贫困户 =1，五保贫困户 =0 | 1.17 | 1.10 | 不确定 |

注：1. 人均纯收入 =（生产经营性收入 + 工资性收入 + 财产性收入 + 转移性收入 − 生产经营性支出）/家庭人口数。2. 贫困属性设定由村干部结合村民实际，按照政府划定层级设定，属于贫困人口建档立卡信息，并且在已有文献中也有验证。朱梦冰、李实（2017）根据 CHIP2013 数据计算、识别出"贫困低保户"比"贫困非低保户"收入更低。

# 第三节 估计结果

## 一 检验分析

（1）多重共线性检验。

一般来说，对二元 Logit 模型进行估计之前，需要检验各变量之间的相关程度，本研究通过方差膨胀因子（VIF）检测解释变量、控制变量之间的多重共线性，VIF 值越大则多重共线性问题越严重。结果显示：$\max\{VIF_{edu},\cdots,VIF_{sta}\} < 10$，$VIF_{age} = 1.34$（见表 10-8），故不存在严重多重共线性问题。

**表 10-8 各个代理变量、控制变量 VIF 值**

| 变量 | 受教育程度（edu） | 劳动技能（ski） | 外出务工时间（wor） | 致贫主观因素（mot） | 户主年龄（age） | 性别（gen） | 健康状况（hea） | 大病医疗（ins） | 学生占比（stu） |
|---|---|---|---|---|---|---|---|---|---|
| VIF | 1.13 | 1.49 | 1.18 | 1.25 | 1.34 | 1.12 | 2.18 | 1.13 | 1.24 |

| 变量 | 病患占比（pat） | 劳动力人数（lab） | 耕地面积（cul） | 与村距离（dis） | 住宅状况（hou） | 饮用水状况（wat） | 人均纯收入（inc） | 贫困属性（sta） |
|---|---|---|---|---|---|---|---|---|
| VIF | 2.19 | 1.36 | 1.23 | 1.27 | 1.10 | 1.04 | 1.18 | 1.16 |

（2）模型稳健性检验。

解释变量为虚拟变量的社会科学研究中，Logit 模型应用广泛、优点突出，但是为了更好地进行分析，回归之前需要对模型稳健性进行检验。首先，分别使用普通标准误与稳健标准误进行参数估计，发现回归结果相差不大。其次，使用 OLS 进行线性概率模型估计，将其回归系数与 Logit 模型的平均边际效应（并非系数）进行比较，结果也相差不大（陈强，2014）。最后，将模型二中关键变量"外出务工时间"替换为"是否外出务工"，估计时均使用稳健标准误以修正异方差影响，模型三的估计结果显示除了平方后的"户主年龄"，其余代理变量和各个维度控制变量显著性和系数估计值均未发生显著变化（崔红志，2015）。[1] 综上说明，该模型

---

[1] 为检验有序 Logit 模型稳健性，崔红志将"有无儿子"和"有无女儿"两个自变量替换为"儿子数量""女儿数量"观察显著性和系数估计值的变化。

是稳健的，考虑篇幅问题，仅报告第三种稳健性检验结果（见表 10 - 9）。

（3）内生性讨论。

因为我们永远不知道是否所有未被观察的因子都被控制，而且遗漏变量偏误会导致内生性，对于截面数据本研究通过纳入足够多的体现个体异质性的控制变量，同时剔除具有明显反向因果关系的解释变量（人均纯收入）来处理这个问题。加之 Logit 模型和 Probit 模型能够自然避免映射问题导致的内生性，故进一步削弱内生性对研究结果的影响。

研究采用 Stata 15.0 对 813 个贫困户样本使用稳健标准误进行 Logit 回归。因为 813 个贫困户样本中只有 3 户是汉族，所以模型剔除控制变量"民族"。由于样本为截面数据，所以在总体回归模型一、模型二、模型三中的 Pseudo $R^2$（由 McFadden 提出）统计值表示估计结果都可以接受。表 10 - 9 是模型一、模型二的回归结果，二者的区别是模型二加入了"户主年龄"的平方项，并将回归结果与模型一进行对比，用以检验脱贫概率与"户主年龄"是否存在倒 U 形非线性关系，以便更精准地解释"户主年龄"对贫困户脱贫概率的影响。

表 10 - 9 模型一、模型二的回归结果

| 解释与控制变量 | 被解释变量（已脱贫 =1，未脱贫 =0） | | | |
| --- | --- | --- | --- | --- |
| | Logit 模型一 | | Logit 模型二 | |
| | 参数 | Z 统计值 | 参数 | Z 统计值 |
| 受教育程度（edu） | 0.6777 | 3.27 *** | 0.7544 | 3.48 *** |
| 劳动技能（ski） | - 0.0544 | - 0.16 | - 0.3479 | - 0.99 |
| 外出务工时间（wor） | 0.1270 | 3.90 *** | 0.1389 | 4.06 *** |
| 致贫主观因素（mot） | - 1.0325 | - 3.7 *** | - 1.0514 | - 3.72 *** |
| 户主年龄的（age） | 0.0189 | 1.80 * | 0.1335 | 2.29 ** |
| 户主年龄的平方（$age^2$） | — | — | - 0.0011 | - 2.02 ** |
| 性别（gen） | - 0.2985 | - 0.97 | - 0.3412 | - 1.11 |
| 健康状况（hea） | 0.6501 | 1.76 * | 0.6729 | 1.82 * |
| 大病医疗（ins） | 3.4007 | 2.40 ** | 3.3212 | 2.57 ** |
| 学生占比（stu） | - 1.8141 | - 2.85 *** | - 1.7666 | - 2.72 *** |
| 病患占比（pat） | - 0.0987 | - 0.11 | 0.0954 | 0.11 |

续表

| 解释与控制变量 | 被解释变量（已脱贫 = 1，未脱贫 = 0） | | | |
|---|---|---|---|---|
| | Logit 模型一 | | Logit 模型二 | |
| | 参数 | Z 统计值 | 参数 | Z 统计值 |
| 劳动力人数（lab） | 0.1472 | 2.60*** | 0.1495 | 2.80*** |
| 耕地面积（cul） | 0.0878 | 2.10** | 0.0895 | 2.04** |
| 与村距离（dis） | 0.0166 | 0.13 | 0.0287 | 0.23 |
| 住宅状况（hou） | 2.0161 | 5.58*** | 2.0368 | 5.48*** |
| 饮用水状况（wat） | 3.2728 | 5.41*** | 3.2921 | 5.62*** |
| 贫困属性（sta） | 1.1329 | 9.03*** | 1.1380 | 9.17*** |
| Pseudo $R^2$ | 0.4275 | | 0.4330 | |
| Prob > chi2 | 0.0000 | | 0.0000 | |

注：*、**、***表示统计检验分别达到10%、5%、1%的显著性水平。各个变量的定义、取值见表10-7。

表10-10是模型二、模型三的回归结果，二者的区别是模型三将模型二中的实变量"外出务工时间"替换为虚变量"是否外出务工"。回归结果显示除了"户主年龄"的平方项以外，其余各个变量的显著性及系数估计值均未发生显著变化，可以证明模型整体是稳健的。本研究以模型二的回归结果对各个解释变量进行更详细的分析。

表10-10 模型二、模型三的回归结果

| 解释与控制变量 | 被解释变量（已脱贫 = 1，未脱贫 = 0） | | | |
|---|---|---|---|---|
| | Logit 模型二 | | Logit 模型三 | |
| | 参数 | Z 统计值 | 参数 | Z 统计值 |
| 受教育程度（edu） | 0.7544 | 3.48*** | 0.8017 | 3.66*** |
| 劳动技能（ski） | -0.3479 | -0.99 | -0.0915 | -0.28 |
| 外出务工时间（wor） | 0.1389 | 4.06*** | — | — |
| 是否外出务工（wor*） | — | — | 0.6467 | 2.10** |
| 致贫主观因素（mot） | -1.0514 | -3.72*** | -1.0740 | -3.89*** |
| 户主年龄（age） | 0.1335 | 2.29** | 0.1195 | 2.02** |
| 户主年龄的平方（$age^2$） | -0.0011 | -2.02** | -0.0009 | -1.71 |

续表

| 解释与控制变量 | 被解释变量（已脱贫 =1，未脱贫 =0） | | | |
| --- | --- | --- | --- | --- |
| | Logit 模型二 | | Logit 模型三 | |
| | 参数 | Z 统计值 | 参数 | Z 统计值 |
| 性别（gen） | - 0.3412 | - 1.11 | - 0.3435 | - 1.13 |
| 健康状况（hea） | 0.6729 | 1.82* | 0.6350 | 1.66* |
| 大病医疗（ins） | 3.3212 | 2.57** | 3.2543 | 2.48** |
| 学生占比（stu） | - 1.7666 | - 2.72*** | - 1.6713 | - 2.60*** |
| 病患占比（pat） | 0.0954 | 0.11 | 0.3172 | 0.34 |
| 劳动力人数（lab） | 0.1495 | 2.80*** | 0.1454 | 2.74*** |
| 耕地面积（cul） | 0.0895 | 2.04** | 0.0869 | 1.98** |
| 与村距离（dis） | 0.0287 | 0.23 | 0.0336 | 0.26 |
| 住宅状况（hou） | 2.0368 | 5.48*** | 1.9267 | 5.29*** |
| 饮用水状况（wat） | 3.2921 | 5.62*** | 3.2428 | 5.45*** |
| 贫困属性（sta） | 1.1380 | 9.17*** | 1.1487 | 9.37*** |
| Pseudo R$^2$ | 0.4330 | | 0.4192 | |
| Prob > chi2 | 0.0000 | | 0.0000 | |

注：*、**、***表示统计检验分别达到10%、5%、1%的显著性水平。各个变量的定义、取值见表10-7。

## 二　基准模型回归结果分析

模型二中关键解释变量"劳动技能"没有通过显著性检验，因为贫困户的主要收入来源是家庭农业生产经营，劳动技能需求较低，且"技能劳动力"样本仅占总样本的2.5%，导致贫困户劳动技能对扶贫成效并没有显著影响。"受教育程度"和"外出务工时间"显著为正，"致贫主观因素"显著为负，说明贫困户的"智"与"志"对精准脱贫影响显著。"受教育程度"越高的贫困户自我贫困认知能力和社会经济发展的参与度越高，这不仅能够打破传统生产路径依赖，拓宽增收渠道，还有利于贫困区域经济发展，实现可持续的益贫式增长。"外出务工时间"可以直接反映贫困户是否愿意"勤劳致富"，由于传统小规模农业家庭经营的投入产出比较低，所以主动脱贫愿望强烈的贫困户选择将土地转包他人，选择兼业或外出务工增加收入。根据访谈了解，正常劳动力外出务工收入可达3000元/月，其年收入相当于40亩中等耕地丰年收益，政府采购服务（公益性岗位）也可达到1200～1500元/月，[①] 但是受致贫主观因素的影响，相当比例的贫困户并不愿意付出劳动、不愿意走出家门寻找新的增收渠道，"等、靠、要"思想严重，贫困治理过于倚重行政力量，导致"短、平、快"的扶贫措施成为村干部的首选。在本研究样本中"未脱贫"和"返贫"的样本占比高达78.2%，说明连片特困地区扶贫攻坚任务依然艰巨。成功脱贫的家庭共178户，但是依靠政策脱贫的家庭有120户，占已脱贫家庭样本的67.4%，说明南疆少数民族特困地区的扶贫成效主要依靠政府的转移支付。访谈中了解到，因为国家扶贫资金投入力度巨大，所以村干部对贫困县"摘帽"信心普遍较大，直接给予补贴的"强制性"脱贫屡见不鲜，一旦政府直接性帮扶措施中断，享受政策脱贫的群体极易返贫。因此，贫困户自身改善当前生活困境动力不足会极大降低国家、社会各界组织机构扶贫资金效率。

进一步分析贫困户致贫原因可以发现，"自身发展动力不足"、"缺土地"、"缺资金"和"缺技术"是致贫的主要原因，占比分别是36.4%、26.0%、11.8%和10.9%（见图10-2）。可以看出"致贫主观因素"对精准脱贫成效影响极大。致贫原因中"缺技术"占比达10.9%，劳动技能单一、匮乏极大地缩减了贫困户增收途径。在样本中，半兼业农户不足0.9%，外出务工人员不到9.7%，相当部分贫困户不愿外出务工，但是传统农业生产易受自然、市场因素影响，致贫风险大。所以加大"扶志"力度，建立自主脱贫帮扶机制对高质量、可持续精准脱贫意义重大。

"户主年龄"与脱贫概率存在倒U形非线性关系，为了寻找这一转折点，本研究借助Stata 15.0计算了"age = 60"至"age = 75"16个观测点处的边际效应，结果显示"age = 72"时边际效应最大，在"age = 73"时边际效应下降，说明户主年龄大于72岁对扶贫成效具有消极影响。

---

[①] 资料来源：喀什地区疏勒县牙甫泉镇访谈。公益性岗位例如村小队长、保安、保洁员等，岗位人数限制较大。

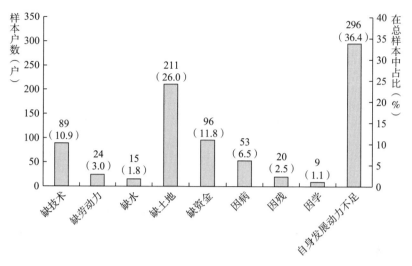

**图 10 – 2 样本家庭主要致贫原因**

# 第四节 "odds ratio"值的测算与分析

上述非线性模型回归结果中，估计量 $\beta_i$ 并非边际效应，不能直接用于度量各个解释变量对被解释变量的边际影响作用。而"概率比"（odds ratio）可以用来解释脱贫概率对各个解释变量变化的敏感程度（卡梅隆、特里维迪，2008）。

对于 Logit 模型，设 $p = P(y = 1 | x)$，则 $1 - p = P(y = 0 | x)$。由于：

$$p = \frac{exp(x_i \beta_i)}{1 + exp(x_i \beta_i)} \tag{10.13}$$

$$1 - p = \frac{1}{1 + exp(x_i \beta_i)} \tag{10.14}$$

所以得出"概率比"更能作为弹性，解释脱贫事件发生概率对解释变量变化的敏感程度表示为：

$$\frac{p}{1 - p} = exp(x_i \beta_i) \tag{10.15}$$

假设 $x_j$ 变为 $x_j + 1$，记 $p$ 的新值为 $p^*$，则新概率比与原概率比的比率可以表示为：

$$\frac{P^*/(1-P^*)}{P/(1-P)} = \frac{exp[\beta_0 + \beta_1(x_1+1)+\cdots\cdots+\beta_i x_i]}{exp(\beta_0+\beta_1 x_1+\cdots\cdots+\beta_i x_i)} = exp(\widehat{\beta_i}) \quad (10.16)$$

表示解释变量 $x_i$ 增加一单位引起概率比变化的倍数，尤其针对解释变量至少变化一个单位（比如性别、婚否等虚变量，年龄、子女个数等实变量）的变动解释，$exp(\widehat{\beta_j}) - 1$ 表示变动幅度，如果 $\widehat{\beta_i}$ 较小，则 $exp(\widehat{\beta_j}) - 1 \approx \widehat{\beta_i}$。

假设 $edu_i$ 变为 $edu_i + 1$，记 $P$ 的新值为 $P^*$，则新概率比与原概率比的比率可以表示为：

$$\frac{P^*/(1-P^*)}{P/(1-P)} = \frac{exp[\beta_0 + \beta_1(edu_{i1}+1)+\cdots\cdots+\beta_5 control_{i5}]}{exp(\beta_0+\beta_1 edu_{i1}+\cdots\cdots+\beta_5 control_{i5})} = exp(\widehat{\beta_i})$$

$$(10.17)$$

这是第 $i$ 个贫困户受教育程度增加一个水平至 $edu_i + 1$ 引起的概率比变化的倍数。odds ratio 尤其适用于解释变量至少变化一个单位（如性别、婚否等虚变量，年龄、子女个数等实变量）的变动解释，$exp(\widehat{\beta_i}) - 1$ 表示变动幅度，如果 $\widehat{\beta_i}$ 较小，则 $exp(\widehat{\beta_i}) - 1 \approx \widehat{\beta_i}$。

根据式（10.17），我们估计各个与被解释变量有显著相关的解释变量增加一个水平（或单位）对被解释变量的影响，结果列于表 10 - 11。其中，特别值得注意的是，非自身发展动力不足的贫困户脱贫概率比是自身发展动力不足家庭脱贫概率的 2.86 倍，进一步证明主观脱贫动力不足是影响脱贫效果的重要因素。其他变量特别是 "大病医疗" "饮用水状况" "贫困属性" "受教育程度" "外出务工时间" "学生占比" 等，也是影响贫困户能否有效摆脱贫困的重要因素。

表 10 - 11　显著影响因素弹性值及含义解释

| 解释变量 | $\widehat{\beta_i}$ | odds ratio | 具体含义解释说明 |
|---|---|---|---|
| 受教育程度（edu） | 0.7544 | 2.12 | 户主受教育程度提高一个水平，脱贫概率比是未提高的 2.12 倍 |
| 外出务工时间（wor） | 0.1389 | 1.15 | 外出务工时间增加 1 天，脱贫概率比增加 15% |
| 致贫主观因素（pnot） | 1.0514 | 2.86 | 非自身发展动力不足的贫困户脱贫概率比是自身发展动力不足的贫困户的 2.86 倍 |
| 户主年龄（age） | 0.1335 | 1.14 | 户主年龄每增加 1 岁，脱贫的概率比增加 14% |

| 解释变量 | $\widehat{\beta_i}$ | odds ratio | 具体含义解释说明 |
|---|---|---|---|
| 健康状况（hea） | 0.6729 | 1.96 | 健康户主的脱贫概率比是患有慢性病户主的1.96倍 |
| 大病医疗（ins） | 3.3212 | 27.69 | 拥有大病医疗保险的家庭脱贫概率比是没有大病医疗保险的家庭的27.69倍 |
| 学生占比（stu） | -1.7666 | 0.17 | 学生人数占家庭比重增加1%，脱贫概率比下降17% |
| 劳动力人数（lab） | 0.1495 | 1.16 | 家庭劳动力人数每增加1人，脱贫概率比增加16% |
| 耕地面积（cul） | 0.0895 | 1.09 | 耕地面积增加1亩，脱贫概率比增加9% |
| 住宅状况（hou） | 2.0368 | 7.66 | 住房安全的贫困户脱贫概率比是不安全的贫困户的7.66倍 |
| 饮用水状况（wat） | 3.2921 | 26.89 | 饮水安全的贫困户脱贫概率比是不安全的贫困户的26.89倍 |
| 贫困属性（sta） | 1.1380 | 3.12 | 贫困程度降低一个水平，脱贫概率比是原水平的3.12倍 |

# 第五节 国家级贫困县与非国家级贫困县敏感性差异分析

## 一 敏感性差异分布

为进一步消除样本异质性，以观察国家扶贫开发工作重点县与一般贫困县中微观个体特征对扶贫成效影响的差异性，我们将样本分为两组：组一，国家扶贫开发工作重点县的贫困村，包括和田县依斯拉木阿瓦提乡里青托尕依村、喀什地区疏勒县英阿瓦提乡安居尔村和喀什地区疏勒县阿拉甫乡尤喀克阿拉甫村3个村共485户；组二，非国家扶贫开发工作重点县的贫困村，包括和田市吐沙拉乡阿拉勒巴格村、阿克苏地区库车县阿克吾斯塘乡硝尔库勒艾日克村和沙雅县古勒巴格镇阿牙克库勒达希村3个村共328户。分别进行稳健标准误Logit回归，由表10-12和表10-13可以看出模型四、模型五、模型六、模型七部分变量显著性较模型二发生了改变，进一步分析得出以下重要结论。

贫困程度越高的国家级贫困县贫困村，户主"受教育程度"对扶贫成效没有显著影响，一方面是因为样本家庭户主受教育程度初中及以下占比高达96.4%，差异较小；另一方面是因为边疆少数民族特困地区受历史教育政策影响,① 户主受教育水平不仅低,而且汉语教育严重缺失,沟通交流的障碍进一步加深了封闭性。非国家扶贫开发工作重点县贫困村户主"受教育程度"显著为正,说明教育产生的保留效用与贫困村贫困深度相关,在非国家扶贫开发工作重点县,教育依然是摆脱贫困的重要因素。贫困发生率与户主受教育程度呈反向关系,户主受教育程度越低,贫困家庭越不容易脱贫。

进一步,我们利用国家统计局住户收支与生活状况调查数据,将户主受教育程度进行分组,观察不同受教育程度农村贫困群体的贫困发生率。结果显示,2018 年户主受教育程度为文盲或半文盲、小学、初中、高中及以上的群体中贫困发生率分别为 6.5%、2.4%、1.2%、0.9%。由此可见,教育扶贫仍然严峻。然而,我国教育扶贫事业起步晚、基础差,导致"扶智"难度较大。一方面由于我国教育资源分布不均,随着人均收入水平的不断提高,贫困地区居民子女就学呈现"村里去乡里""乡里去镇里""镇里去县里"这种逐渐上升的"虹吸"现象,这对处在教育梯队下层的人来说,会不断丧失与上一阶层缩小差距的机会。另一方面归因于城市化进程的不断推进。1978 年,全国仅有 17.8% 的人口生活在城市,而 2019 年中国的城市化率已达 60.6%。农村人口的减少,直接导致农村中小学空心化。

除了教育资源分布的不均等,贫困家庭子女受教育意愿、努力程度等,也是影响精准扶贫成效的重要因素。国家九年义务教育是所有适龄儿童、少年必须接受的教育。2018 年贫困地区农村 7~15 岁非在校儿童比重下降为 1.7%,其中,在初中阶段辍学的占比为 69.6%,77.9% 的学生因不愿意读书而辍学。所以,贫困家庭子女接受教育意愿较弱导致贫困依然存在"代内"向"代际"动态演变的风险。将所有人按每 20 岁为一组进行划分,可以发现贫困发生率分布呈现两边高中间低的特点。老人和儿童的贫困发生率相对较高。2018 年年龄在"0~20 岁"和"81 岁以上"组的农村贫困地区贫困发生率分别为 2.1%、3.4%,而年龄在"41~60 岁"组的农村贫困地区贫困发生率为 1.1%,所以,儿童和青少年的"扶智"成效决定了我国精准扶贫的质量。

---

① 1950 年新疆省人民政府颁布《关于目前新疆教育改革的指示》,规定所有中学加授外族语选修课,届时汉语才作为民族学校学生的选修课;1953 年新疆教育厅的发展方针是南疆重点发展初中,北疆重点发展高中;1956 年新疆维吾尔自治区第二届中等教育会议对汉语教学提出了要求:初中每周 4~6 小时,大体 2500 字。

贫困程度越高的国家级贫困县贫困村,户主"外出务工时间""致贫主观因素"与扶贫成效有显著性关系。结合"耕地面积"对国家级贫困县扶贫成效没有显著影响的结果可以分析得出,自身发展动力不足的贫困户更难以打破禁锢,外出务工寻找新的增收途径。所以国家级贫困县贫困村扶贫攻坚不仅难在生产资料匮乏,更难在贫困户缺乏内生发展动力,更易产生机会主义行为。然而,无论是政府的转移支付,还是"一户一策"的扶贫项目大多是"普惠式"的(见附件一),贫困户"等、靠、要"的心理导致人人有份的扶贫方式虽然公平,但缺乏激励效应。不劳而获的福利虽然能够提高贫困户的主观幸福感,但亦会使其懒于提高个人生产增收的能力。并且,政府的转移支付和对口帮扶单位扶贫资金虽然能够直接增加贫困户收入,产生立即越过贫困线的效应,但却不能形成持续增收的效应,一旦离开补贴,脱贫人群就会立即返回贫困,那么其幸福感也会随之下降。这是边远连片特困地区扶贫攻坚工作的难点所在,也是扶贫开发与益贫式经济可持续发展的矛盾所在。所以,国家扶贫开发工作重点县的扶贫工作,必须与"扶志"及"扶智"的体制机制建设紧密结合起来,唯有如此才能有效破解我国的"贫困陷阱"问题。

表 10 – 12    国家级贫困县差异性分析实证结果

| 解释变量 | 被解释变量(已脱贫 = 1,未脱贫 = 0) | | | |
|---|---|---|---|---|
| | Logit 模型四 | | Logit 模型五 | |
| | 参数 | Z 统计值 | 参数 | Z 统计值 |
| 受教育程度(edu) | 0.0310 | 0.07 | 0.2415 | 0.60 |
| 劳动技能(ski) | − 0.6367 | − 1.35 | − 1.0372 | − 1.41 |
| 外出务工时间(wor) | 0.4467 | 5.89*** | 0.4574 | 5.96*** |
| 致贫主观因素(mot) | − 1.3143 | − 2.68*** | − 1.5191 | − 2.97*** |
| 户主年龄(age) | − 0.0279 | − 1.59 | 0.2284 | 2.47** |
| 户主年龄的平方($age^2$) | — | — | − 0.0023 | − 2.79*** |
| 性别(gen) | − 0.8208 | − 1.45 | − 0.9210 | − 1.61 |
| 健康状况(hea) | − 1.0273 | − 0.97 | − 1.0062 | − 0.99 |
| 大病医疗(ins) | 2.2933 | 1.19 | 2.5950 | 1.23 |
| 学生占比(stn) | − 0.5586 | − 0.43 | − 0.0344 | − 0.03 |

续表

| 解释变量 | 被解释变量（已脱贫 =1，未脱贫 =0） | | | |
|---|---|---|---|---|
| | Logit 模型四 | | Logit 模型五 | |
| | 参数 | Z 统计值 | 参数 | Z 统计值 |
| 病患占比（pat） | 0.5883 | 0.32 | 1.4011 | 0.77 |
| 劳动力人数（lab） | 0.2173 | 1.72 | 0.2507 | 2.35* |
| 耕地面积（cul） | -0.1015 | -1.31 | -0.1196 | -1.42 |
| 与村距离（dis） | -3.4869 | -4.12*** | -3.5889 | -4.05*** |
| 住宅状况（hou） | 3.4079 | 4.43*** | 3.3464 | 4.35*** |
| 饮用水状况（wat） | 4.5518 | 3.73*** | 5.6222 | 6.38*** |
| 贫困属性（sta） | 0.8856 | 3.98*** | 0.9336 | 4.02*** |
| Pseudo $R^2$ | 0.6327 | | 0.6469 | |
| Prob > chi2 | 0.0000 | | 0.0000 | |

注：*、**、*** 表示统计检验分别达到10%、5%、1%的显著性水平。回归均使用稳健标准误以削弱异方差的影响。所有变量的定义、取值见表10-7。

表 10-13　非国家级贫困县差异性分析实证结果

| 解释变量 | 被解释变量（已脱贫 =1，未脱贫 =0） | | | |
|---|---|---|---|---|
| | Logit 模型六 | | Logit 模型七 | |
| | 参数 | Z 统计值 | 参数 | Z 统计值 |
| 受教育程度（edu） | 1.2250 | 3.96*** | 1.3248 | 4.00** |
| 劳动技能（ski） | 0.6230 | 1.33 | 0.4195 | 0.89 |
| 外出务工时间（wor） | 0.0738 | 1.25 | 0.0881 | 1.44** |
| 致贫主观因素（mot） | 0.1603 | 0.31 | 0.0749 | 0.14 |
| 户主年龄（age） | 0.0508 | 3.25*** | 0.1846 | 2.07** |
| 户主年龄的平方（$age^2$） | — | — | -0.0013 | -1.60 |
| 性别（gen） | -0.6826 | -1.50 | -0.7200 | -1.60 |
| 健康状况（hea） | -0.0171 | -0.04 | -0.1772 | -0.40 |
| 大病医疗（ins） | 3.3212 | 2.47** | 3.1214 | 2.64** |
| 学生占比（stu） | -2.5206 | -2.57** | -2.5153 | -2.48** |
| 病患占比（pat） | 0.8373 | 0.65 | 0.6901 | 0.54 |
| 劳动力人数（lab） | 0.2442 | 2.03** | 0.2392 | 1.99** |

续表

| 解释变量 | 被解释变量（已脱贫＝1，未脱贫＝0） | | | |
|---|---|---|---|---|
| | Logit 模型六 | | Logit 模型七 | |
| | 参数 | Z 统计值 | 参数 | Z 统计值 |
| 耕地面积（cul） | 0.2224 | 2.78*** | 0.2287 | 2.79*** |
| 与村距离（dis） | -0.0136 | -0.12 | 0.0123 | 0.11 |
| 住宅状况（hou） | 2.8832 | 3.04*** | 2.8855 | 2.85*** |
| 饮用水状况（wat） | -1.8087 | -2.64*** | 1.7925 | 2.80*** |
| 贫困属性（sta） | 1.3233 | 7.39*** | 1.3272 | 7.42*** |
| Pseudo R² | 0.4590 | | 0.4652 | |
| Prob > chi2 | 0.0000 | | 0.0000 | |

注：*、**、***表示统计检验分别达到10%、5%、1%的显著性水平。回归均使用稳健标准误以削弱异方差的影响。所有变量的定义、取值见表10－7。

## 二　个户案例分析

2016 年成功脱贫个户案例情况：

喀什地区疏勒县是国家扶贫开发工作重点县，英阿瓦提乡安居尔村共有村民 417 户，现有贫困户 238 户。2016 年脱贫的 A 是六口之家，户主年龄 59 岁，除其本人，其他家庭成员均接受过初中教育，拥有耕地 9 亩，种植小麦、玉米和西瓜。2016 年农业收入 18000 元，生产性支出 12500 元，纯收入 5500 元，两个儿子外出务工收入 6500 元，获得农业补贴 1210 元，获得低保金和其他转移支付 5890 元，人均收入 3180 元，但是政府的转移支付占总收入 30% 以上，存在巨大返贫风险。

和田市吐沙拉乡阿拉勒巴格村，2016 年脱贫的 B 是九口之家，户主年龄 59 岁，得益于交通便利，户主和两个儿子均在和田市打工，拥有耕地 3 亩。2016 年农业收入 6300 元，生产性支出 4000 元，三人外出务工收入 46000 元，政府转移支付 3560 元，人均年收入 5760 元。这户人家的脱贫经验显示，外出打工对脱贫的作用非常明显。

2016 年未脱贫个户案例情况：

和田县是国家扶贫开发工作重点县，依斯拉木阿瓦提乡里青托尕依村地处沙漠边缘，生态环境恶劣，自然资源贫乏，经济收入主要以传统种养殖业和外出务工经商为主。共有村民 260 户，贫困户 131 户，占比高达 68.5%。贫困户 C 是七口之家的低保贫困户，拥有耕地 7 亩，户主年龄 54 岁，家中两个儿子小学教育水平，不愿外出打工，过节期间将政府扶贫发放的羊宰杀食用，属于典型自身发展动力不足致贫。

喀什地区疏勒县是国家扶贫开发工作重点县，英阿瓦提乡安居尔村共有村民 417 户，现有贫困户 238 户。贫困户 D 是五口之家，户主年龄 52 岁，主要的收入来源是 3 亩耕地，大女儿是 2015 年村里唯一一个考上大学的孩子，小女儿和儿子还在乡里就读初中，虽然九年义务教育和国家助学金贷款在一定程度上缓解了贫困，但是孩子教育的开支依然使家庭负债累累，属于典型因学致贫。

疏勒县阿拉甫乡尤喀克阿拉甫村，地处塔克拉玛干沙漠边缘，干旱、缺水。贫困户 E 是五口之家，户主年龄 62 岁，其中儿媳是初中教育水平，但家中耕地面积不足 1 亩，对于以务农作为主要收入来源的家庭，生产资料的匮乏是其贫困的主要原因。

阿克苏沙雅县古勒巴格镇阿牙克库勒达希村辖 4 个村民小组 216 户 806 人。耕地面积 9253 亩，其中核桃规模 1520 亩、红枣规模 183 亩、小麦 1020 亩、玉米 800 亩、棉花 5730 亩，村民主要以种植棉花为主，林果业为辅。村民投票选出 19 户贫困户，作为村镇扶贫对象。贫困户 F 是三口之家，但儿子患有先天性心脏病，目前不能实施手术治疗，只能药物维持，缺少劳动技能，属于典型因病致贫。

## 第六节　本章小结

基于信号博弈理论模型，本研究梳理了贫困户懒惰、勤劳与扶贫效用最大化之间的逻辑关系。当精准扶贫过程中存在信息不对称时，"主观贫困"与"客观贫困"会通过工作状态发出传达自身"贫困程度"的信号，精准扶贫所产生的保留效用和贫困户对村干部的预期影响了贫困户的信号策略。此外，基于微观调研数据，本研究实证分析了边疆少数民族连片特困地区贫困户内生动力不足对精准扶贫成效的负面影响。不管是理论分析，还是实证结果，都证明了贫困家庭主观脱贫意识及能力是影响扶贫效果的重要因素。其他变量包括户主的受教育程度、劳动力人数、大病医疗、学生占比、住宅状况等，也都是决定扶贫效果的重要因素，这与其他文献的研究结果相吻合。

实证研究方面，在控制了贫困户个体特征、家庭特征、生产资料特征后，我们用"受教育程度"和"劳动技能"代表贫困家庭脱贫的"智"，用"外出务工时间"和"致贫主观因素"代表贫困家庭脱贫的"志"。实证结果证明"受教育程度"和"外出务工时间"对脱贫的概率有显著性的正向影响作用，"劳动技能"没有通过显著性检验，"致贫主观因素"对脱贫的概率有显著性的负向影响作用。

当把整个样本分为国家级贫困县和非国家级贫困县两个子样本进行分别回归以后，我们惊讶地发现，"致贫主观因素"只在国家级贫困县的子样本中对脱贫效率产生负面影响，在另一个子样本中，这一影响并不显著。另外，"受教育程度""外出务工时间"等变量在两个子样本中的影响也出现不同程度的异质性。我们最突出的发现是，因为国家级贫困县贫困户的"等、靠、要"思想比较严重，长期希望得到政府的财政转移支持，贫困户一方面采取博弈手段隐瞒实际工作创收能力，以获取长期补助，另一方面长期的依靠慢慢地弱化了其自我脱贫意志，并因此产生了懒惰思想。

根据理论和实证分析，我们可以得出以下结论。一是保留效用越大，则贫困户劳动技能的提升、就业机会的增加、薪酬水平的提高使其更倾向于自主脱贫，实现奋斗创造幸福生活。相反，若保留效用较低，贫困户对村干部给予直接补贴的预期越高，则更容易诱发机会主义行为，滋生"等、靠、要"的思想。二是差异性的人口经济社会结构使"短、平、快"的扶贫措施极易产生强制性脱贫，传统"授人以鱼"的财政扶贫模式导致相当比例的贫困户过度依赖直接财政补助脱贫，但其脱贫效率难以为继，故而连片特困地区精准扶贫需要因地制宜、因户制宜、因人制宜、因产业和收入路径制宜。三是贫困户自身发展动力不足导致政府"输血式"转移支付产生的短期和长期效果相矛盾，尤其是国家扶贫开发工作重点县的贫困户更缺乏内生动力，即使投入再多资金，也很难实现高质量、持续性的精准脱贫效果。四是教育的缺位导致边疆少数民族特困地区贫困户观念禁锢、思想落后、语言沟通不畅，贫困代际传递现象严重。

# 第十一章

## 国家级贫困县社会经济发展区域
## 差异性研究

### 第一节　贫困县社会经济发展的区域差异性

2013 年 11 月，习近平总书记在湖南省十八洞村调研扶贫攻坚工作时首次提出精准扶贫重要理念。以此为起点，全国 832 个国家扶贫开发工作重点县，通过"六个精准""五个一批"因地制宜、实事求是、分类指导的原则，最终于 2020 年底实现全部脱贫。

然而，国家扶贫开发工作重点县的脱贫是需要时间积累、不断渐进的过程。2013～2017 年的时间里，国家级贫困县处于贫困治理初级阶段。直到 2017 年 2 月仅有 1 个国家扶贫开发工作重点县成功脱贫。但是，前期的发展积累是贫困县后期得以顺利"摘帽"的基础。如图 11－1 所示，2020 年 1 月全国还剩下 362 个国家级贫困县，这些剩余贫困县也于 2020 年 11 月实现全部脱贫。

为了研究精准扶贫期间国家级贫困县社会经济发展区域差异性，本章选取 20 个省、自治区、直辖市，共计 579 个国家级贫困县作为样本进行多维度分析，其中西部地区 385 个、中部地区 129 个、东部地区 65 个（见表 11－1）。数据时间跨度为 2013～2017 年，一方面是因为 2013 年 11 月中国才正式实施精准扶贫伟大战略，因此 2013 年数据可以描述精准扶贫之前国家级贫困县社会经济发展状况；另一方面由图 11－1 可以看出 2017 年仍然是扶贫开发初级阶段，选择 2017 年的数据可以保证除去已脱贫贫困县之后，所有样本贫困县都属于国家扶贫开发工作重点县。

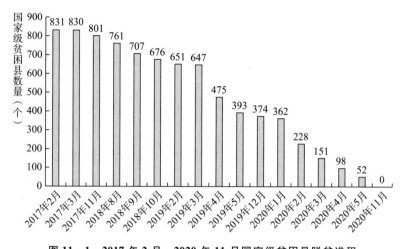

图 11-1　2017 年 2 月～2020 年 11 月国家级贫困县脱贫进程

表 11-1　样本国家级贫困县分布地区、省份

| 地区 | 省份 |
|---|---|
| 东部 | 海南（2）、河北（41）、黑龙江（18）、吉林（4） |
| 中部 | 安徽（15）、河南（38）、湖北（21）、湖南（35）、江西（20） |
| 西部 | 甘肃（49）、贵州（40）、内蒙古（25）、宁夏（5）、青海（32）、陕西（46）、四川（55）、新疆（29）、云南（65）、重庆（8）、广西（31） |

注：括号中为所选取的各省份样本国家级贫困县数量。

## 一　人均 GDP 的变动

国家精准扶贫伟大战略的实施对贫困县的经济发展影响是巨大的。但是不同区域却又存在一定的差异性。如图 11-2 所示，东、中、西部地区 2013～2017 年国家级贫困县的人均 GDP 并不全是呈现增长态势。尤其是西部地区的国家级贫困县，2017 年人均 GDP 相较 2013 年出现下降的贫困县有 45 个，占比达 11.7%。西部地区国家级贫困县人均 GDP 的增长幅度相较于东部、中部略高。579 个样本国家级贫困县的人均 GDP 增幅集中分布在 [0，1] 区间内，占比达 60.2%，即相较 2013 年，有 343 个国家扶贫开发工作重点县的人均 GDP 增长小于 1 万元。

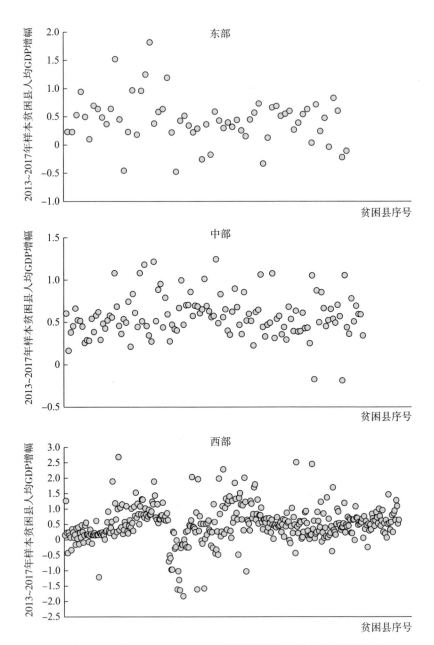

图 11 - 2  2013 ~ 2017 年东、中、西部地区贫困县人均 GDP 增幅

## 二  政府收入水平的变动

贫困县政府公共财政收入是实现政府职能的财力保证，包括各项税收

和非税收入。各项税收包括增值税、消费税、企业所得税、个人所得税等。非税收入包括上级政府划拨的专项收入、国有资产有偿使用收入等。在精准扶贫战略实施期间，国家级贫困县收入水平的变化不仅可以反映中央政府的扶贫力度（非税收入部分），还能够反映贫困县自身经济发展水平（税收收入部分）。本章使用如下公式测算 2013~2017 年 579 个样本国家级贫困县的政府收入水平。

贫困县政府收入水平 = 县域政府公共财政收入/县域生产总值

根据测算结果绘制图 11-3，可以发现 2013 年东部地区样本贫困县政府收入水平集中分布在 [0.02, 0.08] 的区间范围内，2013~2017 年东部地区样本贫困县政府收入水平变动值呈现有增有减的分布特点，有 66.3% 的样本贫困县 2017 年的政府收入水平高于 2013 年。西部地区样本贫困县政府收入水平在五年内几乎没有太大变化，水平变动值集中分布在 0 左右，仅有 3 个贫困县的政府收入水平比 2013 年高出 50.0%，分别是四川省甘孜县和松潘县、青海省天峻县。如图 11-3 所示，中部地区样本贫困县政府收入水平与东部地区的分布较为相似，即有增有减，且增减幅度比西部地区要大。

贫困县政府收入水平反映的不仅是贫困县自身"做蛋糕"的能力，也反映了国家专项支持力度和县域政府国有资产收益的多少，是一个由多重因素综合作用的指标。由于数据的可获得性，我们无法分离出每一部分的影响因素，但是结果至少反映了西部地区样本贫困县的政府收入水平在精准扶贫伟大战略实施的前四年时间里并没有得到极大改善。

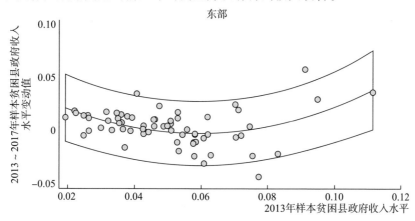

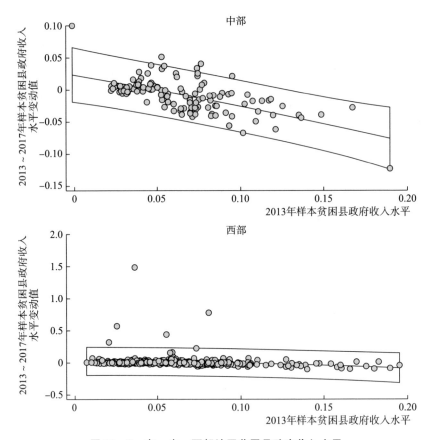

图 11 - 3　东、中、西部地区贫困县政府收入水平

## 三　人均储蓄的变动

已有研究表明人均储蓄可以作为关键指标考察区域内居民财富水平。人均储蓄越高则说明区域内部居民个人可支配的货币财产越多。当然，如果区域收入不平等水平较高，则人均储蓄的解释价值就稍弱。但是本章的研究对象是国家级贫困县，相较市级、省级区域属于较小区域，收入不平等程度较低，对人均储蓄指标的影响也较小。本章按照如下公式测算县域人均储蓄：

县域人均储蓄 = 县域居民储蓄存款余额/县域户籍总人口

由图 11 - 4 可知，2017 年东、中、西部地区国家级贫困县的人均储蓄相较 2013 年均有所上升。2013 年西部地区国家级贫困县居民人均储蓄主要分布区间是 [0，2]，然而，2017 年近 40% 的西部地区贫困县居民人均储蓄超过2万元。2013年中部地区贫困县人均储蓄主要分布在［0，2］的区间范围内，2017年近50%的样本贫困县居民人均储蓄超过2万元，集中分布于［2，3］的区间范围内。东部地区国家级贫困县2013年居民人均储蓄的分布虽然与西部、中部相差不大，但是2017年东部地区75%的样本贫困县居民人均储蓄超过2万元，且有近一半的贫困县居民人均储蓄超过3万元。因此，精准扶贫伟大战略的实施虽然能够普遍提高国家级贫困县居民人均储蓄水平，但是东部地区国家级贫困县居民的储蓄增长幅度更大，换言之，东部地区贫困县居民比西部、中部地区贫困县居民更富有。

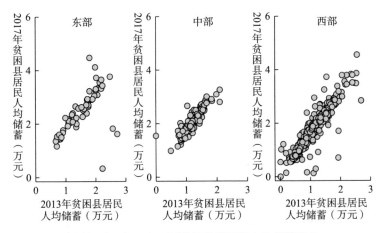

图11-4　东、中、西部地区贫困县人均储蓄变化

## 四　人均政府转移性财政补贴的变动

财政补贴是我国扶贫的重要方式，并且已有诸多学者聚焦财政补贴对贫困地区、贫困家庭的影响展开了研究。汪三贵等（2004）研究得出，1998~2001年，来自政府的扶贫资金能够有效改善中国农户家庭收入较低的窘迫。但是陈新、沈扬扬（2014）以天津农村地区为研究对象，得出财政补贴的减贫效应十分有限。杨振山等（2020）研究得出，2002~2015年财政补贴对国家级贫困县经济发展的影响与人均补贴金额的多少密切相关，并且西部地区的国家级贫困县对补贴较为敏感。

本章对人均政府转移性财政补贴的测算借鉴杨振山等（2020）的方法。

人均政府转移性财政补贴=（公共财政支出-公共财政收入）/县域户籍总人口

经过测算得出数据绘制图 11 - 5、11 - 6、11 - 7。

由图 11 - 5 可以得出，东部地区国家级贫困县之间人均政府转移性财政补贴的差距在不断缩小，2017 年分布的核密度曲线比 2013 年更为平滑。2017 年人均政府转移性财政补贴在 ［1，2］ 万元区间内的贫困县数量有所增加。这说明精准扶贫战略的实施使东部地区贫困县居民获得的政府补贴有一定的增长。

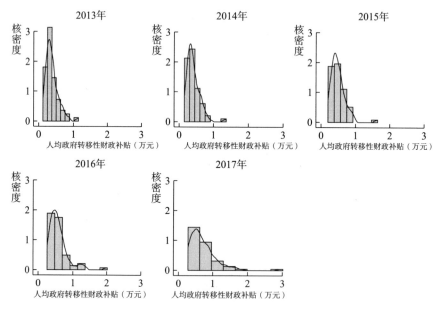

**图 11 - 5　2013 ～ 2017 年东部地区贫困县人均政府转移性财政补贴**

图 11 - 6 是 2013 ～ 2017 年西部地区贫困县人均政府转移性财政补贴的变动。可以发现西部地区与东部地区相似，2017 年人均政府转移性财政补贴的核密度曲线相较 2013 年更为平滑。2013 年人均转移性财政补贴不足 1 万元的贫困县占比高达 80.1%，仅有 14 个样本贫困县的人均政府转移性财政补贴超过 2 万元。随着国家扶贫开发力度的不断加强，尤其是作为脱贫攻坚主战场的连片特困地区都集中分布在西部地区，因此，国家针对这些区域的贫困县给予了更多的支持、帮扶。2017 年，西部地区的 385 个样本贫困县中有 122 个贫困县的人均政府转移性财政补贴超过 1 万元，占比达 31.7%，比 2013 的占比增加 10 个百分点。中部区域与东部区域人均政府转移性财政补贴变动特点相似，故而不再赘述。

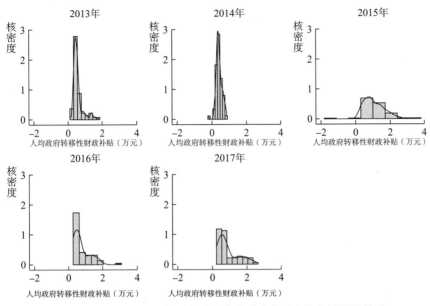

**图 11 – 6  2013 ~ 2017 年西部地区贫困县人均政府转移性财政补贴**

进一步，比较 2013 年、2017 年东、中、西部地区贫困县人均政府转移性财政补贴的变化，如图 11 – 7 所示，2017 年东、中、西部地区样本贫困县的人均政府转移性财政补贴相较 2013 年均有所增加，但是西部地区贫困县的增长幅度显著高于中部、东部地区贫困县，这就导致西部地区的大部分国家级贫困县的人均政府转移性财政补贴高于中部、东部地区的贫困县。这是因为西部地区贫困县的贫困深度、广度、强度都要比东部、中部地区贫困县严重，国家为了能够帮助西部地区贫困县顺利脱贫，故而在扶贫专项资金的补贴上予以倾斜。

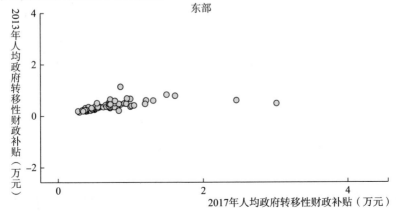

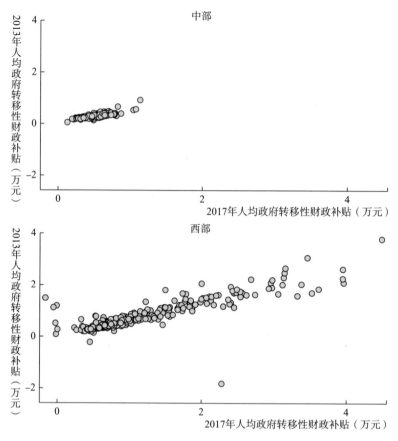

图 11-7 东、中、西部地区贫困县人均转移性财政补贴变化

## 五 固定资产投资水平的变动

贫困县固定资产投资不但能够推动县域经济发展，对贫困县发展有着正面影响，大量的基础设施、公共设施固定资产投资还能够改善贫困县居民生产生活水平。随着国家精准扶贫、精准脱贫战略的不断推进，国家级贫困县的固定资产投资水平也在不断改善。本章设定公式：

国家级贫困县固定资产投资水平=县域固定资产投资/县域生产总值

在样本中，东部地区有 18 个贫困县 2017 年的固定资产投资水平较 2013 年有所减少，占比达 27.7%；中部地区有 9 个贫困县 2017 年的固定资产投资水平较 2013 年有所减少，占比约 7.0%；西部地区的 385 个贫困县中共有 134 个贫困县 2017 年的固定资产投资水平较 2013 年有所下降，占比高达 34.8%。由此可以得出，西部地区仍然有相当一部分贫困县的县域固定资产投资水平较低，这会在一定程度上阻碍县域经济发展。然而，分析数据可以发现还存在另一个重要信息，不同省份的国家级贫困县的固定资产投资水平也存在较大差异，例如同处西部地区的青海、四川，两省 2013~2017 年样本贫困县固定资产投资水平变动幅度分别为 44.1%、6.1%（见表 11-2）。

表 11-2　东、中、西部地区国家级贫困县固定资产投资水平变动情况

单位：个，%

| 地区 | 省份 | 2017 年较 2013 年增加的贫困县数量 | 2017 年较 2013 年减少的贫困县数量 | 平均变动幅度 |
|---|---|---|---|---|
| 东部 | 海南 | 0 | 2 | -20.5 |
| | 河北 | 32 | 9 | 18.1 |
| | 黑龙江 | 11 | 7 | -13.1 |
| | 吉林 | 4 | 0 | 34.4 |
| 中部 | 安徽 | 14 | 1 | 33.5 |
| | 河南 | 37 | 1 | 23.2 |
| | 湖北 | 20 | 1 | 19.8 |
| | 湖南 | 29 | 6 | 13.0 |
| | 江西 | 20 | 0 | 17.6 |
| 西部 | 甘肃 | 26 | 23 | -7.7 |
| | 广西 | 22 | 9 | 20.7 |
| | 贵州 | 6 | 34 | -11.1 |
| | 内蒙古 | 8 | 17 | -12.3 |
| | 宁夏 | 4 | 1 | 38.3 |
| | 青海 | 26 | 6 | 44.1 |
| | 陕西 | 41 | 5 | 31.7 |
| | 四川 | 36 | 19 | 6.1 |
| | 新疆 | 21 | 8 | 8.8 |
| | 云南 | 55 | 10 | 36.2 |
| | 重庆 | 6 | 2 | 3.5 |

## 第二节 贫困县产业发展的区域差异性

在资源禀赋既定的情况下，经济的增长取决于资源配置和利用效率。资源禀赋、政治经济制度相互作用，共同决定资源配置和利用效率，在中国，不同区域、省、市和县域的产业结构存在巨大差异（钟甫宁，2021）。农业虽然是国民经济的支柱产业，但是已有研究表明农业对经济增长的贡献要小于二、三产业。这是因为中国绝大多数农业还是小而分散的家庭经营模式，单位劳动生产率较低。研究国家级贫困县农业发展、产业结构变化、规模以上工业企业数量的变动特点，不但可以解读贫困县经济发展状况，还可以通过比较分析探求东、中、西部地区不同产业发展的差异性。

### 一 第一产业占比

本研究首先分析 2013~2017 年国家级贫困县第一产业发展变动特点，使用第一产业占比数据，具体计算公式为：

贫困县第一产业占比 =（县域第一产业增加值/县域生产总值）* 100%

由图 11-8 可知，东部地区样本贫困县第一产业占比在 2013~2017 年并没有明显变化。2013 年东部地区有 17 个样本贫困县第一产业产值占比大于或等于 30%，而 2017 年东部地区第一产业产值占比达到 30% 及以上的样本贫困县增加至 28 个，占比为 43.1%。

本研究所选取的中部地区省份中，河南、湖北、湖南属于全国农业大省，不但农业总产值排在全国前列，农业现代化水平也较高。由图 11-9 可以看出，2013~2017 年中部地区贫困县的第一产业占比虽然有增有减，但是总体变化并不显著。2013 年中部地区第一产业占比低于 30% 的样本贫困县数量是 99 个，占比为 76.7%。2017 年中部地区第一产业占比低于 30% 的贫困县数量增加至 124，占比高达 96.1%，然而，东部地区 2017 年这一比重仅是 56.9%。这说明，随着精准扶贫的不断深入，中部地区大部分贫困县的第一产业发展对县域经济发展的贡献度在下降。东部地区贫困县第一产业对县域经济发展的影响没有太大变化。

广西、四川是西部地区农业发展大省，农业总产值、现代化水平位于

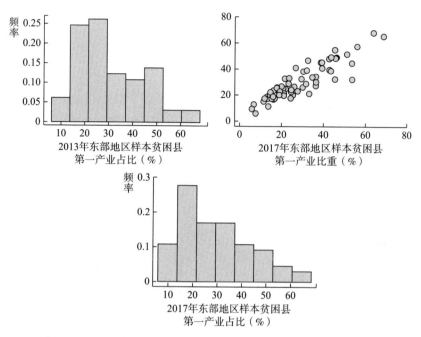

**图 11 - 8　2013 年、2017 年东部地区样本贫困县第一产业占比变化**

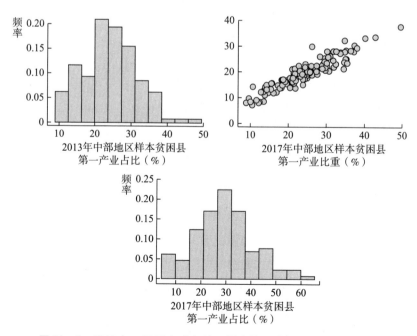

**图 11 - 9　2013 年、2017 年中部地区样本贫困县第一产业占比变化**

全国前十。然而其余省份因水资源、地形地貌特征、农业劳动力等因素，农业发展处于较为落后的水平。例如贵州、重庆地形地貌以丘陵、山地为主，无法开展大规模农业生产；新疆、甘肃水资源短缺，也导致大部分土地无法用作农业耕地，农业发展受到制约。图 11 - 10 是 2013 年、2017 年西部地区样本贫困县第一产业占比变化，2013 年这一占比低于 30% 的贫困县数量是 245 个，占比为 63.6%，2017 年这一贫困县数量增至 281 个，占比达 72.9%。这说明精准扶贫期间一部分西部地区贫困县的第一产业对县域经济发展的贡献在下降，但是呈现此特点的贫困县数量比中部地区要少。

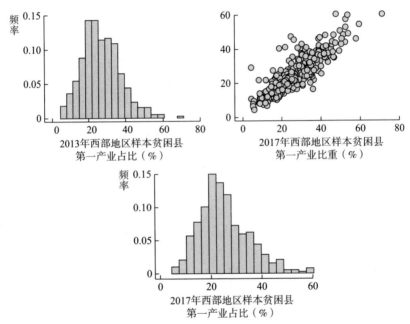

**图 11 - 10　2013 年、2017 年西部地区样本贫困县第一产业占比变化**

进一步，通过比较东、中、西部地区贫困县 2017 年第一产业占比核密度可以发现，中部地区第一产业占比在样本贫困县中的分布差距不大，集中分布于 10% ~ 30%（见图 11 - 11）。东、西部地区贫困县之间第一产业占比的差距较大，尤其是东部地区。河北省的涞源县、盐山县、平山县 2017 年第一产业占比不足 10%，但是，海南省的临高县、黑龙江的饶河县 2017 年第一产业占比超过 60%。

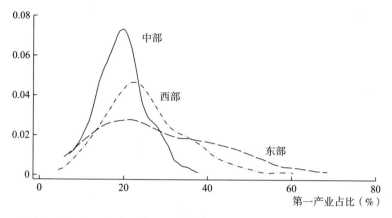

**图 11 - 11　2017 年东、中、西部地区样本贫困县第一产业占比核密度**

## 二　非农产业就业人员占比

第一产业占比可以作为研究贫困县产业结构变动的一个指标，但是非农产业就业人数的变动更加能够反映出区域第二产业、第三产业发展水平。中国精准扶贫伟大战略实施过程中的失业人员再就业、劳务输出、引进发展县域企业、乡镇企业、产业扶贫等不但可以促进就业率的提高，使贫困人口拥有稳定的收入来源，还会影响县域劳动力就业结构。本章数据分析对象是非农产业就业人员占比，计算公式为：

$$非农产业就业人员占比 = [(第二产业从业人员 + 第三产业$$
$$从业人员)/县域户籍总人口] * 100\%$$

由此公式计算，得出表 11 - 3，东、中、西部区域 579 个样本贫困县中有 405 个贫困县 2017 年非农产业就业人员占比相较于 2013 年有所增加，占比达 69.9%。其中东部地区的海南、河北、黑龙江三省样本贫困县的非农产业就业人员平均变动幅度分别为 6.52%、1.14%、5.86%。仅有吉林省的 4 个样本贫困县平均变动幅度是减少的，为 -0.14%。中部地区仅有湖南省样本贫困县 2017 年的非农产业就业人员占比相较 2013 年有所下降，其余省份均是上升趋势，尤其是河南、江西两省贫困县 2017 年的非农产业就业人员平均变动幅度分别是 8.47%、11.8%。西部地区虽然仅有贵州、宁夏两省贫困县的非农产业就业人员占比是下降的，但是其余省份的平均变动幅度都较小。

通过上述分析可以得出，中部地区贫困县非农产业就业人员占比在精准扶贫期间有了大幅度提升。这说明中部地区贫困县居民从事农业生产的人数在下降，也从侧面说明中部地区贫困县第二产业、第三产业有了一定发展，从而吸纳了相当一部分农业剩余劳动者。这不但对县域经济发展有积极的促进作用，而且更多渠道的就业途径提供了更多的收入来源，使贫困县居民真正实现稳定就业。

表 11-3　东、中、西部地区国家级贫困县劳动力就业结构变动情况

单位：个，%

| 地区 | 省份 | 2017 年较 2013 年增加的贫困县数量 | 2017 年较 2013 年减少的贫困县数量 | 平均变动幅度 |
|---|---|---|---|---|
| 东部 | 海南 | 1 | 1 | 6.52 |
| | 河北 | 27 | 14 | 1.14 |
| | 黑龙江 | 16 | 2 | 5.86 |
| | 吉林 | 3 | 1 | -0.14 |
| 中部 | 安徽 | 14 | 1 | 6.74 |
| | 河南 | 24 | 14 | 8.47 |
| | 湖北 | 17 | 4 | 5.44 |
| | 湖南 | 20 | 15 | -0.21 |
| | 江西 | 16 | 4 | 11.80 |
| 西部 | 甘肃 | 40 | 9 | 4.25 |
| | 广西 | 28 | 3 | 6.22 |
| | 贵州 | 19 | 21 | -0.17 |
| | 内蒙古 | 17 | 8 | 1.41 |
| | 宁夏 | 1 | 4 | -5.79 |
| | 青海 | 23 | 9 | 3.69 |
| | 陕西 | 34 | 12 | 2.90 |
| | 四川 | 36 | 19 | 1.95 |
| | 新疆 | 22 | 7 | 5.77 |
| | 云南 | 40 | 25 | 1.42 |
| | 重庆 | 7 | 1 | 1.22 |

### 三　规模以上工业企业发展

如果说非农产业就业人员占比变动可以作为研究县域非农产业发展的一个重要指标，那么县域规模以上工业企业数量的增加则可以直接说明县域国民经济发展过程中第二产业的发展。如图 11－12 所示，西部地区样本贫困县 2017 年规模以上工业企业数量分布较 2013 年并没有太大变化，分布集中在 ［0，50］ 这一区间内。2013 年西部区域样本贫困县规模以上工业企业数量小于 10 的贫困县数量是 141 个，占比达 36.6％，2017 年又增加了 3 个贫困县。另一个发现是 2013 年规模以上工业企业数量超过 70 的贫困县，在 2017 年这一数量都有所下降，例如，2013 年四川省盐源县拥有规模以上工业企业 116 个，2017 年则下降至 104 个；贵州省贞丰县 2013 年拥有规模以上工业企业 95 个，2017 年则下降至 85 个。

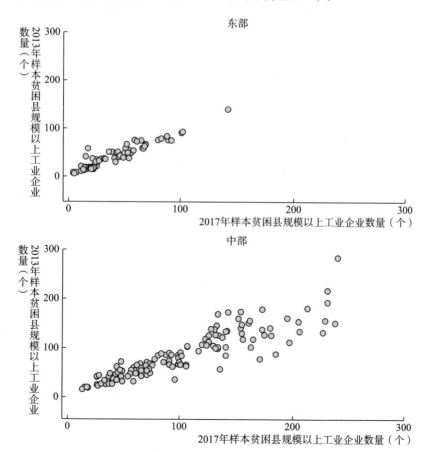

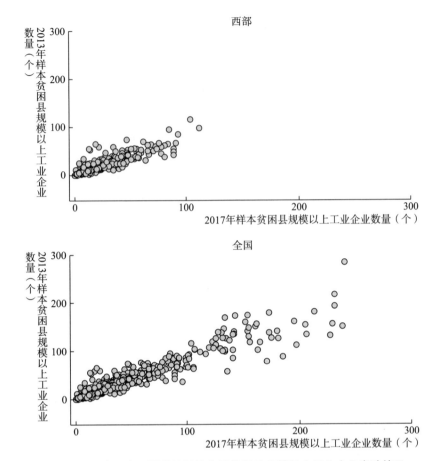

图 11-12　东、中、西部地区及全国贫困县规模以上工业企业变动情况

中部地区样本贫困县规模以上工业企业基础要明显优于东部、西部地区。2013 年中部地区有 48 个样本贫困县的规模以上工业企业数量超过 100，占比达 37.2%，2017 年有 60 个样本贫困县的规模以上工业企业数量超过 100，占比上升至 46.5%。全国 579 个样本贫困县中 2017 年有 65 个贫困县的规模以上工业企业数量超过 100，中部地区占 60 个。

一直以来，东部地区经济总体实力强于中部、西部，但是东部地区贫困县的发展却不如全国贫困县总体经济发展这般强劲。由图 11-12 可以看出，2013~2017 年东部地区样本贫困县的规模以上工业企业数量集中分布于 [0，100] 这一区间，且 2017 年规模以上工业企业数量少于 10 的贫困县占比为 5.8%，规模以上工业企业数量大于 50 的贫困县占比为 37.1%。

综上所述，中部地区样本贫困县规模以上工业企业基础优于东部、西部地区，国家精准扶贫期间中部地区贫困县的工业发展更为迅速。东部地区样本贫困县规模以上工业企业发展要慢于中部地区。西部地区样本贫困县的规模以上工业企业发展基础是三个区域中最弱的，并且在精准扶贫期间其发展也是三个区域当中最缓慢的。

## 四　人均粮食产量

2011 年，中共中央、国务院印发的《中国农村扶贫开发纲要（2011—2020 年）》总体目标提出"稳定实现扶贫对象不愁吃、不愁穿，保障其义务教育、基本医疗和住房"。因此，粮食保障成为精准扶贫期间县域经济发展的一个关注重点，它是脱贫的基础。本研究针对样本贫困县人均粮食产量自 2013 年至 2017 年的变动情况进行分析，以探究精准扶贫期间不同区域样本贫困县粮食产量的变动差异性。计算公式如下：

人均粮食产量 = 县域粮食总产量/县域户籍总人口

由表 11 - 4 的计算结果可知，2017 年相较 2013 年共有 227 个样本贫困县的人均粮食产量有所减少，占总样本的 39.2%。但是省域内样本贫困县的平均变动幅度以增加为主，仅有甘肃、广西、新疆三个省份样本贫困县人均粮食产量的平均变动幅度为负值。进一步，分区域来看，中部地区贫困县人均粮食产量的平均变动幅度较大，湖北、湖南分别达到 0.38 吨、0.23吨。而西部地区贫困县人均粮食产量的平均变动幅度均等于或小于 0.05吨。东部地区的黑龙江、吉林具有优越的农业生产资源禀赋条件，不仅黑

**表 11 - 4　东、中、西部地区国家级贫困县人均粮食产量变动情况**

单位：个，吨

| 地区 | 省份 | 2017 年较 2013 年增加的贫困县数量 | 2017 年较 2013 年减少的贫困县数量 | 平均变动幅度 |
|------|------|------|------|------|
| 东部 | 海南 | 2 | 0 | 0.23 |
| | 河北 | 20 | 21 | 0.04 |
| | 黑龙江 | 17 | 1 | 0.26 |
| | 吉林 | 4 | 0 | 0.33 |

| 地区 | 省份 | 2017 年较 2013 年增加的贫困县数量 | 2017 年较 2013 年减少的贫困县数量 | 平均变动幅度 |
|------|------|------|------|------|
| 中部 | 安徽 | 11 | 4 | 0.02 |
| | 河南 | 20 | 18 | 0.13 |
| | 湖北 | 21 | 0 | 0.38 |
| | 湖南 | 21 | 14 | 0.23 |
| | 江西 | 3 | 17 | 0.01 |
| 西部 | 甘肃 | 19 | 30 | − 0.02 |
| | 广西 | 4 | 27 | − 0.01 |
| | 贵州 | 35 | 5 | 0.04 |
| | 内蒙古 | 12 | 13 | 0.05 |
| | 宁夏 | 3 | 2 | 0.02 |
| | 青海 | 20 | 12 | 0.02 |
| | 陕西 | 30 | 16 | 0.01 |
| | 四川 | 36 | 19 | 0.03 |
| | 新疆 | 12 | 17 | − 0.01 |
| | 云南 | 54 | 11 | 0.01 |
| | 重庆 | 8 | 0 | 0.03 |

土地肥沃，地势也较为平坦，故而人均粮食产量不断增加。通过分析，可以知道东、中、西部地区贫困县在精准扶贫期间人均粮食产量都有一定幅度增加，但是东、中部地区省份增长幅度更大。

## 第三节 贫困县医疗教育发展的区域差异性

2020 年是中国实现全面建成小康社会的重要年份，梳理、回顾扶贫政策的实施效果不仅关乎社会公平与正义的实现，也是后脱贫时代政策调整的基本参照依据。厘清医疗、卫生事业在不同区域贫困县的变动特点不仅有利于探究医疗教育资源区域分配的差异性，更有助于研究精准扶贫实施效果的区域差异性。

## 一　医疗卫生事业发展

在《中国农村扶贫开发纲要（2011—2020 年）》中提出的"两不愁""三保障"要求贫困地区居民能够实现看病就医有条件。医疗保障作为精准扶贫政策中极为关键的一环，可以有效减轻农村贫困人口治病所产生的经济负担，防止因病致贫、因病返贫。2016 年国民经济和社会发展统计公报以及国务院扶贫办公布的数据显示，当年 4335 万建档立卡贫困户中，因病返贫的比例高达 42.6%，其中患大病或慢性病致贫的有 734 万人。由此可见，疾病是农村贫困人口致贫的主要原因之一。

贫困县医疗卫生条件的变动能够反映县域医疗水平。本节聚焦贫困县医疗卫生机构床位数在 2013～2017 年的变动来分析贫困县医疗卫生条件的变化。计算公式为：

$$每万人医疗卫生机构床位数 =（县域内当年医疗卫生机构床位数／$$
$$县域户籍总人口）* 10000$$

运用 579 个贫困县数据计算出结果绘制图 11－13。由图 11－13 可以看出 2017 年东、中、西部区域每万人医疗卫生机构床位数大于 50 的样本贫困县分别有 20 个、28 个、32 个，分别占区域总样本的 30.8%、21.7%、8.3%，由此可以看出东部地区国家级贫困县的医疗卫生条件优于西部、中部地区贫困县。

通过观察图 11－13 纵轴可以得出，东、中、西部区域大多数贫困县2017 年的医疗水平相较 2013 年都有所改善，且每百万人医疗卫生机构床

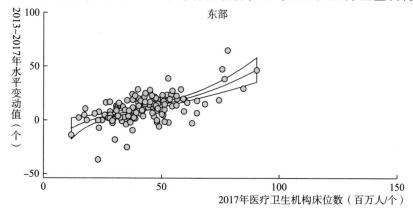

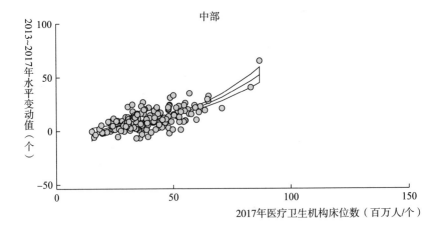

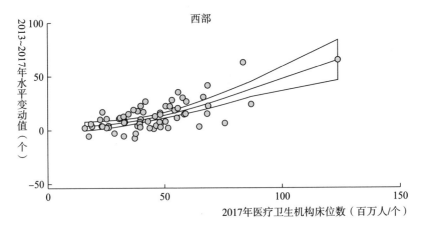

**图 11 - 13  2013 年、2017 年东、中、西部地区样本贫困县每百万人
医疗卫生机构床位数变动**

位数的变动幅度在 0～50 个。因此，在精准扶贫期间大部分国家级贫困县
的医疗水平都有所改善，且这种改善并没有呈现明显的区域不平等。

## 二  教育发展

教育不但是人力资本积累的重要过程，更是促进个体劳动技能提升的
主要途径。随着受教育水平的不断提高，个体人力资本积累会帮助其打破
从业限制，同时产生显著的增收效应。不仅如此，贫困地区的教育事业更
是阻断代际传递导致的长期贫困的最重要的途径之一。发展"教育脱贫一
批"是新时期精准扶贫的措施之一，它改善了许多贫困县、贫困村落后的

教育条件，为当地学龄儿童、青少年创造了更好的受教育环境。教育的经济收益主要是通过劳动力就业、产业发展得以实现，因此教育扶贫的效果需要时间来检验。本研究以县域在校生人数比重为指标，研究 2013~2017年不同区域国家级贫困县在校生人数占比的变动来分析精准扶贫期间教育发展的区域差异性。计算公式如下：

县域在校生人数比重＝（县域内在校生总数/县域户籍总人口）＊100%

　　基于计算结果绘制图 11-14，可得 2017 年东、中、西部区域贫困县在校生人数占县域户籍总人口数量的比重集中分布在 10% 的水平左右，没有呈现明显的差异。但是 2013 年、2017 年在校生人数水平变动值却存在一定差异。西部地区样本贫困县 2017 年在校生人数占比相较 2013 年有所下降的贫困县数量最多，中部地区次之，贫困县下降数量最少的是东部地区。

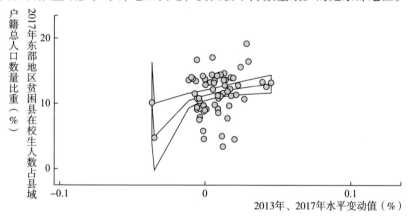

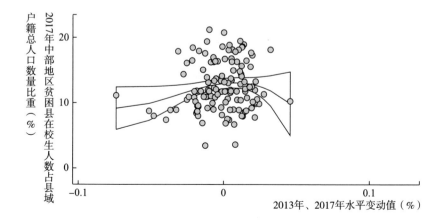

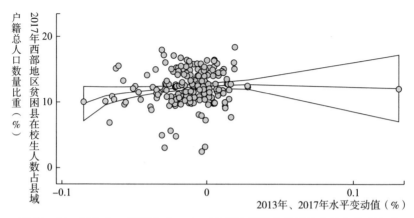

**图 11-14  2013 年、2017 年东、中、西部地区样本贫困县在校生比重变动**

进一步通过表 11-5 统计数据进行分析，在东部地区 65 个样本贫困县中，有 23 个贫困县的在校生人数占比相较 2013 年有所下降，占比达 35.4%。中部地区有 47.3% 的样本贫困县在校生人数比重在精准扶贫期间有所下降。然而，西部地区共有 252 个样本贫困县在校生人数比重相较 2013 年有所下降，占比高达 65.4%。总样本中有 58.0% 的贫困县在校生人数比重相较 2013 年是下降的，西部地区高出全国 7.4%。导致这一结果的一个重要原因是教育资源分布的不均衡，姚树洁等便提出随着城市化的不断推进，大中型城市教育也会产生"虹吸效应"，即乡村内部的优秀师资和学生会向县域流动，县域内的优秀师资和生源又会向市级流动，这就导致优秀的教育资源、生源都会集中分布在中心城市，长此以往就造成教育资源分配的不均衡。精准扶贫期间国家对贫困县的教育投入力度十分巨大，但是依然有众多国家级贫困县的在校生人数占总人数比重呈现下降趋势。

**表 11-5  东、中、西部地区国家级贫困县在校生人数比重变动情况**

单位：个，%

| 地区 | 省份 | 样本贫困县总数 | 2017 年较 2013 年减少的贫困县数量 | 区域占比 |
|---|---|---|---|---|
| 东部 | 海南 | 2 | 2 | 35.4 |
| | 河北 | 41 | 8 | |
| | 黑龙江 | 18 | 10 | |
| | 吉林 | 4 | 3 | |

续表

| 地区 | 省份 | 样本贫困县总数 | 2017年较2013年减少的贫困县数量 | 区域占比 |
|---|---|---|---|---|
| 中部 | 安徽 | 15 | 9 | 47.3 |
| | 河南 | 38 | 26 | |
| | 湖北 | 21 | 11 | |
| | 湖南 | 35 | 5 | |
| | 江西 | 20 | 10 | |
| 西部 | 甘肃 | 49 | 42 | 65.4 |
| | 广西 | 31 | 15 | |
| | 贵州 | 40 | 32 | |
| | 内蒙古 | 25 | 19 | |
| | 宁夏 | 5 | 5 | |
| | 青海 | 32 | 21 | |
| | 陕西 | 46 | 36 | |
| | 四川 | 55 | 28 | |
| | 新疆 | 29 | 3 | |
| | 云南 | 65 | 45 | |
| | 重庆 | 8 | 6 | |
| 全国 | | 579 | 336 | 58.0 |

# 第四节 本章小结

本章旨在研究精准扶贫期间国家级贫困县社会经济发展的区域差异性，以20个省、自治区、直辖市共计579个国家级贫困县为研究对象，聚焦东部、中部、西部地区样本贫困县2013～2017年社会经济发展、产业发展、医疗教育发展存在的差异。研究结果得出以下重要结论。

（1）社会经济发展方面。2013～2017年国家级贫困县的人均GDP有增有减，其中西部地区国家级贫困县中人均GDP有所下降的贫困县的占比最高。西部地区样本贫困县政府收入水平在精准扶贫伟大战略实施的前四年时间里并没有如东部、中部地区样本贫困县那般得到极大改善。精准扶贫伟大战略的实施虽然能够普遍提高国家贫困县居民人均储蓄水平，但是东部地区国家贫困县居民的储蓄增长幅度更大，即东部贫困县居民比西部、中部地区贫困县居民更富有。2017年东、中、西部地区样本贫困县的人均政府转移性财政补贴相较2013年均有所增加，但是西部地区贫困县的增长幅度显著高于中部、东部地区贫困县。西部地区贫困县的县域投资水平较低，这会在一定程度上阻碍县域经济发展。

（2）产业发展方面。精准扶贫期间，相较东部、西部地区贫困县，中部地区有相当一部分贫困县的第一产业对县域经济发展的贡献在下降。中部地区贫困县非农产业就业人员占比在精准扶贫期间有了大幅度提升，即中部地区贫困县二、三产业有了一定发展，从而吸纳了相当一部分农业剩余劳动者。中部地区贫困县规模以上工业企业基础优于东部、西部地区，国家精准扶贫期间中部地区贫困县的工业发展更为迅速。中部地区样本贫困县规模以上工业企业发展要快于东部地区，而西部地区样本贫困县的规模以上工业企业发展是三个区域当中最缓慢的。东、中、西部地区贫困县在精准扶贫期间人均粮食产量都有一定幅度增加，但是中部、东部地区省份增长幅度更大。

（3）医疗卫生、教育发展方面。在精准扶贫期间大部分国家级贫困县的医疗水平都有所改善，且这种改善并没有呈现明显的区域不平等。虽然2017年东、中、西部地区贫困县在校生人数占县域户籍总人口数量的比重没有呈现明显的差异，但是西部地区样本贫困县2017年在校生人数占比相较2013年有所下降的贫困县数量最多，中部地区次之，贫困县下降数量最少的是东部地区。

# 第十二章
## 主要结论、政策建议与研究展望

## 第一节 主要结论

中国始终将扶贫开发作为政府工作的重点，持续探索实践具有中国特色的扶贫开发战略，并根据每个阶段的贫困特征变化，不断调整扶贫模式以及政策侧重点。对外开放促进了中国经济的快速发展，但是要素在不同区域配置的差异性，以及不同区域自然资源禀赋的差异性导致中国收入不平等问题也越加严峻。自1978年以来，中国的经济实现了快速增长，人民生活水平有了显著提高。但是收入的不断增加却在不同人群之间产生了不同的分配结果。中国逐步从一个高度平等的社会转变为一个不平等程度可以与美国和东亚经济体相似的社会。并且收入不平等又在一定程度上加重社会贫困问题。

本研究首先回顾、梳理了新中国成立以来中国社会经济发展及贫困治理的历程。本研究聚焦改革开放前20年中国收入不平等问题，提出中国的收入不平等是复杂和多层面的，不但有城乡之间，东、中、西部区域之间的收入不平等，还包含城市内部、农村内部以及各个区域内部的收入不平等，并且指出一直以来被人们忽视的区域内部不平等，可能对全国总不平等程度的贡献和影响更大。在国家一级，不平等及其增长可以用城乡差距和区域差距来解释。在农村地区，不平等的加剧主要是由不同区域内农村发展不平等所造成的，而区域之间的农村发展差距又主要是由乡镇企业发展的不平衡造成的。在城镇地区，所有制多元化和工资制度改革是收入分配公平程度恶化的原因。

中国经济发展和减贫的成就已经远远超过全球其他发展中国家，特别是习近平总书记关于精准扶贫的重要论述及措施已经深入人心，深入每一个村庄、每一个贫困家庭，使我国的扶贫理论及实践已经明显突破了世界现有贫困治理理论及实践边界，为人类的扶贫开发工作贡献了中国的智慧及方案。精准扶贫、精准脱贫不仅有利于社会稳定团结和人民生活幸福指数不断提升，还有利于增强中国共产党的执政能力和基础，更重要的是通过提升贫困和低收入人群的生活水平及创造能力，可以为我国广大农村注入持续发展的原动力，充分发挥中国特色社会主义制度及文化的优越性。2020 年以后，我国未来的扶贫扶弱重心将转移为支持相对低收入人群的就业和生活水平的不断改善，以实现在中国特色社会主义现代化建设过程中，全体低收入人群都能够参与经济建设，分享社会经济发展的成果，进而实现共同富裕的伟大目标。

本研究在习近平总书记关于精准扶贫、精准脱贫重要论述的理论基础上，结合中国发展的历史，阐明了中国精准扶贫、精准脱贫理论体系的先进性、实施方略的科学性，以及所取得的足以彪炳史册的伟大成绩。实践证明，习近平总书记关于精准扶贫、精准脱贫的重要论述不但是中国扶贫事业攻坚克难、日新月异的理论指导及行动指南，更是中国政治优势和制度优势的体现。

当前中国的减贫多采用市场化的发展路径，新时代的扶贫事业调动了多样化主体参与。《中国农村扶贫开发纲要（2011—2020 年）》基本原则部分提出，要广泛动员社会各界参与扶贫开发，完善机制、拓展领域、注重实效、提高水平。《国民经济和社会发展第十三个五年规划纲要》进一步强调，要健全广泛参与机制，健全党政机关、人民团体、企事业单位定点扶贫机制，实现社会资源和精准扶贫有效对接，并强化脱贫工作责任考核。中国已然完成扶贫工作由"政府包办"向"非政府组织和政府组织合作"的转变。以渭南师范学院定点扶贫的陕西省大荔县龙门村为案例，研究得出，脱贫攻坚事业与学院党建工作统一部署不仅能够显示出学院作为社会扶贫力量所具有的社会责任意识，更能够显示出学院党委对脱贫攻坚的高度重视。"党建＋扶贫"、教育扶贫、"八个一批"、项目扶贫等政策的实施，既加强了学院基层党组织建设，也反映出社会扶贫机制的精准特性，促进了龙门村脱贫攻坚事业的不断向前推进，所以社会扶贫力量的发挥对精准扶贫的意义重大、作用关键。

毋庸置疑的是社会扶贫已然成为推动国家精准扶贫不断深化、细化的中坚力量。本书借鉴以往研究，以渭南师范学院定点扶贫的大荔县龙门村48户建档立卡贫困户为研究对象，深入研究国有大专院校在精准扶贫事业中的经验、贡献，以及帮扶机制的利与弊。通过构建二元选择 Logit 模型，分析微观个体特征对脱贫成效的影响，实证结果显示："外出务工情况"、"患病人数"和"人均非农业收入"三项指标通过显著性检验。此外，本研究以渭南师范学院精准扶贫具体举措、成效为例，进一步分析了社会扶贫对全国精准扶贫的意义与作用。依据实证和案例分析结果，结合社会扶贫力量对精准扶贫事业的贡献进一步提出精准识别、精准施策的对策建议。

精准扶贫、精准脱贫的最终归宿是缩小社会收入差距，提高居民主观幸福感，最终改善社会总福利水平。所以探究收入差距对居民主观幸福感的影响及作用机制是本研究的关键环节。本研究在大量文献分析基础之上构建理论框架，提出收入差距会通过"相对剥夺效应"和"负向预期效应"两种作用机制影响居民主观幸福感，不但如此，居民主观幸福感和对未来信心程度不仅受客观社会贫富差距的影响，也受个人对社会贫富差距的主观评价的影响。本研究还进一步构建了就业偏好指数，利用2018年"中国家庭追踪调查"数据对本研究提出的理论假设进行实证分析，研究结果得出以下重要结论：第一，无论是衡量客观贫富差距的 $Gini$ 系数，还是居民对贫富差距的主观评价 $Sgini$，都不仅会影响人们当下的幸福程度，缩减社会总福利水平，还会影响人们对未来生活的美好预期。第二，无论是城市居民还是农村居民，客观贫富差距均会通过"相对剥夺效应"削弱主观幸福感。城市居民对社会贫富差距的主观评价还会通过"负向预期效应"削弱主观幸福感和对未来信心程度。第三，更偏好于就业的城市居民虽然主观幸福感较低，但却会正向影响居民对未来生活的信心。而农村男性在业会对其主观幸福感有负向作用，农村地区的居民尤其是最低收入人群可能因为背井离乡、工作或收入不稳定、工作强度大等因素损害其主观幸福感。弱偏好于就业的农村男性会因为获得政府扶贫救助而产生"安贫乐道"思想，使其主观幸福感相对较高。第四，"相对剥夺效应"比"负向预期效应"对最低收入人群主观幸福感的损害更严重，而最高收入人群的主观幸福感和对未来信心程度几乎不受社会贫富差距的影响。第五，由于难以达到收入水平临界值，"Easterlin悖论"仅存在于城市样本中，农村居民主观幸福感与家庭人均收入水平并没有呈现与城市居民一般的倒U形关系。

农村低收入人群的就业偏好较低也印证了贫困人群"安贫乐道"的传统思想导致精准扶贫存在"扶志"困境的事实。作为自我效用和福利水平最佳判断者的微观个体，贫困户在国家扶贫事业中感受到的效用改变会影响其主观幸福感。本研究通过剖析习近平总书记的"奋斗幸福观"与精准扶贫的"扶志"存在内在联系，提出习近平总书记的"奋斗幸福观"是价值取向层面破解"扶志"困境的指引。进一步，以劳动就业为研究切入点，运用边际效用理论分析了不同类型贫困人群在劳动、休闲上时间配置的差异性对其效用水平和主观幸福感的影响。分析得出政府的扶贫援助会导致内生动力不足的贫困户对"不劳而获"产生依赖，进而更愿意处于无工作、无收入的状态，保留贫困户的身份，以获取补贴。

进一步，研究探讨了区域益贫式发展程度的差异性对具有内生发展动力贫困户主观幸福感的影响。分析得出，贫困户具有内生发展动力是自我脱贫的基础。但是，区域精准扶贫保留效用的不断提高是贫困人群自我脱贫的持续推动力。基于信号博弈理论分析框架，推演不同类型村干部和贫困户在精准扶贫过程中的策略选择。研究表明当精准扶贫过程中存在信息不对称时，"主观贫困"与"客观贫困"会通过工作状态发出传达自身"贫困程度"的信号，精准扶贫所产生的保留效用和贫困户对村干部的预期影响了贫困户的信号策略。

本研究使用"三区三州"贫困家庭调查数据，聚焦"扶志"困境，实证分析了连片特困地区贫困户内生动力不足对精准扶贫成效的负面影响。在控制贫困户个体特征、家庭特征、生产资料特征后，我们用"受教育程度"和"劳动技能"代表贫困家庭的"智"，用"外出务工时间"和"致贫主观因素"代表贫困家庭脱贫的"志"。实证结果证明"受教育程度"和"外出务工时间"对脱贫的概率都有显著性的正向影响，"劳动技能"没有通过显著性检验，"致贫主观因素"对脱贫的概率有显著性的负向影响。因此，无论是理论分析，还是实证结果，都证明了贫困家庭主观脱贫意识及能力均是影响扶贫效果的重要因素。其他变量包括户主的受教育程度、劳动力人数、大病医疗、学生占比、住宅状况等，也都是决定扶贫效果的重要因素，这与其他文献的研究结果相吻合。

当把整个样本分为国家级贫困县和非国家级贫困县两个子样本分别进行回归以后，研究结果发现，"致贫主观因素"只在国家级贫困县的子样本中对脱贫效率产生负面影响，在另一个子样本中，这一影响并不显著。另外，"受教育程度""外出务工时间"等变量在两个子样本中的影响也出现不同程度的异质性。我们最突出的发现是，因为国家级贫困县贫困户的"等、靠、要"思想比较严重，长期希望得到政府的财政转移支持，贫困户一方面采取博弈手段隐瞒实际工作创收能力，以获取长期补助，另一方面因为长期的依靠慢慢弱化了自我脱贫意志，并因此产生了懒惰思想。

根据理论和实证分析，我们可以得出以下结论。一是精准扶贫保留效用越大，则贫困户劳动技能的提升、就业机会的增加、薪酬水平的提高使其更倾向于自主脱贫。相反，若精准扶贫保留效用较低，贫困户对村干部给予直接补贴的预期越高，则更容易诱发机会主义行为，滋生"等、靠、要"的思想。二是差异性的人口经济社会结构，使"短、平、快"的扶贫措施极易产生强制性脱贫，传统"授人以鱼"的财政扶贫模式导致相当比例的贫困户过度依赖直接财政补助脱贫，但其脱贫效率难以为继，故而连片特困地区精准扶贫需要因地制宜、因户制宜、因人制宜、因产业和收入路径制宜。三是贫困户自身发展动力不足导致政府"输血式"转移支付产生的短期和长期效果相矛盾，尤其是国家扶贫开发工作重点县的贫困户更缺乏内生动力，即使投入再多资金，也很难实现高质量、持续性的精准脱贫效果。四是教育的缺位导致边疆少数民族特困地区贫困户观念禁锢、思想落后、语言沟通不畅，贫困代际传递现象严重。

最后，本研究以20个省、直辖市、自治区共计579个国家扶贫开发工作重点县为研究对象，研究了精准扶贫期间国家扶贫开发工作重点县社会经济发展的区域差异性。研究结果得出：其一，社会经济发展方面。2013～2017年国家级贫困县的人均GDP有增有减，其中西部地区国家级贫困县的人均GDP有所下降贫困县占比最高。西部地区样本贫困县的政府收入水平在精准扶贫伟大战略实施的前四年时间里并没有如东部、中部区域样本贫困县那般得到极大改善。精准扶贫伟大战略的实施虽然能够普遍提高国家级贫困县居民人均储蓄水平，但是东部区域国家级贫困县居民的储蓄增长幅度更大，即东部贫困县居民比西部、中部区域贫困县居民更富有。2017年东、中、西部区域样本贫困县的人均政府转移性财政补贴相较2013年均有所增加，但是西部区域贫困县的增长幅度显著高于中、东部区域贫困县。其二，产业发展方面。精准扶贫期间，相较东、西部区域贫困县，中部区域有相当一部分贫困县的第一产业对县域经济发展的贡献在下降，且非农产业就业人员占比有了大幅度提升，说明贫困县二、三产业发展，吸纳了相当一部分农业剩余劳动者。中部区域贫困县规模以上工业企业基础优于东、西部区域，并且中部区域样本贫困县规模以上工业企业发展要快于东部区域，而西部区域样本贫困县规模以上工业企业发展是三个区域当中最缓慢的。其三，医疗卫生、教育方面。在精准扶贫期间大部分国家级贫困县的医疗水平都有所改善，且这种改善并没有呈现明显的区域不平等。虽然2017年东、中、西部区域贫困县在校生人数占县域户籍总人口数量的比重呈现明显的差异，但是西部区域样本贫困县2017年在校生人数占比相较2013年有所下降的贫困县数量最多。

## 第二节 政策建议

精准扶贫、精准脱贫的关键在于识别贫困人口，在于因地、因人制订脱贫方案。我国实施的"建档立卡"措施，在世界扶贫开发史上是一种前所未有的创新举措，也只有在中国共产党强有力的领导下，在实施五级行政管理与分工的政治体制下，才可能在一个近14亿人口国家内部，把每一个贫困户和贫困人口精准识别出来，通过大数据和现代信息手段，把建档立卡贫困户的详细动态信息从地方联通到中央。在具体的脱贫工作中，各地政府通过"五个一批"，进行多维减贫，包括生产、生态补偿、兜底、异地搬迁、教育医疗辅助等，以及通过公共设施、公共服务支持，统筹中央、地方和社会各方面的资金，大力改善贫困地区的交通、医疗和教育等条件。所以，我国的扶贫工作与其他国家最根本的区别不仅在于政府的政治意识、统筹扶贫资金和应用资金的能力，更在于扶贫措施如何通过驻村干部和党群联动贯彻到村到户到人的执行体制。

本研究在政策层面的启示主要围绕缩小社会收入差距和破解精准扶贫"扶志"困境两个层面。

　　在完善各类社会保障体系的同时，建立公平合理的收入分配机制，保留能够体现经济效率的收入差距部分，消除由于分配制度政策引起的不合理收入差距，以提高居民对未来生活的信心。进一步推进区域协同发展，继续做好东西部扶贫协作工作。政府、企业、个人对经济制度和体制机制的思考，应该走向纵深，加速推进涉及农村居民利益的户籍、土地制度改革，完善资源在城乡间的配置机制；进一步增加农村贫困地区基础设施建设、医疗和教育等能够提振经济增长的投资项目；借助大数据、人工智能、工业互联网等新型产业，促进区域协同发展，缩小东、中、西部地区经济发展的不均衡。构建先进制造业产业体系，促使中国制造业在全球经济遭受新冠肺炎疫情冲击的背景下，能够利用"窗口期"，逆势嵌入中高端全球价值链。发挥新兴电商平台和网络技术在产业链、供应链和价值链间的作用，协同农村各要素之间的流转，重塑农产品价值链利益分配格局，使农民，尤其是贫困地区农民获得更大收益。国内企业，尤其是担负帮扶脱贫、乡村振兴的农村企业，应当顺时应势地把握好这次国际分工格局调整的历史机遇，转危为机，倒逼转型升级，谋求绿色、高效、新型发展。

　　在相对贫困的治理过程中，进一步处理好精准扶贫过程中公平与激励的关系，注重贫困区域益贫式发展，增加农村区域就业机会，激发贫困人口内生发展动力，提高精准扶贫质量和可持续性，构建"幸福生活是奋斗出来的"的主流社会价值观。因势利导，提高区域发展的益贫效果，增加精准扶贫的保留效用。推动农村土地"三权分置"改革，引导举家迁移和外出务工贫困户实现撂荒耕地合理流转，整合细、碎化土地，实现农业生产规模化、机械化。因势利导，结合要素结构禀赋优势，大力发展特色优势产业，如特色林果业，政府牵头，引进农产品生产加工企业，加大产业专用性基础设施的投入，形成主导优势产业链，借助互联网开展电商扶贫，并对进入区域的先驱企业所产生的外部性予以补偿（林毅夫，2012），营造良好生产经营氛围，充分扩大当地就业，实现区域益贫式经济增长，真正解决扶贫与边远连片特困地区经济可持续发展之间的矛盾。

　　扶贫先扶志，巩固扶贫成果。政府要实现从救济型援助方式向发展型扶贫方式转变，从普惠的政策性补贴向激励生产的扶贫项目转变。处理好公平与激励的关系，建立动态激励的长效扶贫机制是激发贫困户自身发展动力、杜绝短暂性脱贫的保障。扶贫的公平在于建立贫困户精准判别机制，找到最需要扶持的人，配合最恰当的帮扶措施，提高精准扶贫效率，做到"扶真贫"。扶贫的激励机制在于优化扶贫资金配置，对于勤劳、生产动力足的贫困户给予更多生产性帮扶，实现持续增收，产生示范效应，做到"真扶贫"。持续做好"扶志"工作，巩固来之不易的脱贫成果。在精准扶贫"后2020时代"，要推动减贫战略和工作体系转型，从多个方面推动全面脱贫与乡村振兴"无缝衔接"。一方面具有一定资源禀赋优势的贫困村，不但要促进农地合理流转，实现适度规模经营，提高技术进步对农业发展的贡献，更要积极推动农村经济战略调整，促进二、三产业发展以吸纳剩余劳动力；另一方面政府要开展具有针对性的劳动技能培训，促进脱贫人口村内就业，激发已脱贫人口的内生发展动力，实现贫困户从"输血"到"造血"，从"等、靠、要"到自力更生的转变。

治贫先治愚，加大扶智力度，严防贫困代际传递，巩固少数民族贫困地区义务教育，严控辍学率，防止贫困代际传递，为特困地区经济发展提供智力，积极引导村民接受农业生产技能培训，转移家庭剩余劳动力至县、市务工，拓宽收入渠道，彻底摆脱"贫困陷阱"。优化教育、医疗等公共支出结构和资源配置方式，提高个人人力资本禀赋和医疗保障服务水平，尤其是扭转优秀教师城市聚集而导致的农村师资、生源枯竭的局面，改善农村小学空心化和大中小城市教育资源差距过大的现状。在教育各环节进行有针对性的干预引导。持续开展营养改善项目，减少幼儿期营养不良导致的农村家庭子女后期生长发育迟缓、学习落后。不断改善农村外部环境，同时关注农村中小学教师的心理需求，建立具有一定倾斜力度的薪酬激励机制，制定科学的职业发展规划，从而稳定农村中小学教师队伍，缓解农村中小学"空心化"的问题。针对初中以上贫困家庭子女，除了助学资金资助，还应当实施自立自强、乐观进取的心态帮扶，让其认识到读书学习是改变家庭和自身命运最有效、最容易的途径。针对高校毕业的贫困家庭子女，要引导树立正确的就业观，鼓励贫困家庭毕业生去西部地区、基层地区和一些充满活力的中小企业，培养"先就业、再择业"的态度。基于以上"扶智"干预，帮助贫困家庭彻底摆脱贫困之苦。

# 第三节　精准扶贫"后2020时代"研究展望

2020年中国在实现全面建成小康社会的同时，遭遇了新冠肺炎疫情冲击。虽然这一突发的重大公共卫生事件对我国经济社会发展造成了全国性的冲击，但是由于不同区域经济结构差异，疫情在各省份蔓延的轻重程度不同，疫情影响存在一定的区域差异性、城乡差异性、产业差异性。并且，新冠肺炎疫情发展已进入新的阶段，世界范围内的疫情仍然存在不确定性，国家将处于长期持续防控状态。因此，在新冠肺炎疫情防控背景下，精准扶贫"后2020时代"的贫困治理工作将更具挑战、内容更加宽泛，不但要关注个体间的不平等，还要关注城乡不均衡、区域不均衡；不但涉及经济发展的物质层面，还涉及价值取向的精神层面；不但要注重短期跨越贫困线的能力，更要谋取未来长期可持续自我发展的能力。

## 一　相对贫困成为精准扶贫"后2020时代"贫困治理主要内容

区域、城乡不均衡发展造成的相对贫困问题成为精准扶贫"后2020时代"贫困治理主要内容。2020年中国完全消除绝对贫困后，生产生活资料匮乏、难以谋取基本生计的问题得到缓解，资源绝对稀缺型的物质贫困将转变成受贫困主观感知影响的相对贫困，换言之，即整个社会包括区域、城乡等范畴的收入分配差距。区域发展不平衡、城乡收入差距扩大直接导致社会财富分配不均，进而加剧贫困问题。统计数据显示，按照现行国家农村贫困标准测算，1/2以上的农村贫困人口仍然集中在西部地区。2019年末东部地区农村贫困人口仅剩47万人，贫困发生率0.1%，而西部地区农村贫困人口有323万人，占全国比重的58.6%，贫困发生率1.1%，西部地区相对贫困问题仍然是贫困论理重点。

虽然，贫困地区居民人均可支配收入增速在2015~2019年均高于全国农村的增速，但不可否认的是二者之间的绝对差距却依然在不断扩大。2015年贫困地区农村居民人均可支配收入比全国农村居民少3769元，比城镇居民人均可支配收入少23542元，而2019年，差距分别拉大至4453元和30792元。不仅如此，全国农村居民和城镇居民之间的收入绝对差距也在不断扩大。2015年农村居民人均可支配收入比城镇居民少19773元，

2019年这一差距扩大至26339元。因此相对贫困问题是未来贫困治理的关键。

## 二 "扶志"成为精准扶贫"后2020时代"的关键难题

贫困治理的最终目标是实现和保障贫困人口的生存和发展。长期以来,部分贫困户一直受帮扶资助,但是至今仍然未脱贫,甚至有部分贫困户为了能够继续获得政府帮扶,存在不想脱贫、不愿脱贫的心理,而自我脱贫意愿的缺乏会进一步诱发贫困户的机会主义行为。进一步分析现象背后的原因发现,中国传统文化中贫困观念与农耕文明有着密切的关系,所以"安贫乐道"的观念在农村尤其根深蒂固。"安贫乐道"导致贫困人群缺乏穷则思变的内生动力和人穷志不穷的奋斗精神。并且,贫困个体的"精神贫困"会导致个体行为失灵,进而影响个人福利最大化的实现。如果说"物质贫困"是看得见的绝对贫困,那么"精神贫困"就是看不见的、复杂的、最难以根治的贫困。因此,在精准扶贫"后2020时代","精神贫困"将成为"物质贫困"的重要原因之一,并且极大可能会使贫困户再次落入"贫困陷阱"的恶性循环中。

习近平在党的十九大报告中提出扶贫要与"扶志"及"扶智"相结合,在多次中央经济工作会议中又提出了"激发贫困人口内生动力"的具体要求。为了如期实现全面建成小康社会,中国凭借制度优势、政治优势,在较短时间内集聚人力、物力和财力推动脱贫攻坚。多数地方的精准扶贫,具有"强投入"特征,贫困识别精度不高,存在资源投入偏差或浪费现象。政府这种拉动和推动的外源动力机制,必然会造成一些贫困村、贫困户内生动力机制的弱化、退化。贫困户的"精神贫困",还会进一步影响就业扶贫成果的巩固。

在贫困治理过程中,政府的转移支付对贫困户劳动力供给的影响在很大程度上取决于贫困个体失业的原因。政府的各类援助救济可以直接、迅速提高贫困户的收入水平,这导致缺乏内生发展动力的贫困户会滋生出好逸恶劳的生活态度,因为不劳动既可以获得政府援助又可以免受劳作之苦。从经济学理性人假设出发,个人寻找工作、积极发展农业生产带来的效用较小,即使有更大效用的可能,也存在不确定性和高风险性。换言之,贫困户就业或发展生产(脱贫,失去政府扶贫的援助补贴)的动机小于继续维持贫困户身份的动机。

## 三　相对贫困存在"代内"向"代际"动态演变的风险

　　教育的缺位导致相对贫困存在"代内"向"代际"动态演变的风险。随着农村绝对贫困成为历史，生存性贫困将不再是我国农村贫困的主要特征，除了少部分特殊群体必须依靠政府托底政策给予生活保障以外，其余群体的致富则越来越需要依靠自己参与当地经济建设，获取劳动报酬。精准扶贫成果是否可持续取决于：一是已经脱贫人口不再返贫；二是贫困人口具有自我发展的能力。按照持续时间长短来分，农村贫困人口可以分为短期贫困人群和长期贫困人群。短期贫困人群通过国家和社会各界的救助、帮扶可以顺利脱贫。而长期贫困人群是由于个人和家庭禀赋的短缺、公共领域资源的匮乏、后天教育的不足等情况，从父辈传递到子辈。这种贫困由"代内"向"代际"的动态演变，会致使家庭困境不断重复上演。仅仅完成绝对贫困治理，不探究致贫原因，不从根本上解决家庭持续发展问题，最终会导致对政府的扶贫依赖。

　　我国教育扶贫事业起步晚、基础差导致"扶智"难度较大。一方面由于我国教育资源分布不均，随着人均收入水平的不断提高，贫困地区居民子女就学呈现"村里去乡里""乡里去镇里""镇里去县里"这种逐渐上升的"虹吸"现象，这对处在教育梯队下层的人来说，会不断丧失与上一阶层缩小差距的机会。另一方面归因于城市化进程的不断推进，农村人口的减少直接导致农村中小学空心化。除了教育资源分布的不均等外，贫困家庭子女受教育意愿、努力程度，也是影响精准扶贫"后 2020 时代""扶智"效果的重要因素。贫困家庭子女接受教育意愿较弱导致贫困依然存在"代内"向"代际"动态演变的风险。当下贫困发生率分布在年龄上呈现两边高中间低的特点，即老人和儿童的贫困发生率相对较高。所以，儿童和青少年不仅是精准扶贫"最后一公里"的难点，也是精准扶贫"后 2020 时代"稳定贫困治理成果的关键。

　　总的来说，习近平精准扶贫理念无论是在理论上还是在具体实践过程中都体现出中国特色社会主义的创新性与科学性，并深刻回答了"如何开展扶贫开发工作、如何建成全面小康社会"这一意义重大的时代课题。在新时代中国特色社会主义扶贫理论的指导下，中国政府建立并完善了上下联动、多方协同、精准实施和全面推进的贫困治理体系。在长达七年的脱贫攻坚实践检验淬炼中，中国取得了令世界瞩目、足以彪炳史册的贫困治理成果。

习近平总书记关于精准扶贫、精准脱贫重要论述的思想内涵丰富、逻辑深刻严密，故而笔者选择"中国精准脱贫战略及效果"实感压力与挑战，书中一些观点认识、理论探讨和实践总结难免顾此失彼、挂一漏万。尤其是当下中国已经实现全面建成小康社会，全国人民正朝着共同富裕努力奋进，习近平总书记关于贫困治理的重要论述既有实践的发展也在不断演变深化。因此，对于其研究也必须要与时俱进、不断创新。所以，本书只是笔者对新时代中国特色社会主义扶贫理念的阶段性总结，在今后的学习研究中笔者将会持续关注、研究中国扶贫开发在理论发展与实践研究方面的新动态。

# 参 考 文 献

## 中文参考文献

〔印度〕阿马蒂亚·森：《贫困与饥荒——论权利与剥夺》，王宇、王文玉译，商务印书馆，2001。

蔡昉、陈凡、张车伟：《政府开发式扶贫资金政策与投资效率》，《中国青年政治学院学报》2001 年第 2 期。

蔡昉、王美艳：《从穷人经济到规模经济——发展阶段变化对中国农业提出的挑战》，《经济研究》2016 年第 5 期。

苍玉权：《论基尼系数的局限及调整》，《数量经济技术经济研究》2004 年第 4 期。

陈飞、卢建词：《收入增长与分配结构扭曲的农村减贫效应研究》，《经济研究》2014 年第 2 期。

陈吉元、韩俊：《邓小平的农业"两个飞跃"思想与中国农村改革》，《中国农村经济》1994 年第 10 期。

陈强编著《高级计量经济学及 Stata 应用》（第二版），高等教育出版社，2014。

陈锡文、韩俊主编《经济新常态下破解"三农"难题新思路》，清华大学出版社，2016。

陈新、沈扬扬：《新时期中国农村贫困状况与政府反贫困政策效果评估——以天津市农村为案例的分析》，《南开经济研究》2014 年第 3 期。

陈有华：《市场边缘、价格波动与城乡差距或然性：基于工业品与农产品比较》，《改革》2012 年第 7 期。

陈宗胜、沈扬扬、周云波：《中国农村贫困状况的绝对与相对变动——兼论相对贫困线的设定》，《管理世界》2013 年第 1 期。

程名望、Jin Yanhong、盖庆思、史清华：《农村减贫：应该更关注教育还是健康？——基于收入增长和差距缩小双重视角的实证》，《经济研究》2014 年第 11 期。

崔红志：《农村老年人主观幸福感影响因素分析——基于全国 8 省（区）农户问卷调查数据》，《中国农村经济》2015 年第 4 期。

崔艳新：《新冠肺炎疫情对我国服务贸易影响几何？》，《进出口经理人》2020 年第 3 期。

董筱丹、温铁军：《宏观经济波动与农村"治理危机"——关于改革以来"三农"与"三治"问题相关性的实证分析》，《管理世界》2008 年第 9 期。

范从来、谢超峰：《益贫式经济增长与中国特色社会主义共同富裕的实现》，《中国经济问题》2018 年第 2 期。

方丽、田传浩：《筑好巢才能引好凤：农村住房投资与婚姻缔结》，《经济学（季刊）》2016 年第 2 期。

傅晨、狄瑞珍：《贫困农户行为研究》，《中国农村观察》2000 年第 2 期。

高亚楠：《基于行为模型的出行满意度与主观幸福感研究》，博士学位论文，长安大学，2018。

高远东、温涛、王小华：《中国财政金融支农政策减贫效应的空间计量研究》，《经济科学》2013 年第 1 期。

郭佩霞、邓晓丽：《中国贫困治理历程、特征与路径创新——基于制度变迁视角》，《贵州社会科学》2014 年第 3 期。

国家统计局住户调查办公室编《中国农村贫困监测报告（2016）》，中国统计出版社，2016。

国家统计局住户调查办公室编《中国农村贫困监测报告（2019）》，中国统计出版社，2019。

杭承政、胡鞍钢：《"精神贫困"现象的实质是个体失灵——来自行为科学的视角》，《国家行政学院学报》2017 年第 4 期。

何立新、潘春阳：《破解中国的"Easterlin 悖论"：收入差距、机会不均与居民幸福感》，《管理世界》2011 年第 8 期。

贺京同、那艺、郝身永：《决策效用、体验效用与幸福》，《经济研究》
　　2014 年第 7 期。

胡鞍钢、李春波：《新世纪的新贫困：知识贫困》，《中国社会科学》2001
　　年第 3 期。

胡昌暖：《谈谈剪刀差和价格总水平问题》，《经济研究》1979 年第 6 期。

胡书东：《家庭农场：经济发展较成熟地区农业的出路》，《经济研究》
　　1996 年第 5 期。

黄祖辉、朋文欢：《对"Easterlin 悖论"的解读——基于农民工的视角》，
　　《浙江大学学报》（人文社会科学版）2016 年第 4 期。

简必希、宁光杰：《教育异质性回报的对比研究》，《经济研究》2013 年第
　　2 期。

〔美〕科林·卡梅隆、普拉温·特里维迪：《微观计量经济学：方法与应
　　用》（英文版），机械工业出版社，2008。

李彩华：《中国经济转向高质量发展阶段的历史必然性》，《中南财经政法
　　大学学报》2019 年第 1 期。

李冬冬：《经济学视域下国内外对中国主观幸福研究进展评述》，《技术经
　　济与管理研究》2019 年第 9 期。

李峰、姚树洁、龙建成：《新时期农地私有的缺陷分析》，《西安交通大学
　　学报》（社会科学版）2012 年第 6 期。

李建明：《全球化与国家公共卫生安全》，《湖北社会科学》2004 年第
　　3 期。

李静、王月金：《健康与农民主观福祉的关系分析——基于全国 5 省（区）
　　1000 个农户的调查》，《中国农村经济》2015 年第 10 期。

李军：《基于企业社会责任视角的扶贫开发思考——以广西企业为例》，
　　《沿海企业与科技》2016 年第 4 期。

李倩：《发挥保险业精准扶贫作用》，《中国金融》2016 年第 4 期。

李实、罗楚亮：《中国收入差距究竟有多大？——对修正样本结构偏差的
　　尝试》，《经济研究》2011 年第 4 期。

李树、陈刚：《幸福的就业效应——对幸福感、就业和隐性再就业的经验
　　研究》，《经济研究》2015 年第 3 期。

李铁映：《关于劳动价值论的读书笔记》，《中国社会科学》2003 年第

1 期。

李文、汪三贵：《中央扶贫资金的分配及影响因素分析》，《中国农村经济》
　　2004 年第 8 期。

李晓、陈煜：《疫情冲击下的世界经济与中国对策》，《东北亚论坛》2020
　　年第 3 期。

李铮、邓晓兰、金博涵：《精准扶贫视角下转移支付的吸收能力——来自
　　贫困县的证据》，《财贸研究》2017 年第 9 期。

廖永松：《"小富即安"的农民：一个幸福经济学的视角》，《中国农村经
　　济》2014 年第 9 期。

林万龙、李成威、陆汉文、曹洪民：《全面深化改革背景下中国特色社会
　　扶贫政策的创新》，《经济纵横》2016 年第 6 期。

林毅夫、蔡昉、李周：《中国经济转型时期的地区差距分析》，《经济研究》
　　1998 年第 6 期。

林毅夫、蔡昉、沈明高：《我国经济改革与发展战略抉择》，《经济研究》
　　1989 年第 3 期。

林毅夫、刘培林：《中国的经济发展战略与地区收入差距》，《经济研究》
　　2003 年第 3 期。

林毅夫：《小农与经济理性》，《农村经济与社会》1988 年第 3 期。

林毅夫：《新结构经济学——反思经济发展与政策的理论框架》，苏剑译，
　　北京大学出版社，2012。

刘平：《劳动价值论的社会理论及其分析技术》，《中国社会科学》2002 年
　　第 4 期。

鲁元平、王军鹏、王品超：《身份的幸福效应——基于党员的经验证据》，
　　《经济学动态》2016 年第 9 期。

吕岩：《保险扶贫，贵在"准"字》，《金融博览（财富）》2016 年第 9 期。

《马克思恩格斯选集》第 1 卷，人民出版社，2012。

马万超、王湘红、李辉：《收入差距对幸福感的影响机制研究》，《经济学
　　动态》2018 年第 11 期。

孟志华、李晓东：《精准扶贫的绩效评价体系研究述评》，《吉林工商学院
　　学报》2017 年第 4 期。

牛梦琦、张晓波：《农业与认知能力发展——来自中国农业改革的证据》，

《经济学（季刊）》2014 年第 1 期。

任保平、张倩：《新中国成立 70 年中国经济发展道路的政治经济学阐释》，《西北大学学报》（哲学社会科学版）2019 年第 4 期。

《十八大以来重要文献选编》中，中央文献出版社，2016。

《十八大以来重要文献选编》下，中央文献出版社，2018。

宋林、姚树洁：《我国农民工城市化问题阐析》，《西安交通大学学报》（社会科学版）2011 年第 5 期。

孙浩进、赵茜：《构建马克思主义发展经济学范式的内在逻辑》，《社会科学动态》2021 年第 1 期。

唐莉、姚树洁、王建军：《基尼系数分解分析中国城市居民收入不平等》，《数量经济技术经济研究》2006 年第 11 期。

田国强、杨立岩：《对"幸福—收入之谜"的一个解答》，《经济研究》2006 年第 11 期。

田晋、熊哲欣、向华：《民族地区村级精准扶贫绩效评价指标体系构建研究》，《经济研究导报》2017 年第 1 期。

万佳乐、李超伟：《收入结构、城乡差异与居民幸福感——基于中国家庭金融调查数据的实证检验》，《上海经济》2019 年第 1 期。

汪锋、刘旗、张宗益：《经济体制改革与中国城乡发展不平衡》，《中国软科学》2007 年第 5 期。

汪三贵、李文、李芸：《我国扶贫资金投向及效果分析》，《农业技术经济》2004 年第 5 期。

王春超、叶琴：《中国农民工多维贫困的演进——基于收入与教育维度的考察》，《经济研究》2014 年第 12 期。

王健、陈秋霖、李卫平：《突发公共卫生事件应急机制的建立》，《卫生经济研究》2003 年第 5 期。

王敏、方铸、江淑斌：《精准扶贫视域下财政专项扶贫资金管理机制评估——基于云贵高原 4 个贫困县的调研分析》，《贵州社会科学》2016 年第 10 期。

王小林：《改革开放 40 年：全球贫困治理视角下的中国实践》，《社会科学战线》2018 年第 5 期。

王小鲁：《中国经济增长的可持续性与制度变革》，《经济研究》2000 年第

7 期。

王玉龙、彭运石、姚文佳:《农民工收入与主观幸福感的关系:社会支持和人格的作用》,《心理科学》2014 年第 5 期。

王忠海:《走出"剪刀差"的误区》,《经济研究》1993 年第 1 期。

魏后凯:《中国地区经济增长及其收敛性》,《中国工业经济》1997 年第 3 期。

温涛、白继山、王小华:《基于 Lotka-Volterra 模型的中国农村金融市场竞争关系分析》,《中国农村经济》2015 年第 10 期。

温涛、董文杰:《财政金融支农政策的总体效应与时空差异——基于中国省际面板数据的研究》,《农业技术经济》2011 年第 1 期。

温涛、冉光和、熊德平:《中国金融发展与农民收入增长》,《经济研究》2005 年第 9 期。

温涛、朱炯、王小华:《中国农贷的"精英俘获"机制:贫困县与非贫困县的分层比较》,《经济研究》2016 年第 2 期。

吴忠民:《中国现阶段贫富差距扩大问题分析》,《科学社会主义》2001 年第 4 期。

伍山林:《农业劳动力流动对中国经济增长的贡献》,《经济研究》2016 年第 2 期。

〔美〕西奥多·W. 舒尔茨:《改造传统农业》,梁小民译,商务印书馆,1987。

〔美〕西奥多·W. 舒尔茨:《人力投资——人口质量经济学》,贾湛等译,华夏出版社,1990。

习近平:《摆脱贫困》,福建人民出版社,1992。

《习近平关于社会主义经济建设论述摘编》,中央文献出版社,2017。

《习近平谈治国理政》第三卷,外文出版社,2020。

《习近平谈治国理政》,外文出版社,2014。

习近平:《习近平主席新年贺词 (2014—2018)》,人民出版社,2018a。

习近平:《在北京大学师生座谈会上的讲话》,人民出版社,2018b。

习近平:《在打好精准脱贫攻坚战座谈会上的讲话》,人民出版社,2020a。

习近平:《在纪念马克思诞辰 200 周年大会上的讲话》,人民出版社,2018c。

习近平:《在决战决胜脱贫攻坚座谈会上的讲话》,人民出版社,2020b。

习近平:《在全国脱贫攻坚总结表彰大会上的讲话》,人民出版社,2021。

习近平：《在深度贫困地区脱贫攻坚座谈会上的讲话》，人民出版社，2017。

向德平、黄承伟主编《减贫与发展》，社会科学文献出版社，2016。

徐淑一、陈平：《收入、社会地位与幸福感——公平感知视角》，《管理科学学报》2017 年第 12 期。

徐月宾、刘凤芹、张秀兰：《中国农村反贫困政策的反思——从社会救助向社会保护转变》，《中国社会科学》2007 年第 3 期。

许庆、章元：《土地调整、地权稳定性与农民长期投资激励》，《经济研究》2005 年第 10 期。

颜媛媛、张林秀、罗斯高、王红：《新型农村合作医疗的实施效果分析——来自中国 5 省 101 个村的实证研究》，《中国农村经济》2006 年第 5 期。

杨斌、温涛：《中国各地区农村义务教育资源配置效率评价》，《农业经济问题》2009 年第 1 期。

杨娟、赖德胜、邱牧远：《如何通过教育缓解收入不平等?》，《经济研究》2015 年第 9 期。

杨振山、丁悦、荆瑛：《国家财政扶贫资金是"祝福"还是"诅咒"?——对国家扶贫工作重点县的实证分析》，《地域研究与开发》2020 年第 5 期。

姚树洁、戴颖杰：《对政府出资筹集农村社会养老保险基金的制度探讨》，《西安交通大学学报》（社会科学版）2009 年第 5 期。

姚树洁、冯根福、韩钟伟：《中国保险业效率的实证分析》，《经济研究》2005 年第 7 期。

姚树洁、冯根福、韦开蕾：《外商直接投资和经济增长的关系研究》，《经济研究》2006 年第 12 期。

姚树洁、王洁菲：《不对称信息条件下精准扶贫效果偏离的内在机理及实证分析》，《中国人口·资源与环境》2019a 年第 5 期。

姚树洁、王洁菲、汪锋：《新时代破除连片特困地区"贫困陷阱"的理论及战略路径研究》，《重庆大学学报》（社会科学版）2019a 年第 5 期。

姚树洁、王洁菲、汪锋：《新时代习近平关于扶贫工作重要论述的学理机制及文献分析》，《当代经济科学》2019b 年第 1 期。

姚树洁、王洁菲：《新中国成立 70 年来的经济发展与反贫之路》，《中南财经政法大学学报》2019b 年第 6 期。

姚树洁、王洁菲、袁梁：《非政府组织的社会扶贫对精准扶贫作用的理论与实证分析——以渭南师范学院定点扶贫龙门村为例》，《渭南师范学院学报》2018 年第 4 期。

姚树洁、韦开蕾：《中国经济增长、外商直接投资和出口贸易的互动实证分析》，《经济学（季刊）》2007 年第 1 期。

姚树洁：《"新常态"下中国经济发展和理论创新》，《经济研究》2015 年第 12 期。

姚树洁、杨少华：《中国改革二十多年来的经济发展与贫困缩减》，《当代经济科学》2003 年第 1 期。

叶普万：《贫困概念及其类型研究述评》，《经济学动态》2006 年第 7 期。

易红梅、张林秀：《农村最低生活保障政策在实施过程中的瞄准分析》，《中国人口·资源与环境》2011 年第 6 期。

〔美〕詹姆斯·C. 斯科特：《国家的视角——那些试图改善人类状况的项目是如何失败的》，王晓毅译，社会科学文献出版社，2011。

张海清、张林秀、罗仁福、刘承芳：《中国农村小学教育资源对教育成果的影响研究》，《教育与经济》2009 年第 4 期。

张环宙、黄超超、周永广：《内生式发展模式研究综述》，《浙江大学学报》（人文社会科学版）2007 年第 2 期。

张林秀、霍艾米、罗斯高、黄季焜：《经济波动中农户劳动力供给行为研究》，《农业经济问题》2000 年第 5 期。

张林秀、罗泽尔、霍艾米：《农村经济发展与劳动力市场发育关系研究》，《中国农村经济》1998 年第 7 期。

张林秀、易红梅、罗仁福、刘承芳、史耀疆、斯科特·罗斯高：《中等收入陷阱的人力资本根源：中国案例》，《中国人民大学学报》2014 年第 3 期。

张琦、冯丹萌：《我国减贫实践探索及其理论创新：1978－2016 年》，《改革》2016 年第 4 期。

张维迎：《博弈论与信息经济学》，上海三联书店、上海人民出版社，2004。

张晓佳、谷栗、宋玉丽、董雪艳：《以公众满意度为导向的政府精准扶贫绩效评价研究——基于山东省的调查问卷分析》，《经济论坛》2017 年第 8 期。

张晓妮、张雪梅、吕开宇、张崇尚：《我国农村贫困线的测定——基于营养视角的方法》，《农业经济问题》2014 年第 11 期。

张新伟：《反贫困进程中的博弈现象与贫困陷阱分析》，《中国农村经济》1998 年第 9 期。

张义凤：《我国贫富差距问题探析》，博士学位论文，山东大学，2011。

郑志龙等：《基于马克思主义的中国贫困治理制度分析》，人民出版社，2015。

《中共中央、国务院关于打赢脱贫攻坚战三年行动的指导意见》，《光明日报》2018 年 8 月 20 日，第 1 版。

钟甫宁：《从要素配置角度看中国农业经营制度的历史变迁》，《中国农村经济》2021 年第 6 期。

朱光磊：《中国的贫富差距与政府控制》，上海三联书店，2002。

朱梦冰、李实：《精准扶贫重在精准识别贫困人口——农村低保政策的瞄准效果分析》，《中国社会科学》2017 年第 9 期。

## 英文参考文献：

Adams, R. , "Non-Farm Income and Inequality in Rural Pakistan: A Decomposition Analysis," *The Journal of Development Studies* 31 (1), 1994, pp. 110 – 133.

Adler, A. , Seligman, M. E. P. , "Using Well-Being for Ppublic Policy: Theory, Measurement, and Recommendations," *International Journal of Well-Being* 6 (1), 2016, pp. 1 – 35.

Ahuja, V. , Bidani, B. , Ferreira, F. , and Walton, M. , *Everyone's Miracle? Revisiting Poverty and Inequality in East Asia* (Washington, DC: World Bank, 1997).

Allen, R. C. , "Absolute Poverty: When Necessity Dispaces Desire," *American Economic Review* 107 (12), 2017, pp. 3690 – 3721.

Bardhan, P. , Samuel, B. , Herbert, G. , "Wealth Inequality, Wealth Constraints and Economic Performance," in Anthony B. Atkinson and Francois Bourguignon, eds. , *Handbook of Income Distribution* (Amsterdam: North-Holland, 2000), pp. 541 – 601.

Barro, R. J. , Sala-i-martin, X. , "Public Finance in Models of Economic Growth,"

*The Review of Economic Studies* 59 (4), 1992, pp. 645 – 661.

Benjamin, D., Brandt, L., Giles, J., et al. "Income Inequality during China's Economic Transformation," in Brandt, L. and Rawski, T., eds., *China's Great Economic Transformation* (New York, NY: Cambridge University Press, 2008).

Bhattacharya, N., Mahalanobis, B., "Regional Disparities in Household Consumption in India," *Journal of American Statistical Association* 62 (317), 1967, pp. 143 – 160.

Birdsall, N., Londoño, J. L., "Asset Inequality Matters: An Assessment of the World Bank's Approach to Poverty Reduction," *American Economic Review* 87 (2), 1997, pp. 32 – 37.

Brandt, L. and Holz, C. A., "Spatial Price Differences in China: Estimates and Implications," *Economic Development and Cultural Change* 55, 2006, pp. 43 – 86.

Brandts, J., "Adjustment Patterns and Equilibrium Selection in Experimental Signaling Games," *International Journal of Game Theory* 22, 1993, pp. 279 – 302.

Cho, I. K, Kreps, D. M., "Signaling Game and Stable Equilibria," *Quarterly Journal of Economics* 5, 1987, pp. 179 – 221.

Clark, A. E., Oswald, A. J., "Unhappiness and Unemployment," *Economic Journal* 104, 1994, pp. 648 – 659.

Cowell, F., *Measuring Inequality* (Hemel Hempstead: Prentice Hall, 1995).

Danziger, S., Gottschalk, P., "Earning Inequality the Spatial Concentration of Poverty and the Underclass," *American Economic Review* 77 (2), 1987, pp. 211 – 215.

Deaton, A., "Data and Dogma: The Great Indian Poverty Debate," *World Bank Research Observer* 20 (2), 2005, pp. 177 – 199.

Deaton, A., "Measuring and Understanding Behavior Welfare and Poverty," *American Economic Review* 106 (6), 2016, pp. 1221 – 1243.

Deaton, A., "Measuring Poverty in a Growing World," *Working Paper*, 2015, pp. 1 – 48.

Deaton, A., "Price Indexes Inequality and the Measurement of World Poverty," *American Economic Review* 100 (1), 2010, pp. 3 – 34.

Diener, E., "Subjective Well-Being," *Psychology Bulletin* 95 (2), 1984, pp. 542 – 575.

Deininger, K., Squire, L., "A New Data Set Measuring Income Inequality," *The World Bank Economic Review* 10 (3), 1996, pp. 565 – 591.

Duan, H., Wang, S., Yang, C., "Coronavirus: Limit Short-Term Economic Damage," *Nature*, 2020, pp. 578 – 515.

Easterlin, R. A., "China's Life Satisfaction, 1990 – 2010," *Proceedings of the National Academy of Science* 109 (25), 2012, pp. 9775 – 9780.

Easterlin, R. A., "Does Money Buy Happiness?" *The Public Interest*, 1973, pp. 30 – 34.

Easterlin, R. A., "Income and Happiness: Towards a Unified Theory," *Economic Journal* 111, 2001, pp. 465 – 484.

Ellwood, D. T., "Anti-Poverty Policy for the Next Century: From Welfare to Work and Worries, " *Journal of Economic Perspectives* 14 (1), 2000, pp. 187 – 198.

Fei, J., Ranis, G. and Kuo, S., "Growth and the Family Distribution of Income by Factor Components," *Quarterly Journal of Economics* 2, 1978, pp. 17 – 53.

Ferrer-i-Carbonell, A., Frijters, P., "How Important Is Methodology for the Estimates of the Determinants of Happiness?" *Economic Journal* 114 (497), 2004, pp. 641 – 659.

Foster, J., Greer, J., Thor becke, E., "A Class of Decomposable Poverty Measure," *Econometrica* 52 (3), 1984, pp. 762 – 766.

Fujii, T., "Dynamic Poverty Decomposition Analysis: An Application to the Philippines," *World Development* 100, 2017, pp. 69 – 84.

Gastwirth, J., "The Estimation of the Lorenz Curve and Gini Index," *Review of Economics and Statistics* 54, 1972, pp. 306 – 316.

Geda, A., Shimeles, A., "Finance and Poverty in Ethiopia: A Household Level Analysis," *Wider Working Papers*, 2006, pp. 61 – 86.

Gibson, J. , Datt, G. , "For India's Rural Poor Growing Towns Matter More than Growing Cities," *Policy Research Working Paper* 98, 2017, pp. 413 –429.

Gielen, A. C. , Van Ours, J. C. , "Unhappiness and Job Finding," *Economica* 81 (323), 2014, pp. 544 –565.

Groves, Theodore, Hong, Yongmiao, McMillan, John and Naughton, Barry, "Autonomy and Incentives in Chinese State Enterprises," *Quarterly Journal of Economics* 109 (1), 1994, pp. 183 –209.

Guagnano, G. , Santarelli, E. , Santini, I. , "Can Social Capital Affect Subjective Poverty in Europe? An Empirical Analysis Based on a Generalized Ordered Logit Model," *Social Indicators Research* 128 (2), 2015, pp. 881 –907.

Gustafsson, B. , Li, S. , Sicular, T. , "Inequality and Public Policy in China: Issues and Trends," in Gustafsson, B. , Li, S. , Sicular, T. , eds. , *Inequality and Public Policy in China* (NY: Cambridge University Press, 2008a), pp. 1 –34.

Gustafsson, B. , Li, S. , Sicular, T. , et al. , "Income Inequality and Spatial Differences in China, 1988, 1995 and 2002," in Gustafsson, B. , Li, S. , Sicular, T. , eds. , *Inequality and Public Policy in China* (NY: Cambridge University Press, 2008b), pp. 36 –61.

Harsanyi, J. C. , "Cardinal Welfare, Individualistic Ethics and Interpersonal Comparisons of Utility," *Journal of Political Economy* 63, 1955, pp. 309 –321.

Headey, B. , Wearing, A. , "Personality, Life Event, and Subjective Wellbeing: Toward a Dynamic Equilibrium Model," *Journal of Personality and Social Psychology* 57, 1989, pp. 731 –739.

Hirschman, A. O. , "The Changing Tolerance for Income Inequality in the Course of Economic Development with a Mathematical Appendix by Michael Rothschild," *Quarterly Journal of Economics* 87, 1973, pp. 544 –566.

Hussain, A. , Lanjouw, P. , Stern, N. , "Income Inequalities in China: Evidence from Household Survey Data, " *World Development* 22 (12), 1994, pp. 1947 –1957.

Imai, K. S. , Gaiha, R. , Thapa, G. , and Annim S. K. , "Microfinance and Poverty—A Macro Perspective," *World Development* 40 (8), 2012, pp. 1675 –1689.

Jensen, F. E. , "The Farm Credit System as a Government-Sponsored Enter-
prise," *Review of Agricultural Economics* 22 (2), 2000, pp. 326 – 335.

Johnson, D. G. , "Economic Reforms in the People's Republic of China," *Eco-
nomic Development and Cultural Change* 4, 1988, pp. 225 – 245.

Kahneman, D. , Diener, E. , Schwartz, N. , *Well-Being: The Foundations of
Hedonic Psychology* (New York: Russell Sange Foundation Press, 1999).

Kahneman, D. , Krueger, A. B. , "Developments in the Measurement of Subjec-
tive Well-Being," *Journal of Economic Perspectives* 20 (1), 2006, pp. 3 –
24.

Kassenboehmer, S. C. , Haisken-DeNew, J. P. , "You're Fired! The Causal
Negative Effect of Entry Unemployment on Life Satisfaction," *Economic
Journal* 119, 2009, pp. 448 – 462.

*Key Indicators: In Equality in Asia* (Mandaluyong, Philippines: Asian Develop-
ment Bank, 2007).

Khan, A. R. , Riskin, C. , "Growth and Distribution of Household Income in
China between 1995 and 2002," in Gustaffson, B. , Li, S. , Sicular,
T. , eds. , *Inequality and Public Policy in China* (NY: Cambridge Univer-
sity Press, 2008), pp. 1 – 34.

Knight, J. , Song, L. , "The Spatial Contribution to Income Inequality in Rural
China," *Cambridge Journal of Economics* 17, 1993, pp. 195 – 213.

Krause, A. , "Don't Worry, Be Happy? Happiness and Reemployment," *Jour-
nal of Economic Behavior and Organization* 96, 2013, pp. 1 – 20.

Kuznets, S. , "Economic Growth and Income Inequality," *American Economic
Review* 45, 1955, pp. 1 – 28.

Lardy, N. , *Agriculture in China's Modern Economic Development* (Cambridge:
Cambridge University Press, 1983).

Lin, C. Z. , "The Assessment: Chinese Economic Reform in Retrospect and
Prospect," *Oxford Review of Economic Policy* 11 (4), 1995, pp. 1 – 23.

Lin, J. Y. , "The Household Responsibility System in China's Agricultural Re-
form: A Theoretical and Empirical Study," *Economic Development and Cul-
tural Change* 4, 1988, pp. 199 – 224.

Lorenz, M. O. , "Methods for Measuring Concentration of Wealth," *Journal of The American Statistical Association* 9, 1905, pp. 209 – 210.

Maddala, G. S. , "A Perspective on the Use of Limited-Dependent and Qualitative Variables Models in Accounting Research," *The Accounting Review* 66 (4), 1991, pp. 788 – 806.

Maddison, A. , *Chinese Economic Performance in the Long Run* (Paris, France: Development Centre of the OECD, 2007).

McMillan, J. , Naughton, B. , "How to Reform a Planned Economy: Lessons From China," *Oxford Review of Economic Policy* 1, 1992, pp. 130 – 143.

Merton, R. K. , *Social Theory and Social Structure* (New York, US: Free Press, 1968).

Ministry of Agriculture (MOA), *Chinese Agricultural Statistical Data* (Beijing: Agriculture Press, 1987, 1988, 1989, 1990, 1991, 1992 and 1993).

Moene, K. O. , "Poverty and Landownership," *American Economic Review* 82 (1), 1992, pp. 52 – 64.

Mookherjee, D. , Shorrocks, A. F. , "A Decomposition Analysis of the Trend in UK Income Inequality," *Economic Journal* 92, 1982, pp. 886 – 902.

National Bureau of Statistic (NBS), *China Statistical Yearbook* (Beijing, China: China Statistical Press, 2008).

Nikoloski, D. , Gveroski, M. , "Assessing the Impact of Economic Growth and Income Inequality on Poverty Reduction: The Case of Macedonia," *Eastern Journal of European Studies* 8, 2017, pp. 29 – 43.

Noldeke, G. , Samuelson, L. , "A Dynamic Model of Equilibrium Selection in Signaling Markets, " *Journal of Economic Theory* 73, 1997, pp. 118 – 156.

Néstor, G. , Rafael, P. , "Happiness Inequality: How Much Is Reasonable?" *Social Indicator Research* 1 (11), 2013, pp. 257 – 269.

Oshio, T. , Kobayashi. , "Area-Level Income Inequality and Individual Happiness: Evidence from Japan," *Journal of Happiness Studies* 12, 2011, pp. 633 – 649.

Pyatt, G. , Chen, C. N. , Fei, J. , "The Distribution of Income by Factor Components," *Quarterly Journal of Economics* 11, 1980, pp. 451 – 473.

Pyatt, G. , "On the Interpretation and Disaggregation of Gini Coefficients," *Economic Journal* 86, 1976, pp. 243 – 255.

Rao, V. M. , "Two Decompositions of Concentration Ratio," *Journal of the Royal Statistical Society* 132, 1969, pp. 418 – 425.

Ravallion, M. , Chen, S. , "Dollar a Day Revisited," *Social Science Electronic Publishing* 23 (2), 2009, pp. 163 – 184.

Ravallion, M. , Himelein, K. , "Can Subjective Questions on Economic Welfare Be Trusted? Evidence for Three Developing Countries," *Policy Research Working Paper* 64 (4), 2013, pp. 2 – 38.

Ravallion, M. , Jalan, J. , "China's Lagging Poor Areas," *American Economic Review* 89 (2), 1999, pp. 301 – 305.

Ravallion, M. , Lokshin, M. , "Identifying Welfare Effects from Subjective Questions," *Economica* 68, 2001, pp. 335 – 357.

Ravallion, M. , "Poverty Comparisons: A Guide to Concepts and Methods," Working Papers from World Bank, 1992.

Ravallion, M. , "Toward Better Global Poverty Measures," *Journal of Economic Inequality* 14 (2), 2016, pp. 227 – 248.

Sen, A. K. , "A Decade of Human Development, " *Journal of Human Development* 1 (1), 2000, pp. 17 – 23.

Sen, A. K. , "Health: Perception Versus Observation," *British Medical Journal* 324 (7342), 2002, pp. 860 – 861.

Sen, A. , "Poverty: An Ordinal Approach to Measurement," *Econometrica* 44 (2), 1976, pp. 219 – 231.

Sicular, T. , Ximing, Y. , Gustafsson, B. , et al. , "The Urban Rural Income Gap and Inequality in China," *Review of Income and Wealth* 53, 2007, pp. 93 – 126.

Silber, J. , "Factor Components Population Subgroups and the Computation of the Gini Index of Inequality, " *Review of Economics and Statistics* 71 (1), 1989, pp. 107 – 115.

Simon, H. , "Measuring Transaction Costs: An Incomplete Survey, " *The Ronald Coase Institute Working Paper Series* 2, 1947, pp. 1 – 16.

Sosa, S. , Cashin, P. , "Macroeconomic Fluctuations in the Caribbean: The Role of Climatic and External Shocks," *Journal of International Trade and Economic Development* 22 (5), 2013, pp. 729 – 748.

Spence, A. M. , "Job Market Signaling, " *Quarterly Journal of Economics* 90, 1973, pp. 225 – 243.

Subramanian, S. , Deaton, A. , "The Demand for Food and Calories," *Journal of Political Economy* 104 (1), 1996, pp. 133 – 162.

Sutherland, D. , Yao, S. J. , "Income Inequality in China over 30 Years of Reforms," *Cambridge Journal of Economy and Society* 4, 2011, pp. 91 – 105.

Tarozzi, A. , Deaton, A. , "Using Census and Survey Data to Estimate Poverty and Inequality for Small Areas, " *Review of Economics Statistics* 91 (4), 2009, pp. 773 – 792.

Townsend, P. , "Concept of Poverty, " *New Society* 53 (925), 1980, p. 281.

Townsend, P. , *Poverty in the United Kingdom* (University of California Press, 1979) .

Townsend, P. , "The Meaning of Poverty," *British Journal of Sociology* 61, 1954, pp. 86 – 102.

Townsend, R. M. , Yaron, J. , "The Credit Risk-Contigency System of an Asian Development Bank, " *Economic perspectives*, 2001, pp. 31 – 48.

UNDP, China Human Development Report 20207/8 – Access for All: Basic Public Services for 1. 3 Billion People (Beijing, China: UNDP, 2008) .

UNDP, Human Development Report 2009 – Overcoming Barriers: Human Mobility and Development (NY: UNDP, 2010) .

Van den Broeck, G. , Maertens, M. , "Moving up or Moving out? Insights into Rural Development and Poverty Reduction in Senegal," *World Development* 99, 2017, pp. 95 – 109.

Vickers, J. , "Signaling in a Model of Monetary Policy with Incomplete Information, " *Oxford Economic Paper* 38, 1986, pp. 443 – 455.

Vickery, W. , "Measuring Marginal Utility by Reactions to Risk," *Econometrica* 13, 1945, pp. 215 – 236.

Wan, G. H. , Wang, C. , Yin, H. , Zhang, Y. , "From Equality of Deprivation to Disparity of Prosperity: The Poverty-Growth-Inequality Triangle in Post-reform China," *China & World Economy* 26, 2018, pp. 50 - 67.

World Bank Group, *China Systematic Country Diagnostic: Towards a More Inclusive and Sustainable Development* (Washington: World Bank Publications, 2018).

World Bank, Sharing Rising Incomes: Disparities in China, 1997.

Yang, D. T., Zhou, H., "Rural-Urban Disparity and Sectoral Labour Allocation in China," *The Journal of Development Studies* 35 (3), 1999, pp. 105 - 133.

Yao, S. J., *Agricultural Reforms and Grain Production in China* (London: Macmillan Press, 1994).

Yao, S. J., "Economic Development and Poverty Reduction in China over 20 Years of Reforms," *Economic Development and Cultural Change* 48 (3), 2000, pp. 447 - 474.

Yao, S. J., "Economic Growth, Income Inequality and Poverty in China under Economic Reforms," *Journal of Development Studies* 35 (6), 1999a, pp. 104 - 130.

Yao, S. J., "Industrialisation and Spatial Income Inequality in Rural China, 1986 - 1992," *The Economics of Transition* 5 (1), 1997a, pp. 97 - 112.

Yao, S. J., Liu, J. R., "Decomposition of Gini Coefficients by Class: A New Approach," *Applied Economics Letters* 3 (2), 1996, pp. 115 - 119.

Yao, S. J., Liu, J. R., "Economic Reforms and Spatial Income Inequality in China, " *Regional Studies* 32 (8), 1998, pp. 735 - 746.

Yao, S. J., "On the Decomposition of Gini Coefficients by Population Class and Income Source: A Spreadsheet Approach and Application, " *Applied Economics* 31 (10), 1999b, pp. 1249 - 1264.

Yao, S. J., "Profit Sharing, Bonus Payment, and Productivity: A Case Study of Chinese State-Owned Enterprises," *Journal of Comparative Economics* 24, 1997b, pp. 281 - 296.

Yao, S. J., Wei, K. L., "Economic Growth in the Present of FDI from a Newly Industrializing Economy's Perspective, " *Journal of Comparative Economics*

35, 2007, pp. 211 – 234.

Yao, S. J., Zhang, Z. Y., Feng, G. F., "Rural-Urban and Regional Inequality in Output, Income and Consumption in China under Economic Reforms," *Journal of Economic Studies* 32 (1), 2005, pp. 4 – 24.

Yao, S. J., Zhang, Z. Y., Hanmer, L., "Growing Inequality and Poverty in China," *China Economic Review* 15, 2004, pp. 145 – 163.

Yao, S. J., Zhang, Z. Y., "On Regional Inequality and Diverging Clubs: A Case Study of Contemporary China," *Journal of Comparative Economics* 29 (3), 2001, pp. 466 – 484.

Yitzhaki, S., "Economic Distance and Overlapping of Distributions," *Journal of Econometrics* 61 (1), 1994, pp. 147 – 159.

# 附 录

## 喀什深度贫困地区脱贫攻坚一户一策项目表

| 类别/项目名称 | 类别代码 | 补助标准 |
| --- | --- | --- |
| 发展生产 | 1 | |
| 特色种植 | 101 | 雪菊、万寿菊、维药、瓜类等每亩补助 1000 元；玫瑰花、红柳大芸、枸杞、大果沙棘等每亩补助 2500 元 |
| 设施农业 | 102 | 日光温室大棚每座补助 20 万元，拱棚每座补助 3000～5000 元 |
| 经济林提质增效 | 103 | 葡萄、杏、核桃、红枣、石榴、桃、西梅、苹果、无花果、巴旦木等每亩补助 1000～1200 元 |
| 畜牧业设施 | 104 | 棚圈 1 万元/座、禽舍 5000 元/座、饲料加工机械（含饲料粉碎机、打包机等）3000 元/个、人工饲草料地 500 元/亩 |
| 牲畜养殖 | 105 | 牛 1 万元/头、羊 1000 元/只、驴 1 万元/头、牦牛 1 万元/头、其他大畜 1 万元/头 |
| 家禽养殖 | 106 | 鸡 10 元/羽、鸭 20 元/羽、鹅 20 元/羽 |
| 特色养殖 | 107 | 红嘴雁 20 元/羽、鸽子 30 元/羽 |
| 手工业 | 108 | 购买地毯架每套补助 3000 元、购买编织机每台补助 3000 元、购买刺绣机每台补助 3000 元、购买缝纫机每台补助 3000 元、小手工艺加工器具每套补助 3000 元 |
| 庭院经济 | 109 | 每户补助 1 万～2 万元 |
| 农家乐 | 110 | 农家乐每户补助 2 万元 |
| 转移就业 | 2 | |
| 农业实用技术培训 | 201 | 500 元/人次 |
| 劳动力转移技能培训 | 202 | 2000 元/人次 |
| 农民合作社 | 203 | |
| 边民护边 | 3 | |

续表

| 类别/项目名称 | 类别代码 | 补助标准 |
|---|---|---|
| 护边员津贴 | 301 | 每人每月 2600 元 |
| 一线边民补贴 | 302 | 每人每月 100 元 |
| 清退土地 | 4 | |
| 扶贫开发公司利润分红 | 401 | 确保每亩每年分红 500 元以上，产生经济效益后逐年增加分成 |
| 自有土地流转入股分红 | 402 | 每亩每年分红 500 元以上 |
| 易地扶贫搬迁 | 5 | 人均补助 59728 元，其中，中央预算内资金 10000 元/人、地方政府债券 9728 元/人、中央专项建设基金 5000 元/人、银行长期低息贷款 35000 元/人 |
| 住房建设 | 501 | 人均住房面积不超过 25 平方米 |
| 基础设施配套 | 502 | |
| 后续脱贫产业 | 503 | |
| 生态补偿 | 6 | |
| 退耕还林 | 601 | 补助标准为 1600 元/亩，其中，第一年补助 900 元，第三年补助 300 元，第五年补助 400 元 |
| 退耕还草 | 602 | 补助标准为 1000 元/亩，其中，第一年补助 600 元，第三年补助 400 元 |
| 草原生态补助奖励政策 | 603 | 禁牧补助 6 元/亩、草畜平衡补贴 2.5 元/亩 |
| 生态护林员 | 604 | 每人每年 1 万元 |
| 发展教育 | 7 | |
| 贫困大学生资助金 | 701 | 喀什籍疆内大专以上贫困生，生均补助 3000 元/学年；疆外大专以上贫困生，生均补助 6000 元/学年 |
| 社保兜底 | 8 | |
| 基本养老保险 | 801 | 60 岁以上参加养老保险者可享受每人每月 125 元养老金 |
| 城乡居民基本医疗保险 | 802 | 2018 年每人每年 180 元；2019 年每人每年 210 元；2020 年每人每年 240 元 |
| 大病保险 | 803 | 2018 年每人每年 19 元，个人不缴费，从城乡居民医保基金中划拨 |
| 医疗救助 | 804 | 从 2018 年 1 月开始，困难群众医疗救助资金封顶提高为 5 万元 |

| 类别/项目名称 | 类别代码 | 补助标准 |
|---|---|---|
| 重度残疾人护理补贴 | 805 | 每人每月 80 元 |
| 贫困残疾人生活补贴 | 806 | 每人每月 80 元 |
| 低保兜底 | 9 | |
| 农村居民最低生活保障 | 901 | 对农村家庭人均年收入低于最低生活保障线的，予以补差 |
| 农村五保供养资金 | 902 | 集中供养每人每月 520 元；分散供养每人每月 343 元 |
| 孤儿保障资金 | 903 | 集中供养每人每月 900 元；分散供养每人每月 600 元 |
| 农村 60 岁以上退伍军人生活补助 | 904 | 每人每月 450 元 |
| 80 岁以上老人生活补助 | 905 | 80~90 岁老人每人每月补助 50 元；90~100 岁老人每人每月补助 120 元；100 岁以上老人每人每月补助 200 元 |
| 农村"三老"人员生活补贴 | 906 | 老党员每人每月 460 元；老干部每人每月 480 元（10 年以上村支部书记逐步增加）；老模范每人每月 510 元 |

**图书在版编目 (CIP) 数据**

中国精准脱贫战略及效果 / 姚树洁, 王洁菲著. --
北京: 社会科学文献出版社, 2022.4
ISBN 978 - 7 - 5201 - 9911 - 7

Ⅰ.①中…　Ⅱ.①姚…②王…　Ⅲ.①扶贫 - 研究 -
中国　Ⅳ.①F124.7

中国版本图书馆 CIP 数据核字 (2022) 第 047154 号

## 中国精准脱贫战略及效果

著　　者 / 姚树洁　王洁菲

出 版 人 / 王利民
责任编辑 / 颜林柯
文稿编辑 / 公靖靖
责任印制 / 王京美

出　　版 / 社会科学文献出版社·经济与管理分社 (010) 59367226
　　　　　地址: 北京市北三环中路甲 29 号院华龙大厦　邮编: 100029
　　　　　网址: www.ssap.com.cn
发　　行 / 社会科学文献出版社 (010) 59367028
印　　装 / 三河市尚艺印装有限公司

规　　格 / 开　本: 787mm × 1092mm　1/16
　　　　　印　张: 15.5　字　数: 252 千字
版　　次 / 2022 年 4 月第 1 版　2022 年 4 月第 1 次印刷
书　　号 / ISBN 978 - 7 - 5201 - 9911 - 7
定　　价 / 98.00 元

读者服务电话: 4008918866